세계시민교육

세계시민교육

Global Citizenship Education

주요 개념과 논쟁에 대한 비판적 접근

A Critical Introduction to Key Concepts and Debates

에다 샌트 · 이언 데이비스 · 캐런 패시비 · 리넷 슐츠 지음 | 심성보 · 조우진 · 유성상 옮김

다봄교육

목차

1부
핵심 질문, 개념, 차원

2부
교육의 핵심 틀

3부
세계시민성에 관한 교수 - 학습의 연구와 실천

일러두기

- 외국 작품명, 인명, 지명의 우리말 표기는 대체로 국립국어원 외래어 표기법을 따랐다.
- 도서명은 《 》, 논문·희곡·잡지·영화 제목 등은 〈 〉로 구분해 표기했다.
- 굵은 서체는 원서에서 강조한 부분이다.
- 외국 도서와 논문 제목은 최대한 원어의 느낌을 살려 번역하고 원서 제목을 병기했다.
- 국제기구 명칭은 처음에만 우리말 명칭과 원어를 함께 표기하고, 그 뒤로는 우리말 명칭과 약자를 혼용하여 표기했다.
- 각주는 해당 웹사이트 주소와 옮긴이 주이다.
- 제시된 웹사이트는 데이터 삭제 및 업데이트 등으로 접속이 원활하지 않을 수도 있다.

감사의 말

우리 공저자들은 이 책을 쓰면서 생긴 여러 문제에 소중한 조언을 건네준

브라운 박사 Dr. Eleanor Brown 에게 깊은 감사를 표한다.

서문

우리는 이 서문을 통해 이 책의 목적을 설명하고, 주요 용어의 의미를 제시할 것이다. 또한 우리 글의 구조를 설명하고 이 책이 어떻게 활용되었으면 좋겠는지에 대한 우리의 생각을 공유하고자 한다.

우리는 헌신하겠다는 열정으로 이 책을 썼다. 세계시민성과 교육은 가장 우선순위가 높은 문제들을 요약하고 있기 때문에 우리에게 엄청난 도전과 기회를 제공한다. 더 나은 세상을 만들려면 반드시 이해하고 실행해야 하는 생각거리와 쟁점들이 이 연구 주제에 녹아들어 있다고 말해도 절대 과장된 것은 아니다. 이 책의 매우 야심 찬 접근들은 다중적 관점을 통해 이 주제에 본질적인 시각과 접근방식을 조명하고 논의할 것이다. 이런 시각과 접근방식은 전 세계 사람들의 삶에서 현재 진행되고 있는 역사, 쟁점, 상호관련성을 포착하고 이 세상에서 사는 법을 배우도록 지원하는 교육을 요구한다.

이 책의 저자들은 전 세계 다양한 곳에 기반을 두고 있다. 그러나 우리의 전문적 식견이 유럽·캐나다·미국·중남미 일부 지역·호주·동아시아 일부 국가 등 몇몇 지역에 국한된 것임을 인정하지 않을 수 없다. 따라서 의도적으로 방대한 문헌을 검토했으며, 우리의 생각과 글 속에 아프리카·중동·러시아·인도·파키스탄·방글라데시를 포함하려고 애썼다. 하지만 우리의 지식, 이해, 경험은 여전히 포괄적이지 못하고 우리가 이 책에서 언급한 국가와 지역이 지구 전체의 국가와 지역을 보여주지는 못한다. 앞에서 언급한 야심은 상당한 주의와 겸손을 가지고 현실적으로 수행되어야 한다.

이 서문에서 우리는 다음 몇 가지 사항을 목표로 한다.

- 우선 이 책의 목적을 개략적으로 설명한다.
- 주요 용어의 개념과 특징을 논의함으로써 세계시민성과 교육의 역동적인 장이 논리적으로 가능한 범위 안에서 일관되고 의미 있게 탐색되도록 한다.
- 이 책의 구조를 기술함으로써 각각의 장이 우리가 사용하는 개념과 이 책에서 의도하는 목표와 어떻게 일치하는지 보여주고자 한다.
- 이 책이 앞으로 어떻게 활용되면 좋을지에 대한 우리 생각을 전달한다.

이 책의 목적

우리는 이 책을 통해 세계시민성과 교육이라는 주제와 관련된 논의 또는 실천에 기여하려 한다. 앞에서 언급했듯, 이 책이 모든 것을 담고 있다고 주장하지는 않는다. 이 세상은 정말 크고 넓을 뿐만 아니라, 무엇이 중요한지를 둘러싼 논쟁은 어제오늘의 일이 아니다. 고대 로마시대의 극작가 테렌티우스Terentius는 '이 세상 사람들의 수만큼 많은 의견이 존재한다quot homines, tot sententiae'고 했는데, 우리는 그의 기본적인 생각에 반대할 만한 것을 찾지 못했다(물론 그의 성차별적인 표현과 태도에는 동의하지 않는다). 그렇다고 이 책이 포괄적인 범위에서 다른 사람들의 논의에 관심을 기울이게 하려는 것도 아니다. 우리에게는 우리만의 관점이 있으며, 이 일을 포용적으로 하고 싶다는 점에서 다원론자, 즉 포용적 관점을 중시하는 입장에서 시작한다. 우리는 '뭐든 가능하다'는 관점을 시사하지는 않는다. 그러나 어떤 아이디어든 고유한 역사적·사회적·정치적 맥락에서 유래했으며, '글로벌'이라는 말을 이해하라고 요구하는 그 어떤 것이라도 보편적으로 이해되는 것이 주류 담론에 따른 것임을 받아들여야 한다. 그래서 자기가 사는 장소, 지위, 다른 사람들과의 관계에 대한 감각에 따라 다양하게 영향을 끼치게 되는 세상에서 이러한 담론이 필연적으로 서로 공유되지 않을 수도 있다는 점을 잘 안다.

글로벌 사회정의와 세계시민성이라는 개념을 다루면서, 우리는 몇몇 이론과 실천이 형평성과 정의를 더 실현 가능하게 한다는 점에서 다른 것보다 더 낫고 더 정당하다고 생각한다. 세계시민교육의 문제는 어떤 아이디어가 중요한가 하는 문제를 정리하고 누가 이 문제를 결정해야 하는지, 누가 실제로 이런 결정을 내리는지 탐색하는 것이다. 교육에서 또는 교육을 통해 더 나은 세상을 만드는 데 있어서, 다양한 형태의 사회정의(이에 관해서는 나중에 자세히 논의할 것이다)에 헌신하는 것이 실질적으로 존중받을 뿐만 아니라 그 과정에서 그래야 할 필요가 있다. 이로써 정말 다양한 목소리가 경청되고, 뛰어난 전문가나 그 밖의 다른 형태의 실천적 행동이 기념되고 증진되며, 다른 이들의 관심을 잡아끌게 해야 한다. 이런 측면에서 우리는 이 책을 통해 다음과 같은 내용을 제시하고자 한다.

- 기초가 될 만한 핵심 사상과 원칙에 관한 논의. 이러한 논의에는 '서구'를 초월해 탈식민화하고 다원보편적^{pluriversal}인 세계시민성과 세계시민교육의 관점에 기여하는 사상, 경험, 역사에 관한 기술이 담길 것이다.
- 이러한 사상과 이슈들이 핵심 맥락(국제적 차원의 연구, 정책, 교육적 실천)에서 어떻게 고려되고 포함되어야 하는지에 관한 논의.
- 학생, 교사와 여러 사람이 핵심 아이디어를 이해하고 다양한 관점과 세계관을 논의하는 데 필요한 개방성 개발에 도움을 주기 위해 이미 잘 알려진 도서 목록과 교육활동.

핵심 단어의 개념과 특징

이 책 전체를 관통하는 중심 줄기는 세계시민성과 교육이다. 이런 중심되는 줄기와 관련된 모든 단어의 개념을 끝도 없이 설명할 수는 없다. 따라서 우리는 이 서문에서 세계화^{globalization}, 시민성^{citizenship}, 교육^{education}만 개괄하고 다른 중심 영역, 즉 지역사회^{community}, 다양성^{diversity}, 세계주의^{cosmopolitanism}, 지구적 관점^{planetary perspectives}, 포스트식민주의^{post-colonialism}와 그 밖의 개념에 대해서는 주의를 요하는 선에서 그치고자 한다.

세계시민교육을 논의하기 위해 우리는 '세계화' '시민성' '교육'을 가능한 한 자주, 다 함께 불러들일 것이다. 나아가 우리는 (이를 같은 정도로 다루지는 않지만) '세계화한 시민성^{globalized citizenship}' '시민교육^{citizenship education}' '글로벌 교육^{global education}'을 구분해 논의, 기술하는 것이 가능할 뿐만 아니라 아주 적절하고 필요하다고 생각한다. 우리 관심의 초점인 '글로벌' '시민성' '교육'이라는 세 가지 개념은 (시간, 장소를 아우르고 특정 목적과 관련하여) 끊임없이 변화하는 해석을 향해 열려 있다. 이 문제는 별도의 장에서 다룰 것이다. 그렇지만 이런 개념의 일반적인 의미를 말하지 않는다면 세계시민성과 교육에 관한 논쟁의 일부로 복잡함과 혼란의 위험이 계속되는 것을 감수해야 한다. 이에 우리는 몇몇 임시적인 개념 정의를 토대로 분명하게 논의하고 적절하게 제안하고 싶다.

- **세계화**는 본질적으로 세상 사람들의 증가하는 상호의존에 관계된다.

이렇게 간단한 문장은, 이 말이 가리키는 중요 이슈의 범위에 따라 복잡해진다. '글로벌'은 지리적인 의미일지 모르지만, 이 세상의 다양한 사람과 장소를 참고하는 내용을 포함한다고 해서 우리 목적에 부합하는 의미가 되지는 않는다. '글로벌'은 단순히 기술적이지 않다. '국가 간/국제적international'이라는 말을 썼다면, 우리는 국민-국가* 사이의 연결이 얼마나 중요한지 강조했을 것이다. 이 '국가 간/국제적'이라는 단어에서 '사이의inter'라는 말은 좀 더 심오한 '함께함'이라기보다는 단순한 연결이라는 뜻으로, 서로 섞고 엮는다는 뜻과 정반대를 가리킨다. '국가 간/국제적'

---

* 국민-국가國民國家, nation state는 국민공동체를 기초로 하는 국가를 말한다. 근대국가의 한 부류이며, 프랑스 시민혁명을 거쳐 오늘날 가장 일반적인 국가형태가 되었다. '민족국가'라고 번역하기도 한다. 구성원 중심 개념인 국민nation과 통치기구 중심 개념인 국가state의 합성어인 국민-국가는 두 차원으로 이해할 수 있다. '국민'의 관점에서 주관적으로는 구성원이 공통의 정체성을 토대로 하나의 집단으로서 자각한 상태를 말하며, '국가'의 관점에서 객관적으로는 통치기구가 일정한 영토를 통제하고 방어하며 물질적 복리를 제공한다. 국민-국가는 영토 내의 국민통합을 통해 주관적 국민공동체와 객관적 국가공동체의 일치를 추구한다. 국민이 정체성으로 규정되는 주관적 개념이기 때문에, 국민-국가 역시 통일된 정의가 존재하지 않는 다의적 개념이다.

이 제한적인 동시에 제한하고 있다면, '글로벌'은 국민-국가에 대한 이해와 헌신이 더 중요하게 변화해왔다는 뜻이지 배타적이라거나 뚜렷이 구별되는 특징이 있다는 뜻은 아니다.

지구 위에 살고 있는 한 명 한 명 그리고 집단으로서의 우리에게 영향을 주는 경제, 정치, 사회, 환경 분야의 이슈를 이해하기 위해 이런 이슈들 간의 관련성과 파급효과를 논의하는 사상과 언어를 알아야 한다. '전지구적으로globally' 사고하는 것은 '다층적multiscalar' 관점으로 세상을 읽을 수 있도록 해준다. 우리는 이를 통해 지역적으로, 국가적으로, 국제적으로 그리고 초국적으로 일하는 사람, 체제 구조에 대한 중요한 지식을 얻는다. 정부 혹은 적어도 통치체제를 둘러싼 이슈와 특정한 가치 또는 관점에 바로 연계된 정체성을 둘러싼 이슈는 서로 관련되어 있다(여기에는 인내라든지 존중 같은 정서적인 것뿐만 아니라 인지적인 것까지 포함되는데 어쩌면 인지적인 것보다 정서적인 것이 더 관련되어 있을지 모른다). 이로 인해 위에서 언급한 상호의존성이 실현될 수 있는 특정한 경향과 맥락에 초점을 맞출 수 있다. 아마도 경제학, 기술(특히 의사소통을 촉진하는 형태), 인구와 환경은 가장 중요한 사회정치적 맥락으로 '글로벌'의 의미를 어떠한 고려 속에서 생각하게 할 것이다.

세계화를 적절하게 성찰하기 위해 우선 세계화에 대해 탐색하는 질문을 던질 필요가 있다. 그렇다고 감정적인 주장을 하는 것은 별로 도움이 안 된다고 본다. 지금과 같은 형태의 세계화는 그 강도가 몹시 새로운 것이다. 그러나 이전의 세계화 버전이 없었던 것은 아니다. 몽골·중국·영국·러시아·스페인·중동 이슬람 국가들, 미국 및 기타 국가들 또한 전지구적 야망 혹은 역량을 가졌었고 몇몇 국가는 지금도 그렇다. 이런 제국의 중요성은 식민주의가 아주 중요한 세계화 프로젝트였다는 사실 또는 지금도 그렇다는 사실을 가리킨다. 초국가적 힘과 제도의 부상에도 불구하고 혹은 그런 이유로 지속되는 국민-국가의 힘은 세계화가 의미하는 것에 대한 고려 속에서 인식해야 한다.

국민-국가와 다른 초국가적 행위자들의 활동 배경이 되는 의도는 세계화를 어떻게 특징짓는가와 관련되어 있다. 심지어 오늘날에도 모든 것을 세계화와 어느 정도로 관계짓는가는 여전히 질문으로 남아 있다. 모두가 전 지구적 경제·정치·환경적 관련성의 영향을 받고 있는 상황에서 이러한 영향이 배분되는 방식에는 엄청난 불균형이 자리잡고 있다. 어떤 사람들은 지금의 글로벌 경제가 글로벌 경제 엘리트와 글로벌 경제 약자 혹은 하위 계층을 만들어냈다고 주장한다. 이런 체제 속에서 예를 들어 요하네스버그와 런던의 가난한 사람들은 두 글로벌 도시의 부자들보다 좀 더 비슷한 세계화를 경험하고 있을 것이다.

수용 가능성의 정도에는 차이가 있지만, 세상의 부분들은 이런 문제에 결부된 다양한 꼬리표를 달고 있다. '제3세계the third world'나 '저소득국가 low income countries' '남반구 세계the global south'처럼 단순하면서도 대개 부정적인 고정관념이 담긴 단어들은 세계화의 특징에 대한 이해와 관련된 복잡성을 전혀 인식하지 못하게 한다. 세계화가 문화적으로든 경제적으로든 다양성과 포용성을 허용 또는 진작하게 하는 영속하는 힘이 되는지 그렇지 않은지의 문제가 큰 도전을 받고 있다. '글로벌'이나 '국가 간/국제적'이라는 용어가 일종의 질을 보증하는 표시로 대표되는 시대가 있다. 다른 말로, 이 세상 어디에서건 다른 사람들에게 이익이 될 수 있는 탁월함을 가리키는 표시로 말이다. 예를 들어 일부 대학기반 연구자들은 자신들의 연구에 '국제적'이라는 등급을 표시해 사용한다. 이를테면 질이 높다는 것을 표시하기 위한 뜻으로 말이다. 그러나 동시에 세계화는 사악한 힘, 동화시키려는 힘이 고삐 풀린 듯 드러나고 있음을 뜻하기도 한다. 만약 사정이 그러하다면, 당연히 세계화의 발전을 지원하는 교육 형태를 촉진하는 데 신중을 기해야 한다. 우리가 원하는 세계화의 일부로 우리가 보고 있는 상호의존성은 정의, 다양성, 포용성 등과 동일한 태도를 취하는 것이다. 이처럼 분명히 '좋은 것'이라 여겨지는 것들에는 더 많은 생각이 필요하므로 이 책에서 논의될 것이다.

- **시민성**은 한 개인의 공식적이고 법적이며 정치적인 지위의 문제이자 소속감이다. 시민성은 또한 개인의 복지에 영향을 끼치는 이슈에 대하여 권리를 주장하게 하는 권리와 의무를 수반한다.

누구든 앞의 문장을 통해 시민성은 본래 특정한 요소에 묶여 있는 것임을 바로 알 수 있다. 시민은 한 명의 개인이지만 모든 개인이 시민은 아니다. 실현될 수 있는 권리 주장의 가능성을 허용한다는 점에서, 큰 이익이 되는 법적 지위가 곧 시민들을 위해 적절하다고 여겨질 수 있는 것에 가장 필요한 권리들이 실제로 포함되었다는 것을 가리키지는 않는다. 더욱이 제한된 수의 사람들에게 형식적인 권리와 의무를 부여하는 것은 배타적인 특성을 명확히 한다. 이와 비슷하게 소속감과 관련해서도 도전적인 이슈들이 있다. 시민성은 무엇을 포함하는 게 분명하지만, 그보다 훨씬 더 많은 것을 배제하게 한다.

시민성의 집단적 성격은 전통적으로 유럽이나 미국 또는 '서구'의 관점이라 여기던 것인데, 단체에 적용되는 것에 반하는 개인들의 집합체로 공적·사적인 문제에 관한 이슈로부터 등장하는 듯하다. 따라서 사람들은 자기의 성 또는 젠더라는 측면에서 자신이나 타인을 시민으로 간주하기보다는 개인성이라는 것 때문에 (인권에 관한 관점과 조율되어) 시민으로 간주한다. 시민성을 통해 바라보는 개인의 고유성은 다른 개인들과 집단 적으로 표현된다. 그러나 UN의 원주민 권리선언Declaration of the Rights of Indigenous People은 전 세계의 많은 부분, 특히 중남미·아프리카·캐나다와 그 밖의 지역에서 정말 중요한 것으로, 앞서 이야기한 전통적 관점에 도 전한다.

현재 취하거나 지지받는 행동들은 시민성의 의미를 보여주는 것으로 시민성의 전통과 연결해준다. 시민성의 전통 안에서 자유주의자 또는 권 리옹호론자가 공민적 공화주의와 연관된 의무와 책임을 강조하는 견해 와 함께 존재한다. 행동은 시민성의 핵심 사상이지만 개념을 정의하기가 어렵다. 간단한 예시 하나로 이것이 얼마나 복잡한지 충분히 보여줄 수 있을 것이다. 엄마 또는 아빠로 내 아이를 키우는 것은 내 권리인가, 아니 면 내가 짊어져야 할 의무인가? 물론 그 두 가지 모두일 것이다. 그러나 이런 활동에 관한 행동과 관점은 (행동의 특성과 연결된 권위의 원천과 마찬가 지로) 시민성의 의미를 따져 생각하는 데 모두 중요하다. 우리가 세계시 민성에 반응하는 방식을 계발하게 하는 이슈에 관해 다른 예시를 들어보 자. 탄소배출이 다른 많은 이들에게 끼치는 부정적 영향에도 불구하고 나는 비행기로 여행할 권리가 있는가? 집단의 이익을 위해 내 행동을 바 꿔야 할 의무가 있나? 물론 소극적 저항이나 다른 이유 때문에 행동을 하 지 않는 것은, 명시적인 참여의 형태에서 더욱 직접적으로 발생하는 표 시처럼 참여의 한 표시라고 할 수 있다. 그렇다면 때때로 뭔가를 하지 않 는 것은 뭔가를 하는 셈이 되는가? 그러나 행동을 너무 강조하면, 한편으 로는 근본적으로 필요한 변화가 무엇인지 콕 집어내는 데 도움을 주기도 하지만, 다른 한편으로는 다른 사람보다 더 나은 위치에 있는 사람들이 무심코 변화를 가져오게 할 시간을 허비하고 또 그에 소요되는 자원을 전용하는 특권을 누리게 할 수 있다. 특정 참여 형태가 다른 것보다 더 가치 있다고 여겨지는 상황에서, 너무 어리거나 너무 연로한 사람들, 다른 재능이 있거나 장애가 있는 사람들, 아니면 사회적 자본 또는 다른 형태의 자본이 없는 사람들(여기에는 난민과 빈곤, 인종차별, 성차별, 다른 유형의 부정 때문에 고통받는 사람들이 포함된다)은 시민으로서 자신의 능력을 공정하게 평가받지 못할 것이다.

앞에서 언급했듯이, 시민성이 발생할 만한 장소는 단일한 또는 다수의 지역, 국가, 세계시민성과 관련해 지리적으로 중요할 뿐만 아니라, 행동과 사상이 발생하는 공적·사적인 맥락을 구성한다는 점에서도 중요하다. 제도적·법적인 참여에 의존하는 것은 공민성civics의 표현일 수 있지만, 그것이 곧 필연적으로 시민성의 표현이라고 볼 수는 없다. 우리는 시민성이 세계화에 주의를 기울이는 우리의 선호에 맞춰지기를 바란다. 즉 시민성이 개인주의적·국가적 맥락에 따른 의무 기반의 관점으로 좁게 한정되지 않고, 정의를 지향하고 포용적·집합적이며 책임감 있는 초점으로 인식, 추동하는 힘으로 보이기를 바란다.

• **교육**은 우리가 배우는 수단이다.

실용적인 이유 때문에 이 책은 관심의 초점을 대체로 학교에서 이루어지는 형식교육과 의무교육, 그 속에서의 교수·학습·평가에 맞출 것이다. 그러나 세계시민성과 교육을 다룬 그 어떤 책도 전 세계에 걸친 매우 다양한 배움의 장소를 소홀히 여길 수 없다. 따라서 우리는 배움의 비형식적·무형식적인 장과 과정을 탐색해내려 최선을 다할 것이다. 우리가 느끼기에 교육은 항상 어떤 것을 위해 존재하는 듯하다. 즉 교육의 철학적·정치적·경제적 측면, 말하자면 경제적 효율성과 정치적 민주주의를 위한 교육적 시도가 전제되는 상황이다. 그렇다고 자유로운 문화교육을 통한 결과를 강조하는 교육의 측면을 부각히고자 우리 주장을 아주 일반적인 방식으로 전개하지는 않을 것이다. 이 책에서 우리는 우리의 생각을 개괄하고 앞으로의 이슈와 방식에 관심을 기울이게끔 이런 본래적 상황을 사용할 것이다. 이 목적을 위해 우리의 관심사는 교육이 틀 지워지는 방식을 기술하고 성찰하는 것을 필요로 한다.

다양한 접근을 통해 학습자가 오늘날의 사회를 이해하고 이에 참여하도록 도울 뿐만 아니라 더욱 정의로운 세계를 만들기 위한 노력이 기울여지고 있다. 시민교육은 이런 다양한 접근을 아우르면서 한 시대를 대표하는 개념이 된 듯하다. 세계화와 시민성의 핵심 측면(공식적이고 법적인 지위와 정체성으로)과 관련된 주요 세력은 교육적으로 개발된 영역이라고 확인할 수 있는 플랫폼을 제공한다. 이렇게 광범위한 틀 짓기 장치들은 개발/발전, 평화, 지속가능발전과 그 밖의 여러 문제를 진지하게 고민하도록 이끈다. 또한 학습자와 즉각적이고 직접적으로 일하는 데 더 가까워지고 있기 때문에, 교육과정 설계, 교수법 개발(성과 사정 포함)과 평가와 관련된 광범위한 이슈를 돌아볼 필요가 있다.

이 책의 구조

이 책의 구조는 앞에서 언급한 이 책의 목표와 개념, 특성화의 영향을 크게 받았다. 우리는 세계시민교육이라는 용어를 주요 개념, 관점, 교육 관련 틀 내에 맥락화할 것이다. 세계시민성은 교육의 형식적·비형식적인 차원에서 가르치고, 배우며, 평가될 수 있는 다양한 방식을 논의할 것이다. 세계시민교육에 관한 다른 여러 접근을 고려함으로써 이런 다양한 사례를 분석할 것이다. 세계시민교육과 관련해 제시되어온 지배적인 학술 논쟁은 사안들을 주로 서구적 관점과 연결하여 틀 짓는 경향이 있었다. 우리는 적절하게 확장된 안목으로 세계시민성과 세계시민교육에 접근할 필요성을 맞추려 할 것이다. 그리고 아주 중요한 문제가 있는데, 우리는 이 책의 글이 더 접근 가능한 형식으로 쓰이기를 바란다. 석사과정 학생이나 학부 마지막 학년을 보내는 학생들, 이들을 가르치는 교강사들에게 필요한 많은 교육적 자료를 제공할 계획이다. 우리는 핵심 사고와 이슈를 부각할 것이고, 학생의 이해와 기술을 개발하는 데서 학생 각자가 독립적으로 또는 친구나 교강사의 도움을 받아 공부할 수 있게끔 실용적인 방법을 제공할 것이다.

이런 목표를 이루기 위해 우리는 이 책을 세 개의 부로 구성하자고 결정했다. 세계시민성에 관한 또는 세계시민성을 위한 핵심 질문, 개념과 차원, 교육의 핵심 틀, 교수-학습에서 연구와 실천의 핵심 이슈 등.

8개 장을 담고 있는 1부에서는 세계화, 시민성, 교육에 관한 본질적 사상과 이슈를 검토할 것이다. 1부는 3개의 하위 부분으로 구분된다. 1부의 첫 번째 부분은 '왜 세계시민성인가?'(세계시민성과 글로벌 사회정의에 관한 신자유주의, 사회-인간주의적, 탈식민주의적 담론을 검토한다), '왜 세계시민교육인가?'(교육, 세계화, 시민성의 다양한 개념과 관련하여 본질적인 특성을 검토한다) 두 가지 핵심 질문을 다룰 것이다. 1부의 두 번째 부분은 3개 장으로 구성했으며, 전 지구적 권리와 의무, 글로벌 커뮤니티와 글로벌 정체성이라는 핵심 개념을 탐색할 것이다. 이 3개 장에서 우리는 세계시민성과 교육에 공들이는 관심을 정당화하는 것을 넘어, 세계시민성을 실현하는 데 핵심적인 사상에 더 직접적으로 초점을 맞출 것이다. 전 지구적 권리와 의무를 다루는 3장에서는, 시민성에 관한 서구 사회의 공민적 공화주의와 자유주의적 전통, 비서구사회에서 유래하는 시민성과 소속감의 대안적 이해에 관한 아이디어를 검토할 것이다. 더불어 전 지구적 권리와 인권, 포스트식민지적 이해를 연결하는 논의를 포함할 것이다. 글로벌 커뮤니티를 다루는 4장에서는 지역, 국가, 전 지구적 차원에서 공동체주의communitarianism와 다원보편주의pluriversalism가 어떤 방식으로 나타나는지 논의할 것이다. 이로써 글로벌 커뮤니티를 탈식민지적de-colonizing 관점에서 검토할 것이다. 세계정체성과 세계주체를 다루는 5장에서는 의식화와 상상력에 관한 논의를 통해 사람들이 자신을 세계시민으로 보게 하는 방식 또는 보게 하지 않는 방식을 생각해볼 것이다. 1부의 마지막 3개 장에서는 핵심적인 장소의 차원을 다룸으로 세계시민성과 교육이 개발되는 맥락을 분명하게 설명하고 노력할 것이다. 우리는 이 세 개의 장을 장소를 연결하는 방식으로 틀 지을 텐데, 이로써 지역, 국가, 전 지구적 이슈를 따져보게 될 것이다.

8개 장으로 구성된 2부에서는 세계시민교육과 관련된 교육적 틀을 논의할 것이다. 우리는 시민교육, 사회정의교육, 개발교육, 인성교육, 글로벌 교육, 평화교육, 다양성교육, 지속가능발전교육을 차례로 살펴볼 것이다. 세계시민성과 교육에 접근하는 이런 다양한 교육 틀은 이 주제가 얼마나 복잡하고 근본적이며 철학적인지를 가리키는 증거이자, 광범위하게 사회과교육이라고 기술할 수 있는 틀의 정치적 분열을 나타내는 것이기도 하다. 이런 다양한 틀을 아우르는 강한 유사성이 있지만, 동시에 극단적으로 분명한 차이점 또한 존재한다. 개인적인 대응인지 집단적 대응인지, 인지적 고려 사항인지 정서적 고려 사항인지, 학술적 훈련이나 사회적 목표에 의존하는 정도는 어떠한지 등의 질문이 이 모든 교육적 틀 속에 분명하게 나타난다. 상황이 이렇게 복잡한 탓에, 이들 간의 차이점이 아주 빠르게 변화하고 있는 민주적 논쟁에 적절한 역동성을 반영하는지, 아니면 아주 엄격한 정치적 조건 아래 지적 비일관성 혹은 플랫폼을 만들지 못한 것이 이해와 행동을 실현하려 애쓰는 교육적 접근의 지위를 더 낮추게 하는지를 둘러싸고 오랜 논쟁이 이어졌다. 세계시민교육의 핵심을 명쾌하게 설명하는 접근이 무엇인지 개념을 정의하고 합의를 얻어내려는 노력은 아마도 끝끝내 해결되지 않을 것이다. 서로 다른 교육적 틀을 개괄함으로써 우리는 이해를 분명히 하고 역동적인 합의를 만들어가고 싶다. 그러면서도 (예를 들어 평화교육이라든가 개발교육, 시민교육 등) 서로 부정적으로 대항해 싸우는 지지자들인 일련의 '수식어가 붙은 교육'에 지나치게 가까이 의존해 연계된 부정적 가능성을 피하고자 한다.

5개 장으로 구성된 이 책의 마지막 3부에서는 교수-학습 연구와 실천에서 발생하는 이슈에 초점을 맞추고자 한다. 17장에서는 지금까지 어떤 연구들이 이루어졌고 앞으로 어떤 연구가 수행되어야 하는지 검토하고 논의할 것이다. 18장에서는 세계시민교육에 다양한 접근이 얼마나 서로 다른 교육과정 구성을 틀 짓는지 논의할 것이며, 19장과 20장에서는 교사와 학생들이 취하는 구체적인 행동에 초점을 맞춰 논의할 것이다. 19장과 20장의 처음에는 총체적 학교 접근에 관심을 불러일으키는 지역사회 행동과 학교 밖(소셜 미디어, 봉사학습, 정치적 행동주의, 디지털 불평등 등)에서 일어나는 지역사회 행동을 다룰 것이다. 이 두 장의 후반부에서는 교수-학습 방법을 다루되, '주요' 교과와 교과별로 따로 검토할 것이다. 마지막 장에서는 평가를 다룰 것이다. 평가 관련 장에서는 교육적 의제가 성공적인지 아닌지를 어떻게 판단할지, 앞으로 개선에 필요한 제안을 어떻게 만들어낼 수 있을지 논의하는 기회를 마련할 것이다.

이 책의 활용

세계시민성과 교육은 모든 사람이 관심을 두는 주제이다. 그러나 우리가 느끼기에 이 책을 읽는 대부분의 독자는 다양한 지역에서 공부하는 학부 마지막 학년이거나 석사 과정 학생일 것이다. 전부는 아니겠지만 정말 많은 학생이 교육학과 소속일 것이다. 그러나 우리는 사회학, 사회정책, 정치학 그리고 다른 여러 학문분야의 학생들이 이 책에 이끌리기를 기대한다. 세계시민성과 교육을 주제로 탐구하는 학부 강좌가 점점 늘어나고 있다. 고등교육기관들은 국제교육 또는 글로벌 연구를 전공하는 하위 과정을 개발하고 있다. 이런 프로그램에서 일하는 교강사들에게 이 책이 유용하다는 점, 즉 강의에 도움이 되거나 통찰력을 키우는 데 도움이 된다는 점을 알기 바란다.

우리는 세계시민성과 교육이 어떻게 특징 지어져야 하는지에 대해 편협한 강령과도 같은 기본지침이 없다. 이 책에서 포함하고 있는 아주 광범위한 관점들이 우리의 이런 시각을 아주 분명히 보여주기를 바란다. 그러나 반복하건대 교육은 중립적이지 않으며, 우리는 사회정의에 부합하는 이해와 행동으로 이끄는 포용적이고 민주적인 수단(교육)에 헌신하고 있음을 밝힌다. 이 책을 읽는 독자들이 이 점에 동의하지 않으리라고는 도저히 상상할 수 없다. 이런 전제 위에서 우리는 우리가 쓴 내용에 비판이 제기되기를 강력히 소망한다. 그러나 단순히 비판을 위한 비판으로 목소리를 높이라고 하고 싶지는 않다. 우리가 원하는 바는, 근거를 토대로 그리고 포용적인 참여를 증진하는 비판을 토대로 지적이며 성찰적인 비판이 진작되는 것이다.

이러한 목적을 위해 이 책은 3개의 다른 부와 21개의 독립된 장으로 구분되었다. 상대적으로 그리 길지 않은 각 장은 핵심적인 생각과 이슈를 개괄적으로 다루고, 핵심 자료라고 여겨지는 4~5개의 문헌에 간략한 해설을 더했다. 되도록이면 원저를 읽어보기를 권한다. '활동'에서 제기한 질문들을 통해서는 이해와 행동이 고무될 것이고, 해설은 따로 없지만 쉽게 접근할 수 있는 자료들의 목록이 제공되어 있다. 활동 부분은 강의실 수업이나 직접 참여하는 활동일 수 있으며, 혼자서 또는 다른 사람들과 얼굴을 맞대고 진행할 수 있다. 이때 한 나라 이상의 국가에서 모인 사람들이 인터넷 가상공간이나 특정한 시간에 활동을 진행할 수 있다. 전체적으로 전 세계를 아우르는 다양한 예시, 사례 연구, 이슈 등이 분명하게 제시되어 있는데, 여기에는 다양한 범위의 교육기관(초중고등교육기관과 정부기관, 비정부국제교육기관, 회사, 정치운동·사회운동 단체 등)에서 모은 사례들이 포함되어 있다.

한 권의 책이 세계시민성과 교육의 이슈를 모두 다룰 수는 없다. 그러나 이 책이 출발점이 되어, 이 책을 읽는 독자들이 자신의 비판적 이해를 높이고 세상을 더 나은 곳으로 만드는 일에 헌신할 수 있도록 영감을 불러일으키기를 희망한다.

1부

핵심 질문,
개념,
차원

Key Questions, Concepts and Dimensions

1부는 1장에서 8장까지 근본적인 문제를 탐구한다. 8개 장을 세 묶음으로 느슨하게 나눌 수 있는데, 두 장으로 구성된 첫째 묶음은 '왜 세계시민성인가?' 그리고 '왜 세계시민교육인가?'를 묻는다. 세 장으로 구성된 둘째 묶음은 권리와 의무, 세계공동체 그리고 정체성이라는 세계시민교육의 구성 요소를 논한다. 역시 세 장으로 구성된 마지막 묶음은 지역·국가·지구 차원이라는 개념적·지리적 측면에 주안점을 두고 논한다. 1부가 끝날 때 여러분은 세계시민교육을 특징짓는 근본적인 문제를 더 명료하게 이해하게 될 것이다.

1

왜 세계시민성인가?

Why Global Citizenship?

이 장에서는 '세계시민성'과 함께 다양한 개념을 탐구하며 우리 시대에
왜 이 용어를 고민해야 하는지를 논한다. 세계시민성은 개인적·지역적
인 것부터 세계적 또는 초국가적·지구적 관점에 이르기까지 여러 차원
에서 생각할 수 있다. 우리 삶은 대체로, 특히 사회적·정치적 참여 영역
에서 지역이나 국가 수준의 체제와 사건을 중심으로 구성되는 경향이 있
다. 최근에는 경제활동이 더욱 공식적인 세계금융체제를 통해 이루어지
면서, 자본주의 체제에서 세상 사람들이 어떻게 연결되어 있는지가 더욱
분명해졌다. 또한 환경 문제가 심각해지면서 환경 위협 문제와 해결책을
논의하기 위해 지역과 세계 간 연결이 친숙해졌다. 이런 이유에서 세계
시민성이 등장했으며, 그 바탕은 세계화 globalization에 대한 이해와 경험
이다.

장 뤼크 낭시 Jean-Luc Nancy는 2007년에 출간한 저서 《세계의 창조 또는

글로벌라이제이션The Creation of the World or Globalization》에서 우리 시대에 일어나고 있는 '글로벌라이제이션globalization'과 '몬디얼라이제이션mondialization'이라는 두 가지 세계화 과정을 비교한다. 흔히 'globalization'이라는 하나의 단어로 묶여 사용되지만, 두 과정은 인류 운명과 관련된 각각의 다른 가능성을 담고 있다(p. 1). 그는 첫 번째 세계화인 'globalization'은 경제적·기술적 논리를 바탕으로 획일성을 포착하고 생산하며, 지식과 윤리, 사회복지의 융합이 붕괴되는 세계 즉 궁극적으로 살 수 없는 세상으로 우리를 이끈다고 주장한다(p. 34). 반면 또 다른 세계화인 'mondialization'은 우리가 생각하는 세계의 창조에 인간과 비인간이 참여하는 과정을 설명한다. 이런 점에서 모든 관계는 세계를 만드는 부분으로 중요하며, 모든 인간 역시 한 부분으로 간주된다.

낭시는 이런 일이 일어나는 공간이 본래 정의justice의 하나라고 주장한다(pp. 1~28). 우리는 이런 일이 이민자를 보호하거나 토착 공동체가 그들의 땅에서 살게끔 지원하는 프로젝트나 민간단체와 정부가 함께 환경보전을 위해 강력한 정책을 개발할 때 일어난다는 것을 알고 있다. 낭시는 '세계의 창조 아니면 세계화 사이에서 하나는 다른 하나의 배제를 뜻하기 때문에 우리는 선택해야만 한다'고 결론 내린다(p. 29). 세계화한 시스템과 관계의 복잡성에 관한 이 설명은 이런 과정 중 하나 또는 둘 모두에 작용하면서 세계시민성이 논쟁적이지만 어떻게 계속 내구성 있는 아이디어일 수 있는지를 이해하는 데 도움이 된다. 세계시민성은 모두를 위한 세계를 창조하는 부분이 될 것인가, 아니면 지구상의 인간 삶에서 활기 넘치는 것들을 궤멸시키고 단지 소수 엘리트층에 봉사하며 단일-경제적·단일-문화적·단일-정치적 성격을 띤 더 파괴적인 프로젝트에 기여할 것인가?

세계시민성은 1990년대 중반에 주로 영국과 북미 지역의 비정부기구와 학교 교육과정 교재에 등장했다. 이런 슈퍼-시민들super-citizens은 누구였을까? 처음에 이 개념은 당시의 두 가지 세계화인 mondialization과 globalization 양쪽에서 일하는 사람을 묘사하는 데 사용되었다. 대부분 세계시민이란 세계화 때문에 나타나는 관계와 세계화가 진행되는 금융체제를 이해할 수 있는 사람으로 생각했다. 반세계화 사회운동을 구축한 활동가들은, 늘어나고 있는 국제기구와 기업으로부터 그리고 모든 국경을 자유와 더 나은 삶의 양식에 대한 장애물로 보았던 소수의 부유한 엘리트로부터 자신의 권리를 주장하기 위해 국가와 분야의 경계를 넘어 연결하였다. '세계시민'으로 묘사된 이 활동가들은 새로운 세계 정책 영역에서 일하며, 지역과 국가, 세계 정책의 변화가 이루어지게끔 세계적으로 연결되어 있다. 법인과 국제기구 그리고 그곳에서 일하는 이동이 자유로운 직원들 또한 세계시민이라고 기술한 지는 얼마 되지 않았다. 초기부터 세계시민성은 논쟁적이고 정의되지 않은 개념이었으며, 그 때문에 용어의 의미와 용도를 잃었다고 말할 수도 있다. 그러나 이 용어에는 우리의 주의를 끄는 내구성이 담겨 있다.

세계시민성과 신자유주의적 사고

당시가 설명한 세계화를 우리는 어떻게 이해할 수 있을까? 많은 학자들은 전 지구적 정책의 통치방식을 신자유주의 사상을 통해 설명한다. 예를 들면 데이비드 하비(David Harvey, 2005)는 신자유주의가 국가나 상식에 의해서가 아니라 자유시장에 의해 보장되는 개인적 자유와 자율 같은 생각을 형성하는 데 어떻게 강력한 패권적 담론으로 영향을 주는지 설명한다. 신자유주의는 모든 정치·사회 체제가 세계적인 자유시장 원칙을 지지하기 위해 재편된다는 점에서 앞선 자유주의 경제이론과 다르다. 시민을 국민-국가나 공동체의 구성원이리기보다 이기적인 개인으로 이해했으며, 정부의 주안점은 '사회'나 사회 공동의 관심사보다 시장을 만들고 보호하는 것으로 옮아갔다. 이런 역할 변화는 흔히 사회, 노동, 보건, 안전 그리고 환경 권리를 보호하는 정책을 폐기하거나, 전 지구적 사업체를 '세계시장global market'에 내놓기 위해 지역이나 국가 사업에 대한 정부의 지원을 제한하는 데서 분명히 나타났다. 이런 경우, 세계경제 체제에 관한 신자유주의적 생각은 모든 개인이 그들의 사정과 관계없이 세계시장에서 경쟁해야 한다는 것을 뜻한다.

물론 세계체제는 공평한 경쟁의 장이 아니며, 소수의 초국적 기업이 전 세계적으로 지역시장을 장악하기 시작했다. 신자유주의의 전반적인 영향은 사회적 불평등을 키웠으며, 심지어 이 체제가 지역공동체를 위한 최선의 이해관계와 상충한다고 보일 때마저 단일한 세계시장 체제가 지역과 국가 정책으로 지원받을 수 있었다(Harvey, 2005; 2008). 이러한 경제자유화 환경에서 세계적 기업은 전 세계에 걸쳐 그들의 이익을 확대하기 위해 세계화가 지닌 강화된 기술력과 이동 역량을 사용해왔다. 2000년대 초, 프라할라드C. K. Prahalad와 하몬드A. Hammond는 기업과 개발원조 기관 모두에 매우 영향력이 있었다. 그들은 2002년 〈하버드 비즈니스 리뷰Harvard Business Review〉에 실린 기고문에서 기업이 그 영역을 확장해야 한다고 주장했다.

세상에 가난한 사람들이 끔찍할 정도로 많다는 사실을 누구나 안다. 세계 인구의 65%가 1년에 2,000달러보다 적게 벌고 있다(이 비율은 2016년에 훨씬 더 높아진다). …… 그러나 시장의 광대함에도 불구하고 대부분이 다국적기업의 미개척지로 남아 있다(p. 49).

그들은 다음과 같이 결론 내린다.

윤리적 염려는 제쳐두고, 우리는 시장 기반을 확장하기 위한 잠재력이 너무 커서 무시할 수 없다는 것을 보여주었다(p.57).

세계시민성은 곧 반식민화와 반세계화에 대항해 시장 기반을 확장하는 방식이 되었다. 이런 시각, 즉 부분적 열망과 부분적 조직 브랜딩 전략이 기업 세계시민성 정의에 표현된다(2008).

국제 비즈니스 지도자들은 지속가능발전에 온전히 헌신하며 기후변화, 공공보건의료 제공, 에너지 보존 그리고 특히 물과 같은 자원관리 등을 포함한 가장 어려운 세계적 과제를 해결해야 한다. 이러한 전 지구적 문제global issues는 비즈니스에 점점 더 큰 영향을 주기 때문에, 만일 관여하지 않는다면 그 토대가 무너질 수도 있다. 세계시민성은 기업이 알고 있는 자기 이익과 관련됐기 때문에 지속될 수 있다. 세계 문제를 다루는 것은 세계화가 증가하고 국가 영향력이 축소하는 이 시대의 기업과 사회 모두에 좋을 수 있다(para 3).

세계기업시민성global corporate citizenship은 세계적으로 관여할 수 있는 일관되며 지속가능한 틀을 찾는 기업의 논리적 확장이다. 또한 그들이 관여하는 세계적 공간과 회사 모두에 가치를 더해주는 것이기도 하다. 그것은 사회적으로 비즈니스의 긍정적인 역할을 강화하고 장기적으로 이윤을 높일 수 있는 기업의 관여 방식이다. 사실 세계기업시민성은 기업이 세계시민으로서 지녀야 할 권리와 의무 모두를 통합한다(para 32).[*]

낭시(2007)가 강조한 바와 같이, 세계화(그리고 앞서 설명한 세계기업시민)는 행동이 어떻게 종 간^{interspecies}에 그리고 인간·집단 간에 지속적인 관계로 이루어지는 세상을 만드는가에 대한 다른 종류의 이해와 함께한다. 이런 시대를 뒤돌아볼 때, 크레디트 스위스 은행이 발행한 〈2015 세계 부 보고서^{Global Wealth Report 2015}〉에 나타난 데이터를 보면 지배적인 세계 행위자들이 어떤 선택을 했는지 알 수 있다(2015년 10월).

- 2015년에는 상위 62명의 사람들이 인류의 하위 절반^{the bottom half of humanity}인 36억 명이 가진 부와 같은 부를 소유했다. 이는 2010년까지만 해도 388명이었던 것에서 더 내려간 수치이다.
- 가장 부유한 사람 62명의 부가 2010년 이후 5년간 45% 늘었다. 그것은 1조 달러의 반이 넘는 증가(5,420억 달러)로, 그들의 부는 1조 7,600억 달러가 되었다.
- 한편, 하위 절반의 부는 같은 기간 1조 달러보다 많이 줄었다. 이는 38% 줄어든 수치이다.
- 세기가 바뀌면서 세계 인구의 가장 가난한 절반은 전 세계에서 증

---

* 세계기업시민성: 정부 및 시민사회와 더불어 일하기. Foreign Affairs, Jan/Feb 2008, https://www.foreignaffairs.com/articles/2008-01-01/global-corporate-citizenship, 2016년 7월 15일 접속.

가한 모든 부의 단 1%만 가져갔으며, 반면에 증가한 전체 부의 절반
은 상위 1%가 가져갔다.
• 세계에서 가장 가난한 사람 10%의 평균 연소득이 거의 사반세기 동
안 해마다 3달러도 늘지 않았으며, 그들의 일일 소득은 해마다 1센
트도 채 오르지 않았다.

　　신자유주의의 논리 아래 경제 모델은 가장 많은 부의 증가를 창출하기
위해 사람이 사는 방식의 모든 측면을 형성하고 개혁해야 한다(Harvey,
2005; 2008). 이 데이터는 약 1%에 해당하는 사람들의 사례이지만, 점점
더 많은 사람과 지구상의 모든 생명의 생계가 어려워진다는 것을 보여준
다(Dorling, 2014; Piketty, 2015 참조). 좋은 세계기업시민은 평등보다는 브랜
드에서 드러난다. 특히 '세계시민성'이라는 우산 아래에서 생각할 때, 세
계경제 체제의 불평등을 개선하기 위해 개발기구들이 제시한 대안은 가
난하고 시민성을 빼앗긴 대다수 세계 인구의 삶을 향상시키지 못했다.

세계 문제에 관한
인본주의적 대응

동시에 기업의 세계시민 사상은 더 인본주의적 관점에서 나오는 정의와
대조를 이룬다(Abdi, 2008; Singer, 2002 참조). 분명 사람들이 극심한 세계
화 체제에서 고통을 겪었고 많은 부문에서 자극이 개입하게 되었다. 그
리고 이런 개입은 흔히 세계시민성이라는 견해 아래 대기업, 부호, 강대국
에 유리한 체제 작동방식에 가면을 씌운 세계체제를 사람들에게 교육하

는 방식으로 이루어지곤 했다. 옥스팜Oxfam의 이와 같은 정의는 1990년 대 말과 2000년대에 영국·캐나다·미국 그리고 호주에서 많은 세계시 민성 프로젝트에 영향을 끼쳤다.

우리는 세계시민을 다음과 같은 사람으로 본다.

- 더 넓은 세상을 이해하고 세계시민*으로서 자신의 역할에 대한 감 각이 있는 사람
- 다양성을 존중하고 소중히 여기는 사람
- 세계가 경제적·정치적·사회적·문화적·기술적·환경적으로 어떻 게 작동하는지 이해하는 사람
- 사회정의에 열정적으로 헌신하는 사람
- 지역적 차원부터 세계적 차원에 이르기까지 공동체에 참여하고 기 여하는 사람
- 지속가능한 세상을 만들기 위해 다른 이들과 함께 일하는 사람
- 행동에 책임을 지는 사람**

세계시민의 정의 자체가 경제적으로뿐만 아니라 사회적·문화적으로 세계화가 만든 문제 중 일부를 지적하고 있다. 미디어와 광고는 하나의 세계적인 현대 문화(그것은 거의 미국 문화로 이해되는 '소비의 문화'였다)를 촉 진했다. 전 세계적으로 세계시장이 공급하는 음식, 옷, 오락, 예술, 음악,

* 원문에는 'a world citizen'이라고 되어 있는데, 이 책 전체에서 세계시민을 가리키는 원어는 global citizen으로 약간 다르다.
** https://oxfamilibrary.openrepository.com/bitstream/handle/10546/620105/edu-global-citizenship-schools-guide-091115-en.pdf\?sequence=11&isAllowed=y

문학에 관한 '생활양식'을 소비하라는 압력이 있었다. 물론 이렇게 질문할 필요가 있다. 이 체제에서 세계란 누구의 지역이었나? 그것은 '어디에도 존재하지 않는' 체제가 아니었으며, 분명 세상 사람들 대부분을 이롭게 하지도 않았다. 인본주의 교육 프로젝트는 자선과 사회정의 두 가지로 세계시민성을 증진함으로써 이런 맥락에 접근했다(Andreotti, 2006). 이런 접근법은 빈곤과 절망을 완화하고자 체제 내에서 더 나은 분배를 주장했지만, 세계체제 전체를 떠받치는 심각한 문제를 다루는 경우는 거의 없었다(Shultz, 2007).

세계화와 세계시민성에 관한 반식민주의적 대응

지난 10년 동안 많은 사람이 세계시민성에 탈식민적 분석을 포함하기 시작했다(Andreotti & de Souza, 2013; Abdi, Shultz & Pillay, 2015 참조). 초기의 세계시민성 논쟁은 대부분 영국·미국·캐나다·호주와 몇몇 유럽 국가라는 제한된 지리적 영역에서 이루어졌다. 그러나 이전에 식민지였던 지역에 사는 사람들에게는 세계경제에 참여할 수 있는 '개발'과 현대적 교육이 필요하며, 이런 지역이 왠지 서양 국가의 실패한 버전이었을 것이라는 개념에 도전하는 생각이 많았다. 그런 노력이 폭력적 식민지 관계를 영속화한 것은 분명해 보였으며, 식민지 관계는 자신들의 생각과 체제가 보편적·세계적이라고 주장하는 세계 경제 및 정치 권력을 지닌 '서양'의 바깥에 사는 사람들의 삶을 악화시켰다(Abdi, 2008; de Sousa Santos, 2014; Escobar, 1995; Kapoor, 2008; Rodney, 1981; Simpson, 2008 참조).

보편주의 서양 사상을 교육받은 사람들은 이런 생각을 접하면서 세계시민성을 이해하는 방식을 바꾸었다(Jefferess, 2008 참조). 세계시민성을 식민주의라는 렌즈를 통해 보고, 그래서 세계시민성은 다시 논쟁적인 위치에 놓였다. 그것은 한편으로 '서양'과 다르게 사는 사람들의 삶을 간섭하고 사회적 관계를 식민화하는 형식을 지속하는 데 사용될 가능성을, 다른 한편으로는 시민성을 악화시키고 식민지 폭력의 정당성을 영속화하는 세계적 과정을 확인하고 분쇄하는 방식이며, 일종의 탈식민적 저항이라는 두 가지 의미를 모두 담고 있었다.

우리는 이제 국민-국가를 넘어 시민성 관계를 이해하고 관여하는 데 도움이 될 개념이 필요하다. 또한 전통적인 식민지 관계 규범에 쉽게 빠지지 않는 개념도 필요하다. 세계시민성은 과연 그런 개념일 수 있을까?

참고문헌과 간략한 해설

Abdi, A. A. & Shultz, L. (Eds.) (2008). *Educating for Human Rights and Global Citizenship.* Albany, NY: SUNY Press.

이 짧은 논문들은 여러 관점에서 세계시민성에 관한 통찰력을 제공한다. 10개 나라와 토착민에게서 온 글들은 시민성과 세계체제, 세계 인권과 시민성을 위한 노력 속에서 토착민의 시민성과 권리에 대한 오인 문제, 모든 수준의 시민성 장벽인 인종주의와 성차별·빈곤 문제를 논의한다. 이 글들은 시민성을 바라보는 세계적 관점이 필요하다는 통찰력을 제공한다.

Jefferess, D. (2008). Global citizenship and the cultural politics of benevolence. *Critical Literacies*, 2(1), 27-36.

이 글은 일부 사람들을 부족한 '타자Other'를 위한 '조력자helpers'로 자리매김하는 초국적 정체성과 세계주의cosmopolitanism 사상에서 나타난 세계시민교육의 인본주의적 사상을 비판한다. 제페레스는 세계체제에서 함께 연결되어 있는 승자와 패자, 세상의 나머지 사람들이 짊어진 세계체제라는 부담에 의존하는 승자의 이익, 이익에 접근할 수 없는 수백만 사람들을 어떻게 고려할지를 무시하는 행동에 관한 중요한 분석을 제공한다. 또한 그는 세계시민교육 분야에서 일하는 모든 사람에게 중요한 질문을 제기한다.

Odora Hoppers, C. (2009). From bandit colonialism to the modern triage society: towards a moral and cognitive reconstruction of knowledge and citizenship. *International Journal of African Renaissance Studies*, 4(2), 168-80.

이 글은 서구 이외의 지역이 서구 문화의 규범과 표준을 준수해야 한다는 요구와 그것이 지구상의 대다수 사람들의 삶에 어떤 영향을 끼치는지를 설명한다. 오도라 호퍼스는 식민지였던 땅에 사는 사람들이 세계 복지에 기여할 수 있는 방법이 있다면, 지식과 과학의 기초부터 시작해 탈식민화라는 세계 관계의 변화가 필요하다고 주장한다.

활동

1. 나이젤 다우어는 2008년 그의 논문[*]에서 누구를 세계시민이라고 규정할지에 관한 중요한 논의를 제공한다. 많은 국제적 비정부기구는 세계시민교육을 위해 교육자가 사용할 수 있는 자료를 제공한다. 이런 자료가 정의를 제공하지는 않지만, 각 활동은 누가 세계시민인가에 관한 담론에 바탕을 두고 있다. 사례를 대충만 검토해도[**] 누가 세계시민인지 또는 세계시민으로 간주될 수 있는지에 대한 좁은 비전을 제시한다. 세계시민성 활동에 대한 자신의 경험을 바탕으로, 활동에서 상상하는 '세계시민'을 기술하라.[***] 이런 상상은 모든 이를 포함하는가? 즉 보편적인가?

---

[*] Dower, N. (2008). Are some of us global citizens or are only some of us global citizens? In Abdi, A. & Shultz, L. (Eds). *Educating for human rights and global citizenship*. New York : SUNY.

[**] 활동 사례는 https://global-hive.ca/참조.

[***] 활동 사례는 https://global-hive.ca/참조.

2

왜 세계시민교육인가?

Why Global Citizenship Education?

교육사학자는 대중교육 $^{\text{mass education}}$ 이 국민-국가의 시민을 교육하려는 목적으로 어떻게 만들어졌는지를 설명한다. 학교는 사회적 결속력과 국가 소속감을 장려하는 일련의 가치와 지식을 전달하는 역할을 한다. 우리는 여전히 전 세계에서 이런 사례를 볼 수 있다. 나이지리아에서는 '우리는 나이지리아인이다'라고 불리는 공민교육 교과서를 따른다. 중국에서는 정부가 애국교육을 위한 지침을 만들었다. 영국에서는 교사가 '영국적 가치'를 증진하기를 기대한다.

그러나 어떤 인터넷 검색엔진에서든 간단히 검색하기만 해도 시민교육이 국가적 ^{national} 이기보다 '세계적 ^{global} '이라고 설명한다. '세계시민교육'은 국제정책의 일부이면서(예를 들면 UNESCO, 2015) 몇몇 국가 교육과정의 일부이기도 하다(예를 들면 에콰도르·대한민국·스코틀랜드). 국가의 시민을 위한 교육이 후순위라는 의미와는 별개로, 아마도 세계시민교육은

21세기 교육의 우선순위 중 하나일 것이다. 그런데 세계시민교육을 말할 때 우리가 뜻하는 바는 무엇인가?

세계시민교육은 복잡한 개념이기 때문에 모든 집단과 개인에게 완전한 동의를 얻어 정의할 수는 없다. 세계시민교육은 그 자체로 시민성의 의미, 세계화 그리고 세계사회에서 교육의 역할에 관한 다른 기본 이념을 담고 있다. 서론에서 우리는 '세계시민성'이 어떻게 '세계화'와 '시민성'의 논쟁적인 의미와 함께 복잡하고 새로운 질문들을 야기하는지 살펴보았다. '세계화' '시민성' '교육'의 조합은 더욱더 복잡한 분야를 만든다. 세계시민교육을 말하거나 글을 쓸 때 우리는 세계시민교육에 특정한 방법으로 접근함으로써 거기에서 도출되는 세계화 · 시민성 · 교육에 관해 어떤 접근법을 취한다.

세계화 · 시민성 · 교육에 관한 여러 다른 견해가 있기에, 세계시민교육을 대하는 견해는 아마도 더욱 다양할 것이다. 따라서 세계시민교육이란 무엇인지 한마디로 정의하기는 어렵다. 다만 세계시민에 관한 교육을 목표로 하는 어떤 교수-학습 활동이 교육의 다른 목적, 그리고 세계시민성에 관한 다른 의미와의 관계 속에서 고려되어야 한다고 느낀다. 1장에서는 세계global와 시민성citizenship의 관계를 논했다. 이 장에서는 세계시민성이 교육의 다른 목적과 연관해서 어떻게 이해될 수 있는지 논하고자 한다.

세계시민성과 교육의 목적

교육철학자는 대체로 교육이 무엇을 위한 것인지를 논의하는데, 비에스타(Biesta, 2009)는 어떤 교육이든 세 가지 주요 목적이 있다고 했다.

- 교육의 자격화 목적이란 주로 직업과 관련하여 무엇인가를 하게끔 이끄는 지식, 기능 그리고 이해를 습득하게 하는 것을 뜻한다.
- 교육의 사회화 목적이란 교육을 통해 특정한 사회·문화·정치 질서의 구성원이 되게 하는 것을 뜻한다.
- 교육의 주체화 목적이란 학생들이 살고 있는 정치·사회·경제적 질서로부터 그들의 독립성과 자율성을 길러주는 것을 뜻한다.

이러한 견해 각각에 대한 찬성과 반대를 고려하면서 세계시민교육과 관련한 목적을 논의하고자 한다.

자격화로서 세계시민교육

세계시민교육은 교육의 자격화 목적과 관련될 수 있다. 만일 우리가 자격화 목적의 렌즈를 통해 세계시민교육을 본다면, 세계시민교육을 '전지구적' 또는 '상호문화적 역량'이라 일컫는 일련의 지식, 기능 그리고 이해의 습득과 관련된 학습 성과로 환산할 수 있다는 점이 이해된다. 예를 들어 국제기구인 유네스코(2015)는 글로벌 역량을 ① 구체적인 세계적 이슈와 동향에 관한 지식과 이해, ② 비판적 사고와 문제 해결 같은 인지적 기능, ③ 공감과 개방성 같은 비인지적 기능, ④ 사회 참여와 같은 행동 역량이라고 정의했다. 따라서 세계시민성은 교육이 기여하고자 하는 성과로 이해할 수 있다. 극단적인 경우로, 몇몇 대학(예컨대 켄트대학교)에서 학생들이 이런 지식, 기능 그리고 성향의 습득을 보여준다면 세계시민교육은 '세계시민상global citizen award' 또는 '세계 가작佳作, global mention'처럼 이미 그들에게 부여한 어떤 종류의 자격으로 이끌기도 한다.

세 가지 주요 주장이 자격화로서 세계시민교육 정당화에 활용된다.

- 세계시민성은 교육의 경제적 목적과 연관될 수 있다. 지식, 유연성, 언어 능력과 관련된 소질이 고용 가능성에 점점 더 영향을 주는 세계화한 세상에서 학생들은 일자리를 얻기 위해 경쟁해야 할 필요가 있을 것이다. 오늘날 일부 일자리와 그리고 미래에는 아마도 더 많은 일자리가 전 세계 파트너나 소비자와 소통할 수 있는 피고용자를 요구할 것이다. 이런 측면에서 볼 때 일자리를 얻으려 하는 사람이 세계적 지식과 기능을 갖추는 것은 매우 유리할 수 있다.

- 세계시민교육은 11장과 13장에서 논의할 인적자본론과 연결될 수 있다. 한 나라가 스스로 세계시장에 진출할 때 세계적 역량을 갖춘 수많은 시민이 있다는 것은 자원으로 간주될 수 있으며 국제 기업에 호소력을 지닐 수 있다. 예를 들어 제2언어로 영어를 사용하는 시민의 비율이 높으면 다른 나라보다 사업하는 데 유리할 수 있다.

- 대학과 같은 일부 교육기관은 다른 나라 학생이 찾아오기를 원한다. 교육과정, 전문가 또는 전 지구적 교육 접근법을 제공하는 것은 스스로를 세계시장에 내놓는 방식일 수 있다. 무엇보다 국제 학생들에게는 어떤 학위 프로그램(예를 들면 교육·보건·지리)에 대한 세계적 접근법이 같은 학위에 대한 국가 수준의 접근보다 더 호소력이 클

수 있다. 이런 점에서, 정부와 기관은 회사를 유인하는 것뿐만 아니라 그들의 교육체계에 학생들이 찾아오게끔 세계시민교육의 실천을 촉진한다.

세계시민교육에 대한 이런 접근법은 많은 비판을 받아왔다. 비에스타와 로위(Biesta & Lawy, 2006)는 만일 시민성을 교육이 증진해야 할 성과로 이해한다면 어떻게 우리가 두 가지 비윤리적 가정에 빠질 수 있는지를 논한다. 첫째, '교육받기' 전에는 학생이 '세계시민'이 아니었다고 이해한다는 것이다. 둘째, 우리는 일부 사람들(예를 들면 교육과정 개발자와 교사)이 '일류' 또는 '이류' 세계시민 같은 것을 만들어내는 다른 사람들보다 '세계시민성'을 정의 내릴 권리가 더 많다고 간주한다는 것이다. '성과로서 시민성'은 누가 그렇고/그렇지 않은지 그리고 누구는 세계시민이 될 수 있을 것 같고/없을 것 같은지를 미리 결정하는 포용/배제의 과정으로 이끌 수 있다.

자격 차원에서 세계시민교육은 본래 세계시민성의 신자유주의적이고 경쟁적인 형태가 될 수밖에 없다는 점에서 또한 비판받을 수 있다. 사실 앞에서 살펴본 세 가지 다른 정당화는 세계시장에서 개인이나 국가 간 경쟁을 강조한다. 만약 세계시민교육이 경쟁에 관한 것이라면, '세계시민global citizenry'의 인본주의적 이상이 '소비시민consumer citizenry' 같은 것으로 변한 것인지 의심스럽다. 나아가 이런 경쟁의 불공정성과 관련된 우려가 제기될 수 있다. 세계시민성의 의미와 세계 역량의 내용을 결정하는 사람은 언제나 앞서가므로 경쟁에서 승리하게 된다. 예컨대 제1언어로 영어를 사용하는 사람이 영어를 국제 의사소통 언어로 설정한다면 영어 사용자가 항상 유리한 위치에 서는 것이며, '경쟁에서 이기기'가 더 쉬

워지는 것이다.

사회화로서 세계시민교육

세계시민교육은 또한 사회화 관점에서 이해할 수 있다. 이런 관점에서 접근하는 세계시민교육은 '더 나은' 시민이 되게 하는 어떤 가치나 정체성을 함양한다는 시각에서 이해된다. 이와 같은 접근 아래 유네스코는 세계시민교육을 주로 다음과 같은 것들과 관련해서 이해한다(UNESCO, 2014).

- 인권Human rights: 우리는 세계시민을 인권에 헌신하는 개인으로 이해할 수 있다. 이 점에서 세계시민교육은 인권교육과 비슷할 수 있으며 권리를 옹호하고 인식을 가르치고 배우는 것을 포함한다. 일부 포스트식민화 이론가(예를 들면 Mignolo, 2009)는 어떤 서구적 가치를 비서구 사회에 주입하는 하나의 시도라고 생각하는 인권 개념을 비판한다. 이 점에서 세계시민교육은 서구 패권을 유지하기 위해 '세계시민'이 되어야 한다는 서구식 버전을 비서구 국가에 주입하는 방식이라고도 이해할 수 있다. 우리는 8장에서 이런 견해를 더욱 발전시켜볼 것이다.
- 평화교육Peace education: 평화교육은 국제 평화와 이해뿐 아니라 폭력적 극단주의에 반대하는 행동과도 관련된다. 세계시민교육은 평화주의 가치와 더욱 화합하는 세계시민을 장려한다는 측면에서 평화교육과 연결될 수 있다. 일부 포스트식민화 이론가는 또한 평화교육에 관한 어떤 이해에 우려를 제기하기도 한다. 그들은 이렇게 묻는다. "평화주의 가치를 지키는 것은 불평등과 착취, 차별이라는 상황

을 순응적으로 받아들이는 것을 뜻하는가?" 평화교육과 관련해서는 14장에서 더욱 심도 있게 논의하고자 한다.

- 지속가능발전교육 Education for sustainable development, ESD: 어떤 이들에게는 세계시민성이 내재적인 환경 이슈, 특히 지구 정체성 증진, 지속가능성 가치와 행동 장려 그리고 환경 보전에 대한 헌신과 연결되어 있다. 그러나 일부 지속가능발전교육 구상이 내적 모순에서 실패할 것인가에 대한 의문이 있다. 첫째, 적어도 책임을 공유할 때, 경제력을 갖춘 집단보다 오히려 개인들이 환경문제에 책임을 져야 한다는 점이다. 둘째, 개인에게 지속가능발전의 증진을 장려하면서도 동시에 소비를 조장한다는 점이다. 우리는 16장에서 지속가능발전교육을 논할 것이다.

앞서 살펴본 바와 같이 세계시민교육을 사회화로 이해하는 세 가지 방식은 논란의 여지가 있다. 또한 세계시민교육을 사회화 기능 측면에서 논할 때 더 일반적인 질문도 있다. 선한 '세계시민'이 무엇인지를 과연 누가 정하는가? 이런 결정을 할 수 있는 세계적인 민주적 기관은 없으며, 만약 어떤 국가들이 결정을 주도한다면 그 국가들은 다른 국가들에 그들의 견해와 가치를 주입하지 않겠는가?

주체화로서 세계시민교육

세계시민교육은 또한 교육의 주체화 기능과 관련하여 논할 수 있다. 이런 측면에서 안드레오티 Vanessa Andreotti 는 세계시민성이 학습자를 위한 "'진리 드러내기'에 관한 것이 아니라 그들이 성찰할 수 있는 공간을 제공하는 것"이라고 말했다(2006, p. 49). 다른 말로 하면, 주체화 방식은 앞의 두 가지 방식의 세계시민교육과는 반대로 아래로부터 세계시민성을 증진한다. 여기서 문제는 우리가 이것을 어떻게 증진하는가이다.

비에스타(Biesta, 2009)가 주체라고 정의한 것과 관련된 문헌에는 적어도 세 가지 다른 이해가 있다고 생각한다. 우리가 이해하기로는 이 각각의 학파가 세계시민교육을 둘러싼 서로 다른 견해와 실천에 연결되어 있다.

- 진보교육학파progressive education school는 주체화를 학생의 자연스러운 자유를 장려한다는 관점에서 이해하는 경향이 있다(Standish, 2003). 이 학파에서 교육은 학생에게 자신의 가치와 관심 영역을 계발하는 공간을 제공해야 한다. 세계시민성과 관련하여 이런 접근은 모든 학생이 이미 세계시민이며 교육환경은 단지 학생의 생각을 더 펼칠 수 있는 공간과 자원을 제공하는 것이라 가정한다. 그런데 어떤 경우, 이런 접근은 모든 학생의 가치와 신념이 더 나은 사회에 기여하리라는 순진한 가정에 근거하여 이론을 세우는 데 실패한다. 만일 어떤 학생이 억압과 불평등을 바탕으로 세계시민 개념을 발전시키려 한다면? 교사와 학교, 교육체제는 세계시민성에 관한 어떤 견해를 장려해야 하는가?
- 자유교육학파liberal education school는 주체화를 학생이 살아가는 체제로부터 자율성을 증진하는 어떤 지식과 절차를 장려한다는 관점에서 이해하는 경향이 있다(Standish, 2003). 이 이론을 바탕으로 학생이 적절한 지식과 기능을 제공받으면 비판적이고 자율적이 될 것이라는 가정을 세운다. 그런데 세계시민교육이 '적절한 지식과 기능'

에 연결되어 있다면, 이것은 우리가 앞에서 논의한 자격화 접근과 무엇이 다른가?

- 비판교육학파 critical education school는 주체화를 대항적 관점에서 이해하는 경향이 있다. 대항이란 비지배적인 지식과 가치에 관한 교육을 뜻한다. 세계시민교육의 경우, 예컨대 이것은 포스트식민주의 접근법에 기초하여 인권에 대한 비판을 발전시킬 수 있다. 또한 세계시민교육 개념 자체를 다른 사회에 서구 문화를 주입하려는 시도라고 비판할 수도 있다. 그러나 비판적 교육자의 분석이 옳다는 것을 어떻게 알 수 있는가? 더구나 만일 비판적 교육자가 누가 세계시민이고 누가 아닌지를 규정하는 사람이라면, 우리는 사회화로서 세계시민교육과 관련된 비판과 나란히 다시 실패하는 것은 아닌가?

결론

이 책의 서문에서 우리가 논의하는 용어들을 쉽게 정의하는 것은 불가능하다고 말했다. 그렇더라도 처음 두 장을 읽은 뒤에 여러분이 우리 견해를 더 잘 이해할 수 있기를 바란다. 우리는 세계시민교육을 논의하기 위해 필수적이라고 생각하는 세 가지 측면을 강조하면서 첫 부분을 마치고자 한다. 첫째, 세계시민교육의 개념은 세계화, 시민성, 교육 그리고 세계시민성에 관한 가정을 고려하지 않을 수 없다. 둘째, 가르치고 배울 수 있는 세계시민성에 대한 올바른 접근법 따위는 없다. 셋째, 우리는 세계시민교육이 특정한 일련의 교육 실천으로 축소될 수 있다고 믿지 않는다.

우리는 교사들 그 어느 누구도 세계시민성을 어떻게 더 잘 가르칠 수 있는지에 관한 설명서를 제공할 수 없다고 생각한다. '보편적인 세계시민성'과 같은 것은 없다고 말했기 때문에 세계시민교육을 위한 단일한 '적합한 방법'이란 없다. 그러나 세계시민을 교육하는 좀 더 성찰적인 방식은 있을 것이다. 이 책에서 우리가 할 일 가운데 하나는 이러한 성찰을 장려하기 위해 여러분이 다른 견해를 검토하고 거기에 도전하게끔 돕는 것이다.

Andreotti, V. (2006). Soft versus critical global citizenship education. *Policy & Practice*, 3, 40-51.

브라질의 포스트식민주의 교육가 바네사 안드레오티는 이 글에서 세계시민교육에 대한 두 가지 중요한 접근법을 논한다. 이 논문의 첫 번째 부분에서 안드레오티는 돕슨^{Andrew Dobson}과 스피박^{Gayatri Spivak}의 연구를 바탕으로 세계시민교육 개념을 이론적으로 맥락화한다. 이 첫 번째 부분에 대한 적절한 이해를 위해 포스트식민주의 이론을 다룬 더 많은 소개 자료를 참고하기를 권한다. '소프트 대 비판적 시민교육과 비판적 문해력의 개념'이라는 제목이 붙은 두 번째 부분에서 저자는 자신이 '소프트 세계시민교육' '비판적 세계시민교육'이라고 서술한 것 사이에 더 종합적인 비교를 제시한다. 세계시민교육을 바라보는 안드레오티의 견해는 독자들이 대항적 실천 수단으로서의 세계시민교육을 더 잘 이해하게끔 도울 것이다.

Davies, L. (2006). Global citizenship: abstraction or framework for action? *Educational Review*, 58(1), 5-25.

이 글에서 데이비스는 세계시민 이론과 교육의 실제 사이에 놓인 다리를 건너려 한다. 데이비스는 세계시민성 개념을 단순하게 맥락화하고, 세계시민성에 관한 연구 프로그램과 실제 교육과정을 검토·비교한다. 이 글은 영국에 초점을 맞추었지만, 세계시민성에 관한 다른 이해가 다른 교육 실천에 어떻게 영향을 끼치는지를 보여준다. 또한 바탕을 이루는 이데올로기를 확인하기 위해 세계시민교육 정책과 실천을 검토하는 방법을 제시한다.

Torres, C. A. (2015). Global citizenship and global universities. The age of global interdependence and cosmopolitanism. *European Journal of Education*, 50(3), 262-79.

이 글은 자격화와 사회화로 이해되는 세계시민교육에 관한 비평의 일부를 보여준다. 카를로스는 고등교육의 특정한 사례를 살펴봄으로써 세계시민교육에 관한 다양한 견해와 고등교육의 목적을 논하고 이러한 견해가 전 세계 고등교육 정책과 실제에 미치는 영향을 논한다. 텍스트는 다른 담론과 전략, 딜레마를 부각함으로써 고등교육의 맥락에서 세계시민교육의 주제를 잘 소개하고 있다.

UNESCO (2015). *Global citizenship education. Topics and learning objectives.* Paris: UNESCO. http://unesdoc.unesco.org/images/0023/002329/232993e.pdf

유네스코는 2015년에 발간한 보고서를 바탕으로 세계시민교육 접근법의 토대를 닦는다. 그 보고서는 세계시민교육GCED에 관한 전문가 자문 그룹Experts Advisory Group, EAG의 회의 결과이다(Paris, June 2014). 그것은 모두를 위한 교육 Education For All, EFA이라는 의제와 함축적으로 관련되어 있다(11장 참조). 이 문서는 유네스코의 세계시민교육 접근법을 이해하기 위해 검토할 수 있다. 종합적이고 실용적인 이유로 이 문서는 세계시민교육을 자격화 기능 측면에서 제시한다. 유네스코는 이러한 형태의 세계시민성에 기여할 수 있는 일련의 성과와 지식, 기술에 이어 세계시민성의 단일한 정의를 제시한다. 이 보고서는 유네스코가 이해한 세계시민성을 어떻게 가르치고 배울 수 있는지에 관한 전 세계적인 사례를 풍부하게 제공한다.

활동

1. 세계시민교육에 관한 다른 견해들을 분석하기를 권한다. 다른 학생들의 견해와 함께 당신의 견해를 검토해보기를 바란다. 세계시민교육에 관한 독자 자신의 이해를 성찰하기를 바라는 것이다. 아래에 제시한 지침을 순서대로 따르기를 추천하지만, 자신에게 가장 적합한 방식으로 자유롭게 해도 좋다.

① 이 개념을 이해한 방식을 요약한 세계시민교육의 정의를 적는다.

② 실습을 통해 '세계시민교육' 프로젝트에 기여할 수 있는 방법에 관한 예비 교사의 다음 견해를 고려한다.

- 나는 학생들과 세계시민성을 토론할 수 있었으며, 드디어 학생들과 함께 정의에 동의할 수 있었다.
- 세계시민성과 더 나은 세계를 위해 필수적인 공감과 이해 같은 가치를 증진하고자 한다.
- 나는 전 세계에서 모은 자료를 검토하고 비슷한 점과 다른 점을 인식할 수 있는 기술을 학생들에게 가르치고자 한다.

③ 이런 관점에서 다음과 관련해 함축적인 세계시민교육에 대한 접근법을 확인한다. ㉠교육의 다른 목적. ㉡세계시민성에 찬성하거나 반대하는 다른 이유. 비슷한 방식으로 독자 자신의 정의를 검토한다.

2. 이제 독자들이 다른 기관에 의해 형성된 세계시민교육 방식을 검토하기를 장려한다.

첫째, 세계시민을 교육하는 것을 분명한 목표로 삼는 공적 기관과 사적 기관을 찾기를 바란다. 유네스코* 와 옥스팜** 이 좋은 사례이지만 정부, 대학, 학교 등에서 다른 예를 찾을 수 있다.

둘째, '세계시민성' 개념이 이런 제도적 정책에서 구축된 방식을 검토하기 바란다. 세계시민성이 신자유주의, 인본주의 또는 반식민화 원칙(1장 참조)과 관련하여 구축되었는지 여부를 고려하라.

끝으로, 이런 제도적 정책의 바탕에 깔린 교육 목적이 무엇인지, 또한 이 장에서 우리가 제시한 틀과 관련해 어떻게 논의할 수 있는지 분석해야 한다.

---

* https://en.unesco.org/themes/gced
** http://www.oxfam.org.uk/education/global-citizenship

3

세계 권리와 의무

Global Rights and Duties

권리와 의무를 다룬 문헌의 양은 방대하다. 수많은 공식·비공식 선언문과 수많은 학술·전문·대중 출판물을 해석한다는 것은 엄청난 도전이다. 어디에선가 제정된 법이 다른 곳에 적용되기도 하지만 — 때때로 초국적 시민성(이를테면 유럽연합에 적용되는 법들) 때문에 — 실제로 세계 권리와 의무를 요약하는 데 도움이 되는 국제법은 거의 없다. 세계화가 진행되면서 누구에게 무슨 권리가 있으며 책임이 있는지를 명확히 하려는 시도가 늘고 있다.

　권리의 의미와 관련해 간단히 합의된 바는 없다. 예를 들어 권리 담론이 이론적·실질적으로 대부분 서구적인 개념인가를 포함한 많은 이슈를 놓고 격렬한 논쟁이 있다. 누가 권리를 '부여offer'하는가, 누가 권리를 갖는가, 누가 이런 권리를 이론적으로뿐만 아니라 실제로 보장할 책임이 있는가 등의 근본적인 질문을 거치지 않는 한, 권리의 복잡성에 관한 합리적인 이해를 보장할 수 없을 것이다.

많은 사람이 세계 권리·의무와 관련해 UN 같은 국제기구가 발간하여 세간의 이목을 끈 성명들statements을 명백한 출발점으로 여기곤 한다. 그러나 이것이 모든 성명이 보편적으로 받아들여진다는 것을 뜻하지는 않는다(그리고 국제기구들이 민주적이라는 것을 뜻하지도 않는다). 세계인권선언The Universal Declaration of Human Rights은 2차 세계대전의 참담한 파괴가 있은 후인 1948년에 선언되었다. 세계인권선언은 보편적으로 보호받아야 할 기본 인권에 초점을 맞췄다.* 이것은 몇 가지 다른 선언(예를 들면 시민적·정치적 권리에 관한 국제규약)을 잇는 것이었다. 그리고 전 세계 특정 지역에서 나타난 성명들과 분명 연결되어 있다.

예를 들어 유럽연합의 기본권 헌장은 유럽연합에서 보호받는 기본권을 단일한 문서에 통합한 것이다. 이 헌장은 존엄성·자유·평등·연대·시민권·정의라는 6개 제목 아래 권리와 자유의 내용을 담고 있다. 2000년에 선포된 이 헌장은 2009년 12월 리스본조약 이후 유럽연합에서 법적 구속력을 갖추었다. 이 헌장은 유럽연합국이 유럽연합 지침을 국내법에 적용하거나 당국이 유럽연합 규정을 직접 적용할 때 효력이 있다.** 또한 어린이와 직접 관련되고 이런 중요한 성명들과 연결되어 진전을 이룬 것도 있었다. 예를 들면 유엔아동권리협약을 들 수 있다.***

위에서 언급한 성명들은 세계적이라기보다 국제적이라고 하면 더 잘 이해할 수 있다. 달리 말하면, 앞의 설명들에는 대체로 서양을 토대로 하고 (민주적 책무성에 대한 헌신의 수준을 다양하게 하면서) 세계질서에 이상적

---

* http://www.un.org/en/universal-declaration-human-rights/

** http://ec.europa.eu/justice/fundamental-rights/charter/index_en.htm

*** http://www.unicef.org.uk/what-we-do/un-convention-child-rights/

으로 때로는 정치적으로 관심을 쏟는 사람들의 야망이 담겨 있다. 일부 사람들은 어떤 측면에서 이런 선언의 불확실성을 비판했다. 예를 들면 국제앰네스티 같은 단체는 '죽이지 않을 권리'를 비롯해 추가할 만한 다른 내용을 제안하면서, 그 선언들이 과연 포괄적인지 여부를 물었다. 어떤 국가는 수용과 적용의 보편성에 문제가 있다고 지적하며 세계인권선언에 서명하지 않았다. 세계인권선언에 처음 서명한 58개국에는 인종차별정책을 유지하려던 남아프리카공화국이 포함되지 않았다. 일부 국가는 인권에 대한 그들만의 접근법이 있다. 예컨대 1979년 덩샤오핑이 집권한 중국은 견지해야 할 네 가지 기본원칙,[*] 즉 사회주의, 인민의 민주적 독재, 중국공산당의 지도 그리고 마르크스-레닌주의와 마오쩌둥 사상을 중국 시민의 기본 권리 및 의무와 함께 설정했다.[**] 이슬람 국가에서 주요 원칙은 코란과 하디스[***]를 바탕으로 하며, 숭배와 지역사회 상호작용을 위해 이슬람의 다섯 기둥[****]을 포괄하는 샤리아[*****] 법의 형태로 체계화할 수 있다.

그러면 우리가 말하는 것뿐만 아니라 그것이 어떻게 해석되어야 하는지를 어떻게 이해할 수 있을까? 근본적인 출발점은 보편주의와 상대주의의 지배적 관점을 고려하는 것이다. 후자는 문화적 차이가 특수한 원

---

[*] 4원칙은 흔히 사회주의, 무산계급독재, 공산당의 지도, 마르크스-레닌주의와 마오쩌둥 사상이라고 하는데, 여기에서는 원문의 표현을 직역했다.

[**] http://www.helplinelaw.com/law/china/constitutioin/constitution03.php

[***] Hadith: 마호메트의 언행록.

[****] Five Pillars of Islam: 이슬람의 다섯 기둥은 수니파의 가장 기본적인 다섯 의례(실천)를 가리킨다. 반드시 지켜야 할 의무이자 이슬람 삶의 근본으로 신앙고백, 기도, 자선, 단식, 메카 순례를 말한다.

[*****] Sharia: 이슬람의 종교 율법. 이슬람을 국교로 하는 국가의 상당수 법체계가 이 율법을 바탕으로 하며, 세계 3대 법체계(영미법, 대륙법, 샤리아)의 하나이다.

칙과 행동 가능성을 허용한다고 주장한다. 보편주의는 어떤 문제에 대해 사전에 정리된 공식의 단순한 적용을 요구한다는 의미가 아니다. 세계인 권선언은 완전한 철학적 모델이 아니며, 구체적인 사건에서 구체적인 행동으로 이끄는 지침을 제공하지는 않는다. 그렇지만 세계인권선언은 정의에 관한 여러 이해를 토론할 기회를 제공한다. 이것은 상대주의적 접근의 두드러진 약점을 해결하게 도울 수 있다. 예를 들어 문화적 정당성이 있다고 여겨지는 특정한 영역에 억압적 관행이 적절하다고 선언하는 독재자의 가능성을 피하고 싶다면, 하나의 보편적인 선언이 매우 유용할 수 있다(이 점과 관련해서는 사회정의를 다루는 10장에서 더 많이 논의한다.) 그러나 권리와 의무를 둘러싼 이런 이슈들은 여전히 논쟁 중이다. 아흐메드(Ahmed; 2012)는 계몽주의에서 영감을 얻은 합리성에 대한 접근법에서는 사적 개인의 역할을 우선시하는 자유주의 전통에 따라 제한적인 형식의 다양성만이 수용되고 있다고 말했다.

> 자유주의에서 어려움은 개인의 자율성이 자명하고 보편적이라는 진리에 의존한다는 점이다. 자유주의는 이성이 도그마에 도전해야 한다고 주장하지만, 많은 비서구인들은 독단적이고 억압적인 협상 불가능한 자유주의적 진리에 도전하고 있다(p. 728).

이러한 근본적인 우려는 세계시민성의 의미와 그것을 어디에 적용할 것인가라는 이슈와 관계있다. 부분적으로 이것은 지리학적 범위의 문제이다. 어떤 사람들은 법적으로 적절한 지역과 관련해서만 권리와 의무가 성립할 수 있다고 말할 것이다. 바꿔 말하면, 실행하는 힘은 법적 힘을 가진 국가 또는 초국가적 기구에 있을 것이다. 그러나 이것은 세 가지 다른 문제를 일으킨다. 첫째, '사람person'과 '시민citizen' 사이에 누가 어떤 권리와 의무가 있는지를 어느 정도 구별해야 하는가? 둘째, 이러한 권리와 의무가 적용되는 합법적인 공간에 대한 적절한 관점으로 무엇이 중요한가? 그리고 셋째, 인정되거나 부과되는 권리와 의무의 본질과 목적은 무엇인가?

'사람' 또는 인간과 '시민' 사이의 구분은 시민성의 공식적인 정치적·법적 지위와 관련이 있다. 현재 국제법은 거의 존재하지 않지만, 보편주의 선언과 관련해 앞에서 언급한 매우 큰 야망이 있다. 더구나 경제적·정치적 이민으로 인한 인구의 급격한 변화가 있다. 마찬가지로, 누가 시민의 권리를 갖는지 확인하는 것은 몹시 복잡하고 도전적인 일이다. 한 사람이 어떻게 시민의 권리와 의무를 지니는가 하는 문제가 있다. 연고지주의와 혈연주의(전자는 태어난 곳에 따라 시민권을 허용하는 것, 후자는 유전에 근거한 것)라는 두 가지 법적 전통은 매우 다른 고려 사항을 낳는다. 예를 들어 싱가포르에서는 한 사람의 종족집단이 신분증에 포함되어 나타나는 반면 프랑스에서는 인구조사 때 문화적 배경에 관한 세부 사항을 수집하지 않는다. 어떤 곳에서는 종족집단의 권리와 의무가 매우 중요하지만 다른 곳에서는 전혀 그렇지 않다. 국가의 권리와 대조적으로 '인권human rights'이나 '세계권global rights' 같은 것은 공식적으로 규정하기 힘들다—누가 세계시민이고 누가 세계시민이 아닌지를 결정할 수 있는 보편적으로 인정받은 기구는 없다.

합법적인 공간을 바라보는 관점 문제는 지구 상태를 폭넓게 책임지는 사람, 도덕법을 따르거나 가장 구체적으로는 위에서 언급한 시민 개념을 따르는 사람, 세계 정부를 지지하는 사람이 자신을 인류의 구성원으로 규정하면서 권리와 의무를 바라보는지에 대한 고려를 수반한다(Heater

1997). 이것은 권리와 의무가 제정되는 방식에 영향을 준다. 국가와 시민의 수직적 관계는 사람과 시민의 수평적 관계만큼 중요할 수 있다. 요컨대 우리는 무엇을 형식화하고 단지 국가에만 기여하는 것이 아니라, 무엇을 약속하고 서로 빚지고 있는가? 그리고 앞에서 말한 바와 같이, 누가 이것을 수용하기로 결정하는가?

우리가 가진 권리와 의무의 본질과 목적에 관련된 많은 이슈가 있다. 개인은 물론 집단의 권리와 의무도 고려해야 한다. 예를 들어, 분만 중 적절히 치료받을 수 있는 한 개인의 특수한 권리에 반대하면서 복수의 여성들의 권리에 대해 이야기하는 것이 어느 정도 타당한가? 어떤 연령 집단에게만 유효한 연금과 같은 권리가 있는가, 아니면 그 권리는 공정한 대우를 받을 뿐 구체적으로 표현될 수는 없는 것인가? 결과와 관계없이 조치를 취하는 권리와 반대로, 결과와 관련하여 하나의 권리를 구체화하는 것이 어느 정도까지 적절한가? 권리와 의무의 상호관계를 고려하는 것이 합리적인가? 이러한 상호관계의 부재는 불공평하다고 여겨질 수 있다. 이를테면 특정 기간 동안 일하기 전까지는 실업수당을 받을 권리가 없다. 그러나 만일 사회의 취약계층 구성원—나이가 아주 많거나, 아주 어리거나, 몸이 좋지 않은 사람들—이 이류 시민으로 그리고 마땅히 권리를 가질 자격이 없는 사람으로 여겨진다면 이것은 문제가 될 수 있다.

특정한 것을 가질 권리와 어떤 조건에 종속되지 않을 권리의 문제 또한 우리에게 권리와 의무에 관해 많은 것을 말해준다. 이것은 흔히 자유를 둘러싼 논쟁의 형식으로 전개된다. 내가 자유롭게 무엇을 할 수 있는가, 내가 무엇에서 자유로운가? 이것은 우리가 한 약속의 전체 범위라고 생각하는 것과 관련 있다. 동물은 권리가 있는가? 우리는 환경에 대한 의무가 있는가? 한 그루의 나무는 권리가 있는가? 그리고 끝으로, 중요한 행동 영역은 무엇인가? 정치적·도덕적·경제적 그리고 다른 권리와 의무 사이에는 어떤 구분이 있는가?

　결정적으로, 시민성 모델(예를 들면 Westheimer & Kahne 2004; Oxley & Morris 2013)은 사람들이 자신의 시민성에 다가서는 서로 다른 방식을 제공한다. 어떤 사람은 자신의 법적 책임과 권리를 개인적으로 책임지는 수단으로 보는 반면, 다른 사람은 그 같은 권리와 의무를 사회정의를 향하게끔 허용하는 것으로 볼 수도 있다. 그리고 아마도 가장 근본적으로는, 시민성에 관한 자유주의와 시민적 공화주의 전통의 형식으로 권리와 의무 관계를 고려할 필요가 있다. 후자가 필수적·공적으로 제정된 책임에 관한 것이라면, 전자는 사적인 시민의 권리를 강조한다. 히터(Heater, 1999)는 이런 전통의 본질과 이슈와 관련해 아주 좋은 토론 주제를 제공한다. 권리와 의무를 고려하면서 새로운 발전이 일어날 때를 주목하는 것은 흥미롭다. 마셜(Marshall, 1963, pp. 67-127)이 시민적·정치적·사회적 권리와 관련하여 시민성의 발전을 논했을 때는 세계시민성과의 연관성이 매우 제한적이었다. 이것과 다른 문제들은 이 책에서, 특히 시민교육을 다루는 9장에서 더 자세히 탐구할 것이다.

Joppke, C. (2008). Transformation of citizenship: status, rights, identity. In E. F. Isin, P. Nyers & B. S. Turner (eds). *Citizenship between past and future* (pp. 36-47). Abingdon: Routledge.

이 글에서 좁케는 시민성의 포괄적인 개념을 정의하고자 한다. 그는 시민성의 다양한 개념을 놓고 학계와 전문가들이 단순히 과거 이야기만 하므로 이것은 필수적인 과제라고 주장한다. 다른 사람들의 작업에 따라 시민성은 지위, 권리, 정체성 측면에서 생각될 수 있기 때문에 이런 것들이 포괄적인 특성으로 결합될 수 있겠지만, 전체의 각 부분을 탐구하는 것이 가능하고 또한 필요하다고 단언한다. 권리와 관련해서는 "재분배적 사회권에서 절차적 시민권, 특히 소수자 권리로"(p. 40) 강조점에 변화가 있었다고 주장한다. 이것은 두 가지 법적인 발전이 있었음을 뜻한다. "시민성이 비시민에게 확장되는 것 그리고 소수자 권리의 창조 또는 강화"(p. 41). 그는 소수자 권리에 중점을 두어 반차별과 다문화 인식의 본질을 말한다. "간단히 말해 반차별은 보편적이며, 인정은 특별하다"(p. 42). 권리를 둘러싼 이런 논쟁은 (좁케의 생각처럼) 분명 시민성의 다른 측면과 관련이 있다.

Kiwan, D. (2005). Human rights and citizenship: an unjustifiable conflation? *Journal of Philosophy of Education*, 39, 37-50.

키완은 인권과 시민성이 동일하지 않다고 주장한다. 인권이 보편적이라면 시민성은 더 구체적으로 구성된 것이다. 키완은 도덕, 법, 정체성, 참여 그리고 세계주의라는 다섯 가지 범주에서 시민성을 탐구하고, 시민성과 인권을 동일시하는 것은 지적으로 일관되지 않은 시도이며 실제로 시민 참여를 저해할 수 있다고 결론 내리고 자신의 주장을 발전시킨다. '시민'과 '개인' 사이의 긴장, 시민성에 대한 국가 수준의 한계를 놓고 격렬한 논쟁이 벌어진 점을 생각하면, 키완의 주장은 권리와 의무 논쟁에 매우 중요하게 기여했다. 국가의 의미를 둘러싼 논쟁은—우리가 지리학적 실체, 종족 정체성 또는 정치적 국가를 광범위하게 다루는지 여부에 따라 — 극명한 대비 속에 던져진다.

Soysal, Y. (1994). *Limits of Citizenship. Migrants and Postnational Membership in Europe*. Chicago, IL: University of Chicago Press.

이 책은 많은 이들에게 권리를 논하기 위한 현대적 고전 또는 적어도 핵심적인 참고문헌으로 간주된다. 소이살은 이민자 권리에 초점을 맞추며 세계적인 세력과 특정 국가(특히 프랑스, 독일, 네덜란드, 스웨덴, 스위스, 영국)의 대응을 논의함으로써 시민 아닌 사람들에게도 점점 권리를 부여할 것을 제안한다. 소이살은 여러 나라가 '손님 노동자guest workers'와 다른 사람들에게 권리 확대를 허용하기 위해 집단·개인·중앙정부의 행동(조합주의corporatist, 자유주의liberal, 국가주의statist)을 인식하는 구체적인 수단을 채택하자고 제안한다. 이 탈국가적 시민성은 보편적 인권을 강조하는 헌장과 협약에서 그리고 정치적·경제적 대중 또는 다른 난민과 이민자 대중운동의 구체적인 현실에서 공식적으로 확립된 시민성에 관한 토론에 긍정적이고 아주 도전적으로 기여한다.

권리존중학교 https://www.unicef.org.uk/rights-respecting-schools/
유니세프는 학교와 청소년 관련 단체를 지원하는 데 매우 적극적이다. 학교들은 긍정적인 활동을 인정받기 위해 유니세프가 수여하는 상에 응모할 수 있다. 그 상은 학교 리더십, 어린이 권리에 관한 지식과 이해, 정신ethos과 관계 그리고 어린이와 청소년에게 권한을 위임했는지 여부라는 네 가지 영역의 증거를 바탕으로 수여한다. 또한 이 상은 기여 인정과 1레벨, 2레벨 등 세 등급으로 나뉜다. 관련 내용은 웹사이트에서 명확하게 설명하고 있다.

유니세프 영국 권리존중학교 Unicef UK Rights Respecting Schools 는 어린이 권리를 학습하고, 가르치고, 실천하고, 존중하고, 보호하고, 증진하는 하나의 공동체이다. 어린이와 청소년, 학교공동체는 매일 어린이 권리를 배운다. 단순히 어린이가 무엇을 하느냐뿐 아니라 어른이 무엇을 하느냐도 중요하다. 권리존중학교에서는 어린이의 권리를 증진하고 실현하며 어른과 어린이가 이것을 위해 함께 행동한다. 어린이가 권리를 배우고, 핵심 정보에 접근할 수 있으며, 권리-친화적인 환경에서 참여하고 활동하기를 기대한다.

United Nations(2004).
Teaching Human Rights. New York and Geneva: UN.

교수-학습 자원은 웹에서 쉽게 이용할 수 있다.* 핵심 아이디어와 이슈를 기술하
고 설명한 서론, 취학 전 어린이와 초등학교 저학년 학생을 위한 활동, 초등학교
고학년과 중등학교를 위한 활동의 세 가지 주요 부분으로 나뉘어 있다. 모든 교사
가 모든 활동을 좋아하지는 않더라도, 교실과 그 밖의 덜 공식적인 환경에서 사용
할 수 있는 흥미롭고 유용한 자료가 풍부하며 매우 좋은 사례가 된다.

활동

1. 제임스 미키James Michie 의 〈둘리는 배신자Dooley is a traitor〉라는 시는 쉽게 구할 수
   있으며 전쟁과 관련한 권리와 의무를 논의하는 데 많은 흥미로운 자료를 제공
   한다. 파블로 네루다Pablo Neruda 의 〈적들Los enemigos〉** 도 권리와 의무에 관한 토
   론에 자극적인 출발점을 제공한다. 둘리는 왜 자신에게 아무것도 하지 않은 적
   과 싸워야만 하는지 묻는다. 국가에 대한 의무와 개인의 책임에 관한 이슈는 분
   명하다. 네루다의 시는 본래 적을 처벌하라는 요구로—만약 이것이 옳은 말이
   라면— 복수하는 권리에 대한 의문을 제기한다.

2. 세계인권선언을 제안하고 논의할 수 있다. 권리와 의무를 분류하고 우선순위
   를 정하는 연습을 할 수 있다. 정치적·사회적·경제적·문화적 그리고 그 밖
   에 어떤 권리와 의무가 포함되어 있는가? 학생들은 그 권리와 의무의 상대적
   중요성을 생각할 수 있다. 일반적으로 서술되는 권리를 학생들이 특정한 표현

* https://www.ohchr.org/Documents/Publications/ABCen.pdf
** http://dude-pablo.tripod.com/id6.html

으로 바꿔보게 하면 흥미롭다. 이를테면 교육권은 무엇을 뜻하는가? 그것은 구체적으로 일정 기간 동안, 정해진 과목에서, 특정한 방식으로 가르치고 평가하는 모든 내용을 위한 것인가? 그리고 만일 구체적인 설명이 없어도 우리가 그것을 여전히 권리라고 부르는 결정이 합리적인가?

3. 학생들은 '~로부터의 자유freedom from'와 '~로의 자유freedom to' 사이의 관계를 생각해본다. 테드 허들스턴(Ted Huddleston, 2004)이 만든 뛰어난 활동이 있는데, 그 활동에서 한 무리의 자경단 vigilantes은 젊은이들이 충분히 문제를 일으킬 수 있다고 주장하면서, 경찰이 활동하지 않는 상황에서 그 지역이 안전하고 사람들이 잘 행동할 수 있도록 보장할 것이다. 포스터에는 문제를 일으킨 사람은 누구나 응당한 처벌을 받게 될 것이라는 주장이 명시되어 있다. 권리가 나오는 합법적인 근원에 대한 이슈는 '~로부터의 자유'와 '~에 대한 자유'와 관련해 앞에 언급한 점들뿐만 아니라 여기에도 분명 관련이 있다.

4. 헨리크 입센Henrik Ibsen의 희곡 〈민중의 적Enemy of the People〉과 그레이엄 그린Graham Greene의 소설 《조용한 미국인A Quiet American》을 읽어보라. 온라인으로 요약본을 읽을 수도 있고 영화로 만든 작품을 볼 수도 있다. 이 희곡과 소설은 인간의 권리와 의무로서 무엇이 중요한지, 우리는 더 나은 세상을 만들기 위해 무엇을 할 수 있는지 그리고 그 과정에서 무엇이 잘못될 수 있는지를 독자들에게 제시한다. 주인공이 세계 정의를 증진하고 있는지 여부를 여러분은 어떻게 판단할지 생각해보라. 결과주의적consequentialist 정의와 정언명령적categorical 정의의 구분을 생각해보라. 전자는 사람의 행동 결과를 강조하고, 후자는 올바른 행동을 할 필요를 강조한다.

4

탈식민화
세계시민성 윤리를 통한
세계공동체 상상하기

Imagining Global Communities
through a Decolonial Ethic of Global Citizenship

세계공동체global communities라는 개념은 상대적으로 새로우며 확실히 논쟁적이다. 그런데 먼저 그런 공동체에서 상상할 수 있는 것을 이해하지 않고 그 개념을 사용하는 것은 주의할 필요가 있다. 흔히 '세계공동체'는 공유하는 목적과 공통성을 인식하기 위해 개념적으로 국경을 넘어 함께 하는 사람들을 모으는 방식을 사용하는데, 포스트식민주의적, 탈식민주의적 그리고 반反빈곤 이론가들과 실천가들이 세계공동체라는 개념을 비판한다. 이 장에서는 그런 공동체의 구성원 자격을 주장하기 위한 윤리적 방식으로 세계시민성 관점을 형성하는 세계공동체의 가능성과 그에 대한 비판을 검토한다.

세계시민으로 참여한다는 것은 종종 세계적 이동이 가능한 경제적·

사회적·정치적 역량을 갖춘 소수 엘리트에게만 호소하는 지나치게 낭만적인 일로 보인다. 지구상에 사는 대부분의 사람들이 평가절하된 화폐, 억압적인 사회규범 또는 국경을 지나는 데 법적으로 인정되지 않는 여권을 가진 나라에 살고 있다면 세계적 이동이란 불가능하다. 만일 당신이 미국·캐나다·영국·호주·뉴질랜드 또는 유럽 국가에 산다면, '이동할 수 있는' 화폐와 문을 닫기보다 문을 열어주는 여권 그리고 당신이 국경 없는 세계를 '알고' 방해 없이 이동할 수 있도록 준비한 국제관계 시스템에 더 쉽게 접근할 수 있다. 이것은 확실히 전 세계가 보편적으로 공유하는 경험은 아니다.

윌리 어민(Willie Ermine, 2007)은 많은 종류의 만남, 특히 역사적으로나 현재 지배관계가 성립된 곳과 관련된, 국경을 초월하는 지식 또는 법적 관여 프로젝트에서 다른 세계관과 문화의 만남에 참여하는 것의 중요성을 분명하게 말한다. 그는 이런 만남에서 필수적인 윤리적·도덕적·법적 원칙을 조율하는 과정이 현대사에서 예를 찾기 어려운 문화 간 협력의 깊이와 밀도를 요구할 것이라고 주장한다(ibid.). 어민은 서양 철학이 상상하고 수 세기 동안 전 세계를 정치적·경제적으로 지배하면서 만든 보편주의가 서구적 사고와 삶의 방식이 우월하다는 생각을 지닌 세계관으로부터 대부분의 세계관을 어떻게 분리하는 경향이 있는지 설명한다.

서구와의 만남에서 토착민을 괴롭히는 자극적인 것 중 하나는, 깊게 새겨진 서구 보편성에 대한 신념과 실천의 벽돌담이다. 보편성 문제의 중심에는 유일한 세계 의식, 즉 하나의 인류 모델과 사회 모델을 주장하는 단일 문화의 확산이 있다. 이것은 인류를 대하는 신의 시각에 대한 주장이며, 이 관점이 서구에 적절하게 위치해 있다는 것이다. …… 이러한 단일 문화적 존재는 다른 모든 것을 압도하는 하나의 공적 영역과 하나의 정의 개념을 제시한다(p. 198).

서구 사상과 사람들의 이동성에 내재한 식민주의는 응구기와 티옹오 Ngũgĩ Wa Thiong'o[*]에 의해 해체되는 것으로 묘사된다. 여기서 식민 지배를 당한 사람들은 그들의 토지, 사회, 정치체제, 언어, 지식을 잃었다. "유럽 인들은 땅과 바다와 정신을 항해하며 그들이 접촉한 모든 것에 그들 자 신의 기억을 심었다"(Thiong'o, 2009, p. 4). 경제체제는 제국주의를 기반으 로 했으며, 세계에 강요된 식민지 교육체제도 알아야 할 가치가 없는 것 을 세계 모든 지역에서 가르치기 시작했다. 이 과정에서 아프리카, 북아 메리카와 남아메리카, 아시아의 원주민들은 유럽식 준거에 맞지 않는 지 식을 잊도록 강요당했으며, 서구 지식의 많은 부분을 지탱하는 자본주 의-제국주의 정치·경제체제를 벗어나면 그들의 삶과 공동체를 구성할 수 있는 합법적 방법이 없었다(Amin, 2011; Rodney, 1972; Thiong'o, 2009). 식민주의적 정신 또는 식민지화한 정신은 하나의 세계공동체가 아니라 하나의 통일된 유럽 제국을 상상하도록 훈련되었다. 이 제국 내에서 유 럽인들 사이에 토지와 권력에 대한 긴장이 있었는데 말이다. 두셀 Enrique Dussel은 서구 중심 사상을 벗어나 다른 지식의 공간을 만드는 세계적 지 식 신뢰로 우리를 이끄는 탈식민화 윤리의 필요성과 식민지 프로젝트의 지속성을 설명한다.

식민주의적 실천은 처음부터 그것의 토대인 철학적 정당화에 의존해왔으

---

[*] Ngũgĩ Wa Thiong'o(1938~): 케냐의 소설가, 수필가, 극작가.

며, 이것은 보편성 주장을 지닌 현대 유럽 철학의 출발점이기도 하다. 불행히
도 남반구 대부분의 사람들은 이를 받아들인다. 이 정당화는 또한 (지구와 지
역별 기후에서 불평등의 기원을 찾는 개념에 기반한 18세기 칸트에 의해, 또는 16세기
에 세풀베다Gines de Sepulveda 신부가 아리스토텔레스를 다시 읽었을 때 우월성을 해석
하면서 유럽인이 남반구 사람들보다 우월하다는 가정에서 표현된) 인류학적 특성을
띤다. 한 측면은 역사적이고(예를 들면 유럽은 헤겔의 '보편사의 중심과 끝'이었던
곳이다) 다른 측면은 윤리적인데(아메리카, 아프리카 또는 아시아 사람들이 유럽식
문화 안에 포용된다는 관점에서 합리적 논쟁에 기반한 비전통적이고 개인주의적이며
단지 남반구 문화의 특성처럼 특정한 것이 아니라 보편적인 윤리적 비전이 그들에게
부여된다), 이것들은 식민주의의 정당성을 증명하는 데 기여했다(p. 9~10).

만일 지구상의 많은 사람들의 세계관과 지식·경험을 포괄할 수 있는
어떤 것을 상상한다면, 우리는 '세계적'인 것을 구성하는— 보편적이고
유럽적인— 사고를 와해시킬 필요가 있다. 이것은 오래전에 이루어졌어
야 할 탈식민화 과정이다.

우분투 :
남아프리카의 세계관

존재론과 인식론 차원에서 다른 세계관의 한 예는 남아프리카 '우분투
Ubuntu'에서 찾아볼 수 있다. 음비티(Mbiti, 1969)는 이 관점이 담고 있는 깊
은 관계성을 설명했다. "나는 우리가 있기 때문에 존재한다. 우리가 존재
한 뒤, 그것으로 말미암아 내가 존재한다"(p. 125). 이것은 서양 철학 대부

분의 관점과 대조적이다. 서양 철학은 제약도 없고 맥락도 없는 '나' 개념을 출발점으로 한다 — 즉 '나'는 타자와의 관계보다는 자기 자신이나 내면의 존재와 관련하여 정의된다. 그러나 아프리카 방식은 더 공동체적인 것으로 보이며, 항상 타자와 연결되고 관계를 맺고 있는 '나'를 강조한다(Mudimbe, 1988, 1). 아시-루뭄바(Assie-Lumumba, 2017)는 이것을 대륙 전체에 걸친 아프리카 지식의 근본이 되는 더 넓은 존재론으로 설명한다. 일반적인 아프리카 정신ethos에서 '**존재**는 타자와의 관계 속에 존재할 필요가 있'으며 '그 중심에는 자유로운 동시에 타자와 과거의 기억, 자연과 문화 사이의 균형을 크게 강조하는 인간이 있다'(Assie-Lumumba, 2017, p. 14).

서양 사상에서 자연적이며 보편적으로 간주하는 개인주의는 이런 관계적 세계관으로 생각하는 것이 가능하지 않다. 이것은 다른 세계관의 한 예일 뿐이다. 그것은 세계관이 그러한 공동체에 어떤 정보를 제공하는지, 상상했던 것이 다름을 포용하는 것에 근거한 좋은 관계들인지 아니면 서양 계몽의 궤적에서 인간이나 집단을 구별하는 방법으로서 다름을 보는 하나의 보편주의인지를 확신할 수 없기 때문에 하나의 '세계공동체global community' 주장이 지닌 위험을 강조한다(Andreotti, Stein, Ahenakew & Hunt, 2015).

만남의 윤리적 공간

어민(2007)은 '윤리적 공간'의 하나인 중요한 틀을 제공하는데, 우리는 그것을 토대로 더 정의롭고 지속적인 국제관계를 형성하기 위해 우리의 세계관계를 분류하기 시작했다. 이 책에서 논의한 바와 같이 서양 철학은 윤리적 탐구에 관한 풍부한 배경을 제공하지만, 서구 문화와 지정학적 제도를 벗어나 적용할 때는 철학적 배경에서 서양 보편주의의 한계에 대한 의문점이 제기된다. 어민은 그의 '윤리적 공간'을 사용해 이런 불일치를 다룬다.

우리의 관점을 토착-서구의 만남이 사상세계에 관한 것이라는 인식으로 옮기는 것은 또한 우리에게 이런 유일함을 조정하기 위한 틀이나 패러다임이 요구된다는 것을 상기시킨다. …… 상호작용을 위한 합의의 개념에 앞서 항상 철학적·문화적 차이에 따라 발생하는 인간 다양성의 확인이 있어야 한다. 어떤 사회도 신의 관점에서 주장할 수는 없기 때문에, 세상의 여러 관점을 대조함으로써 만들어지는 윤리적 공간에 관한 사고는 만나는 장소의 개념 또는 개체나 문화 사이의 중립 영역에 관한 초기 생각을 품고 있다(p. 201).

이 윤리적 공간에 들어가기 위해서는 다른 세계관들이 존재하며 우리 자신의 세계관 밖에서 알려지지 않은 방식으로 인류의 지식에 기여한다는 점을 이해해야 한다. 여기에서 모든 지식은 불완전한 것으로 이해된다. 이런 시각에서 우리는 '세계 공동의 지식'이라 불릴 수 있는 것에 기여할 수 있는, 세상을 다르게 살고 다르게 바라보는 사람들의 중요성을 이해할 수 있다. 미뇰로(Walter Mignolo, 2000; 2011)는 보편주의라는 사고에 대항하기 위해 '플루리버스pluriverse*'라는 개념을 사용한다. 그는 지금과 같은 세계화 시대의 모든 삶에 영향을 끼치는 많은 세계 문제를 다루

---

* 플루리버스는 다원주의 이론에 따라 인식하는 세계를 말한다.

려면, 다원보편적 영역pluriversal sphere에서 의사소통이 필수적이라고 주장한다.

나는 세계의 정치적 탈식민화 프로젝트 영역에서는 플루리버스(탈인종주의화와 탈가부장제 프로젝트, 식량 주권, 상호주의와 탈금융화의 경제기구, 지식과 존재의 탈식민화, 영성 해방을 위한 종교의 탈식민화, 아름다움을 해방하기 위한 미학의 탈식민화 등등)를, 정치-경제적 탈서구화 영역에서는 다극화multi-polarity를 사용해 국가 프로젝트를 이끌고 싶다(Mignolo, n.d. Accessed at waltermignolo.com/on-pluriversality).

이런 중요한 세계 프로젝트들은 우리 앞에 놓인 교육 과제의 시급성을 강조한다.

그러면 세계공동체를 상상하는 윤리적 방식으로 어떻게 세계시민성에 접근해야 하는가? 우리가 마주하는 세계 문제들은 지구상에서 인간이 어떻게 지속적인 삶을 살아야 하며 또 살 수 있을지에 관해 시급하고 광범위한 재구상을 필요로 한다. 틀로스타노바와 미뇰로(Tlostanova & Mignolo, 2014)는 현재 세상에서 작동하고 있는 세계체제 주변부 사람들의 지식과 경험을 듣는 법을 배우려면 지식의 지리적·신체적 정치학의 전환이 필요하다고 한다. 그러기 위해서는 먼저 세계를 통해 사람들의 일부에 대해 학습한 것을 해소할 필요가 있다.

세계시민교육은 식민성에 관한 학습을 해소하기 위한 윤리적 공간을 창조함으로써 이러한 학습 해소에 기여할 수 있다. 어민의 주장에 따르면, 비지배적인 사람 또는 지배적인 서구 관점에 맞추기 위해 자신의 세계관을 포기할 것을 집단에 요구하지 않는 사람들은 상호작용을 위한 합의를 발전시킬 수 있다. 이것은 교실에서도, 국제기구에 관한 연구 프로젝트에서도 그리고 사람들이 소규모로 공동체나 세계공동체 구성원으로 만나는 어디에서도 일어날 수 있다. 참가자들은 이런 방식으로 그들 자신과 타자들의 위치와 기여를 인식해야만 한다. 세계시민성은 다원보편성에 근거한 시민성의 권리와 책임에 관한 다층적(세계에서 지역까지) 이해에 관여할 때 탈식민화한 미래에 기여할 수 있다.

이런 점에서 세계시민이란 '어디서도nowhere' 바라보는 견해가 없거나 혹은 '어디서나everywhere' 바라보는 견해를 가진 사람이 아니다. 그렇다기보다는 세계에서 자신의 위치를 이해하고, 이런 위치가 많은 세계관 중 단지 하나를 제공하며, 그것이 어떻게 작용하고 또 작용해야 하는지를 아는 사람이다. 그러면 세계시민은 세상의 많은 문헌과 관련된 세계체제와 그들의 지역적 발현을 이해할 수 있고 다양한 관점과 삶의 방식을 위한 윤리적 공간을 창조할 수 있을 것이다. 세계 문제는 우리가 지구상에서 어떻게 살아야 하는지 재해석하기를 요구한다. 그것이 어떤 새로운 가능성을 만들지 예측하기는 힘들다. 그러나 우리는 인간과 다른 생명이 더 정의롭고 살기에 적합한 세상을 만들기 위해 집단적으로 착수해야 할 프로젝트가 '생각하기'와 '관계 맺기'에서 거대한 세계적 전환을 요구한다는 것을 이해할 수 있다.

참고문헌과 간략한 해설

Abdi, A. A.(2013). Decolonizing educational and social development platform in Africa. *African and Asian Studies*, 12, 64-82.

이 글에서 아브디는 아프리카 사람들의 경험과 관련된 핵심적인 반식민화 · 탈식민화 논쟁을 한데 모았다. 그는 교육의 역할, 식민지 관계와 체제를 재생산할 수 있는 잠재력을 강조하거나 교육 행위자와 목표를 재구성함으로써 아프리카인과 그들의 공동체가 수천 년 동안 잘 살았던 토대가 된 세계관과 지혜를 바탕으로 미래를 향해 나아가게끔 돕는다. 이것은 낭만적인 과거를 위한 요청이 아니라, 이 세계관을 유럽 식민지 프로젝트의 자유주의와 개인주의에 대한 결핍으로 바라보는 식민주의 유산을 다룰 수 있는 관대한 사회 인식론적 세계관을 인정하는 것이다.

Schooling the World (전 세계 사람들에게 학교교육을 제공한다)-video[*]

이 비디오는 세계 여러 지역에서 식민화 교육의 역할과, 특히 토지를 기반으로 한 세계 문화에 의도적으로 초점을 맞춘 다큐멘터리이다. 이 다큐멘터리는 도발적인 질문으로 시작한다. 한 세대 안에 문화를 바꾸고 싶다면 당신은 무엇을 하겠는가? 시바Vandana Shiva, 데이비스Wade Davis, 노르베리-호지Helena Norberg-Hodge의 인터뷰와 함께 여러 세계관과 식민지 교육의 경험 그리고 더 최근의 형태인 개발교육을 통해 이 질문의 답을 찾아보게 된다.

Simpson, I. B. (2014). Land as pedagogy: Nishnaabeg intelligence and rebellious transformation. *Decolonization: Indigeneity, Education and Society*, 3(3), 1-25.

* http://schoolingtheworld.org/

이 글에서 심프슨은 원주민들의 정치적·사회적·지적 삶을 되찾기 위해 수천 년 동안 생명을 지탱한 땅과 언어, 영성이 담긴 토지-기반 교육land-based education이 얼마나 도움이 되는지 설명한다. 또한 사람들이 문화 생산자로서 교육받는 곳에서 자본주의 소비자를 만드는 교육을 해체하는 작업의 필요성을 설명한다.

활동

그로스포구엘은 "'서구화한 대학westernized university'(인용된 자료에서 이탤릭체로 강조)에서 인문학·사회과학 분야의 모든 사상 규범이 5개국(이탈리아·프랑스·영국·독일·미국) 소수 남성들이 생산한 지식을 기반으로 한다는 것이 어떻게 가능할까?"라고 묻는다(Ramón Grosfoguel, 2013, p. 74). 이 5개국 사람들이 오늘날 그들의 지식이 세계 다른 지역의 지식보다 우월하다고 여길 수 있는 인식론적 특권을 성취하는 것이 어떻게 가능한가? 오늘날 우리가 사회적·역사적·철학적·비판적 이론으로 알고 있는 것이 이 5개국 남성들의 사회·역사적 경험과 세계관에 근거를 두고 있는 이유는 무엇인가?

이 질문들을 바탕으로 사회이론과 교육이론을 이용해 여러분의 경험을 분석하라. 이런 이론들은 어디에서 왔는가? 서유럽이나 미국 외부에서 온 지식은 무엇인가?

세계시민성은 이 문제를 어떻게 바꿀 수 있는가?

5

세계정체성
Global Identities

당신은 자신을 '세계시민'이라 생각하는가? 이 물음에 대한 답은 당신이 세계적 정체성을 지녔는지 아닌지에 따라 다를 수 있다. 2014년, 이 책의 저자 중 두 명이 다른 동료와 함께 유럽의 2개국에서 14세 아이들이 시민으로서 자기 정체성을 어떻게 확인하는지 조사하는 비교연구 프로젝트를 실행했다(Sant, Davies & Santisteban, 2016). 이 조사에서 자신을 해당 국가, 민족, 마을, 학교의 시민이라고 대답한 학생이 압도적으로 많았다. 그러나 설문에 답한 583명의 학생 중에서 6명의 학생만이 자신을 '세계의 시민citizens of the world'이라고 규정했다.

전 세계적으로 젊은이들이 또래나 타자와의 상호작용에 잠재적으로 관여할 수 있는 소셜미디어와 그 밖의 매체들을 사용하는 것을 보면 세계사회의 일상 표현이 현저히 늘어났다. 또한 사람과 상품의 국제적 흐름도 전반적으로 증가했다 그럼에도 불구하고, 세계정체성 또는 시민성에 관한 명확한 표시는 거의 없다(Sant et al., 2016, p.21).

이 연구 결과가 다른 모든 곳에서 일반적으로 적용될 수 있다고 생각하시는 않지만, 왜 세계시민교육이 세계정체성 논의를 피할 수 없는지 그리고 피하지 말아야 하는지를 보여준다고 생각한다. 그것이 이 장에서 우리가 의도하는 바이다.

시민성, 정체성 그리고 교육

시민성은 흔히 하나의 법적 지위, 정체성 또는 둘 다로 간주된다(Kymlicka & Norman, 1997). 예를 들면 과테말라 시민은 과테말라 정부가 법적으로 인정하는 사람, 자기 정체성을 과테말라인으로 규정하는 사람, 국가에 의해 과테말라인으로 인정받는 동시에 과테말라인의 정체성을 느끼는 사람이라 할 수 있다. 시민성을 다루는 학문은 시민에 관한 헌법에서 공동체에 대한 소속감이 필수적이라는 점에 주목한다.

자신을 자기 공동체와 동일시하는 사람은 아마도 그 공동체에 참여한 다른 구성원들과 연대하기가 쉬울 것이다. 달리 말하면, 소속감을 느끼는 것은 공동체의 사회적 화합에 기여한다. 반대로, 공동체의 구성원이 자신을 공동체와 동일시하지 않으면 공동체는 사라질 수 있다. 국가적 차원에서 보자면 시민이 자신을 국가와 그 안에 있는 다른 시민들과 동일시할 때 그들은 참여와 세금 납부에 더 적극적이다. 반대로, 만일 시민이 스스로를 국가와 동일시하지 않는다면 그 나라는 다른 대안 국가를 만들려는 분리주의 운동으로 인해 사라질 수도 있다.

　서양 철학을 살펴보면, 정체성과 관련해 제기되는 주요 질문 중 하나가 정체성은 어떻게 구성되는가이다. 어떤 사람들에게 정체성은 본래 사회에 의해 만들어지는 것이다. 알튀세르(Althusser, 1972)에 따르면 개인은 학교나 경찰 같은 국가기관에 의해 '채용'(알튀세르의 용어로는 '호명')된다. 개인은 이런 정체성 구성에 참여하지 않으며, 대신 그것들이 우리 개개인에게 부여된다. 예를 들어 알튀세르는 학교가 어떻게 노동계층 어린이에게 국가적이고 '정치에 무관심한' 정체성을 '부여하는지' 비판한다.

　한편, 프랑스 철학자 푸코(Foucault, 1982)는 부분적으로 알튀세르에게 동의하지 않는다. 푸코에게 정체성이란 그가 '자기의 기술technology of the self'이라 정의한 것을 통해 개인이 통합하는 사회적 실천·제도와 관련된 지배적 담론의 결과이다. 푸코의 이론에 따라 페미니스트 버틀러(Butler, 1997)와 사회학자 홀(Hall, 2000)은 개인들이 이 과정에서 어떤 행위주체성agency을 가지고 있다는 데 기여한다. 그들은 정체성을 증진하는 사회적 실천에 참여하면서, 버틀러가 수행성 performativity이라고 설명한 하나의 과정에서 개인이 이런 정체성의 본질에 어떻게 도전할 수 있는지를 논의한다. 홀은 한 설명 자료에서 다음과 같이 주장한다.

　한편으로 '호명interpellate'을 시도하는 담론과 관행은 우리에게 말하거나 우리를 특정 담론의 사회적 주체로 자리 잡게 하고, 다른 한편으로 주체성을 만들어가는 과정들이 우리를 불릴 수 있는 주체가 되게 한다(2000, p. 19).

　버틀러는 젠더와 관련해 어떤 관행을 재생산하거나 반복(수행)함으로써 개인이 젠더 담론에 참여하는지를 논의한다. 이런 수행을 통해 젠더에 관한 생각이 정립되고 재생산된다. 그렇지만 젠더의 본래 개념에 도전할 수 있는 새로운 아이디어를 소개할 수도 있다(이를테면 성소수자 운동). 버틀러는 이런 수행을 개인이 합리적으로 결정하는 것이 아니라 사회적 규범과 담론이 결정한다고 믿는다. 반면 고프먼(Goffman, 1959)은 개인들이 자신들의 목적에 어울리는 정체성을 수행하면서 관리할 수 있다고 이해한다.

개인적이고 사회적인 정체성이 어떻게 형성되는지 정확히 파악하는 것은 많은 논쟁과 연구의 주제였다. 한 시민으로서 그리고 국가와 관련하여, 정체성과 소속감을 만들고 강화하는 일은 단순하지 않다. 자신이 국가에 속한다는 정체성 확인의 중요성은 흔히 대중교육이 전 세계에 도입된 이유 중 하나로 인식되곤 한다. 우리는 또한 국가 정체성을 넘어 지역·유럽·종교·학교의 정체성을 함양하는 국가 교육과정을 알고 있다. 이런 경우 대부분은 언어와 역사, 지리, 시민성처럼 특정한 주제 영역들이 정체성에 기여한다.

뒤르켐Emile Durkheim과 파슨스Talcott Parsons 같은 기능주의 이론가들은 국가 정체성의 강화가 사회적 화합과 평화로운 공존에 기여할 수 있다고 말한다. 알튀세르 같은 갈등주의 이론가들은 학교교육을 통한 국가 정체성의 형성이 지배적 이데올로기를 부여하고 다른 정치적 의식과 본래 노동계급을 희석시키려는 시도를 포함한다고 말한다. 포스트식민주의 이론가들은 서구 학교가 "일과 인간관계에 대해 유럽식 개념에 적합한 사회구조를 만들기 위해 사용되었다"(Carnoy quoted in Coloma, 2013, p. 649)고 말한다. 이런 점에서 국가 정체성의 확산은 특정한 국가 정체성의 부여와 지역 정체성의 훼손만을 의미하지 않는다. 그것은 시민이 되는 것이 식민지 국가의 구성원이 되는 것이었던, 그 자체로 정체성이라 이해될 수 있는 것을 재구성하려는 시도를 뜻하기도 했다.

(세계)정체성:
(세계)자아와 (세계)사회

정체성은 본래 사회에 의해 형성된다고 이해하는 알튀세르부터 정체성
은 개인이 비판적으로 수행을 결정하는 어떤 것이라고 논의하는 고프먼
까지, 자아와 사회의 관계를 규명하려는 광범위한 이론이 있다. 이제 벤
웰과 스토코(Benwell & Stokoe, 2006)가 제시한 '정체성'에 대한 7가지 접
근법을 논의하려 한다. 여기에 포스트식민주의 저술가들이 논의했던 서
구 철학의 한계를 고려한 최종 접근법을 추가하고, 세계정체성의 구성과
교육의 연계를 위해 각 접근법의 가능성과 도전을 검토할 것이다.

계몽적 자아로서 (세계)정체성. 자유주의 철학 전통(주로 데카르트와 로크)
과 관련하여, 정체성에 대한 계몽적 또는 시민적 접근법은 개인이 자신
을 공동체와 동일시하거나 하지 않거나를 결정할 수 있다고 이해한다.
이런 점에서 우리 각자가 지식과 이전 경험을 주의 깊게 성찰한 뒤에 세
계공동체에 속할지 선택할 것이라고 기대한다. 만일 정체성을 이런 방식
으로 이해한다면, 주체화 접근법에서 바라본 세계시민교육은 학생들이
그들의 이전 지식과 경험을 성찰하도록 격려할 수 있다.

그러나 비평가들은 개인이 그런 결정을 내릴 수 있는 행위주체성을
지닌다는 이 접근법의 관점에 도전한다. 예를 들어보자. 시리아 여권을
가진 어떤 사람이 성찰적 결정을 할 수 있어서 그녀 또는 그가 오스트리

아 정체성을 갖기로 결정한다. 하지만 이 사람이 오스트리아 당국으로부터 오스트리아에 체류할 수 있는 권리를 지닌 시민으로 인정받지 못하면, 그녀 또는 그는 오스트리아 공동체에 온전히 참여할 수 없을 것이다.

낭만적 자아로서 (세계)정체성. 낭만적 접근법은 정체성을 타고난 무엇으로 이해한다. 어느 누구도 자신이 속할 공동체를 결정하지 못하지만, 그곳에서 태어난다. 여기서 정체성은 본래 (관습, 언어, 종교를 포함한) 문화와 연관되어 있다. 이런 접근법에서 사회학자 스미스(Smith, 2005)는 정체성이 구체적 사건과 인물에 대해 공유된 기억, 이어지는 세대와 공동운명체 의식 사이의 연속감 등을 포함한 공유된 경험을 통해서만 구성될 수 있다고 이해한다. 이렇게 교육의 역할은, 이를테면 국가의 역사를 배움으로써 이런 공유된 기억을 기념하고 전달하는 것이다. 인간 경험의 다원성과 공동 기억의 부족을 고려할 때, 스미스의 견해에서 세계정체성의 구성은 최소한 얼마 동안은 미숙한 것임이 틀림없다.

반대로, 노리스(Norris, 2005)의 조사에서 세계화는 사람들이 이런 기억을 공유할 수 있는 조건을 만들고 세계주의적cosmopolitan 정체성을 구성한다. 노리스는 예컨대 이민 경험을 공유하거나, 국제 네트워크를 만들거나, 디지털 공간에서 추억을 공유하는 사람들을 지적한다. 포스트식민주의 관점에서 볼 때, 여러 세기 동안 많은 사람들이 경험한 식민지 억압의 경험은 다양하게 공유되어오고 있다.

심리분석적 (세계)정체성. 정체성에 대한 심리분석적 접근법은 프로이트Sigmund Freud와 라캉Jacques Lacan 이후 지젝Slavoj Zizek과 크리스테바Julio Kristeva 같은 여러 철학자의 작품에 대한 일부 해석에 주된 토대를 두고 있다. 라캉은 동일화 identification 로 더 잘 설명되는 정체성이란 3가지 다른 등록소, 즉 상호작용을 바탕으로 구성된다고 이해한다. 상상계 the imaginary, 상징계 the symbolic, 실재계 the real의 상상 등록소는 자신과 사회를 '상상하는' 방식을 포함한다. 대신 상징계는 개인이 특정 방식으로 존재하고 행동하도록 독려하는, 관행이나 제도처럼 이미 존재하는 사회 공간 따위를 말한다. 실재 등록소는 '상상이나 기호가 적용되는 공간'과 연관되어 있다 (Brown & England, 2005, p. 453). 실재계는 상상계와 상징계를 주의 깊게 고려한 뒤에도 항상 불확실하며, 예측하거나 정확하게 표현하기가 불가능하다. 이러한 이해 속에서, 세계적인 것과의 동일화는 특정한 세계적 상상력을 지닌 개인과 세계적 제도(예컨대 국제연합) 그리고 실제 사이에 이루어진 상호작용의 결과일 수 있다.

사회적 자아로서 (세계)정체성. 사회 정체성 이론은 사회심리학자 타이펠 Henri Tajfel과 터너 John Turner의 작업을 바탕으로, 개인이 공동체에 대한 지식과 정서적 애착의 조화를 통해 어떻게 집단과 동일시하는지를 논의한다. 사회 정체성 이론은 정체성이 집단 안팎과 관련하여 만들어질 필요가 있다고 생각한다. 달리 말하면, 집단에 속하지 않은 사람들(다른 사람들)을 배제함으로써 우리 공동체와 그것에 대한 소속감이 형성된다. 사회 정체성 이론은 어떤 식으로든 세계정체성의 가능성에 도전한다. 세계공동체에 관해 일부 지식을 얻을 수 있을지라도, 우리는 집단 안팎에 대한 정서적인 애착이 세계적 맥락에서 어떻게 보일지 가늠하기 어렵다. 만일 세계공동체의 구성원이 모든 인간이어야 한다면, 누가 '배제'될 수 있는가 하는 의문이 남는다. 또한 만일 세계공동체가 단지 어떤 사람들에게만 포용적이라면, 포용 기준을 결정할 권리가 과연 누구에게 있는가라는 질문이 제기될 수 있다.

서사적 자아로서 (세계)정체성. 정체성에 대한 서사적 접근법은 리쾨르 Paul Ricoeur · 리오타르Jean-François Lyotard 같은 철학자와 프로프Vladimir Propp 같은 언어학자의 작업에 바탕을 두고 있다. 서사 이론은 우리 자신에게 설명하는 이야기인 서사를 통해 우리의 정체성을 형성한다고 주장한다. 우리는 이러한 정체성을 통해 사회적 공간에서 우리의 참여와 사회적인 것을 이해한다. 이를테면 전 세계에 걸친 여행과 그 여행에서 만난 다른 사람들을 부각시키며, 모험적 서사를 통해 어떻게 세계시민이 '되었는지' 설명할 수 있다. 이민 이야기와 외로움을 강조하면서 극적인 서사를 통해 어떻게 세계시민이 되었는지 설명할 수도 있다. 이 두 가지 사례에서 세계시민성에 관한 생각을 동일시하는 방식은 완전히 다를 수 있다.

포스트모던 자아로서 (세계)정체성. 일부 포스트모더니즘 이론가들(예를 들면 바우만Zygmunt Bauman과 백Martin Beck)은 20세기 후반과 21세기가 분절화, 상대주의, 불확실성을 특징으로 한다고 이해한다. 정체성도 예외가 아니다. 포스트모던 자아는 유동성에 따라 동시적이거나 특성화할 수 있는 복수의 정체성을 띠는 것으로 간주한다. 이런 점에서 세계주의 정체성은 다른 정체성, 예를 들어 국가 또는 지역을 포기할 필요 없이 형성될 수 있다. 실제로 이 장을 시작하면서 우리가 제시한 연구에서 어느 학생은 자신의 정체성을 '카탈루냐인, 스페인인, 유럽인 그리고 세계시민'이라고 했다. 게다가 포스트모던 정체성은 자기 자신의 다른 부분들을 새로운 정체성에 혼합한 개인들과 함께 '하이브리드'가 되는 것으로 간주된다. 제3문화 아이들*이 그 예이다.

정치적 자아로서 (세계)정체성. 포스트마르크스주의 이론가 무페Chantal Mouffe와 라클라우Ernesto Laclau는 정체성이 본래 얼마나 유연하고 정치적인지를 논의한다. 그들의 설명에 따르면, 정체성은 적대적이기 때문에 정치적이다. 이것은 다른 사람들의 반대편을 구축하는 방식이기도 하다. 예를 들어 아프리카의 탈식민지 운동에서는 다른 종족집단에서 모인 개인들이 식민지 세력에 맞서기 위해 합류했다. 그럼으로써 이 개인들은 식민지 지배자 반대편에 만들어진 다른 정체성을 형성한다. 그러나 라클라우와 무페의 설명에서 이런 정체성은 유연하다. 따라서 탈식민화 과정을 거친 뒤에 이 공동의 정체성은 사라지고, (아마도 한 종족이 나머지 다른 종족의 반대편에 서는) 대안적인 정체성이 그 자리를 차지했다. 세계시민성 측면에서 볼 때 무페와 라클라우의 이론은 세계시민성에 관한 하나의 보편적인 형식이 가능하다는 견해에 도전할 것이다. 대신에 그들은 세계시민교육을 그 주체화 기능에서 이해하고 하나의 정치적 행위로서 세계시민성을 정의하기 위한 평화로운 투쟁으로 이해할 것이다.

서구적 자아로서 (세계)정체성. 일부 포스트식민주의 저자들은 정체성을 구성하는 것에 대한 서구의 가정만을 고려하여 종종 똑같은 정체성 개념이 검토된다고 주장한다(Connell, 2007). 서구의 이러한 가정들은 이론과 실제에서 종종 보편화하는데, 이것은 세계정체성을 향한 더욱 포용적인 접근법에 대한 도전이기도 하다. 이런 점에서 포스트식민주의 저자들은 특히 비서구적 정체성과 서구 이론들의 원칙을 가정하는 세계정체

---

* Third Culture KidsTCK: 성장기(1~18세)에 두 가지 이상의 문화적 배경에서 자란 사람들을 가리킨다. Cross Cultural Kids CCK라고도 한다.

성의 검토 가능성에 관심을 기울인다. 그들은 세계정체성을 둘러싼 논의에 관여하기 전에 똑같은 정체성 개념의 탈식민화 과정에 관여할 필요가 있다고 주장하는데, 이는 세계시민성에 관한 꾸준한 논의의 핵심 요소로 이어질 것이다. 4장에서 언급한 바와 같이 서구의 지식은 어떤 존재론적·인식론적 가정들에 따라 형성된다. 그런데 그 가정들은 보편적인 것으로 제시되지만, 실제로는 개인들에게 보편적으로 공유되지 않은 구체적인 생각에 많이 얽매여 있다.

결론

정체성·시민성·교육의 관계는 지극히 복잡한데, 특히 세계정체성이 그러하다. 적어도 이 책을 집필하는 시점에서 세계시민성은 세계정체성을 담고 있는 광범위한 생각과 연관될 수 있다. 이것은 다른 방식을 취할 수 있지만, 그것이 글로벌 지위global status와 연관될 수 있는지는 중요한 토론거리이다. UN은 세계인권선언을 통해 이론적으로는 모든 인간에게 일련의 권리를 제공하지만, 이 권리가 실제로 부여된다는 보장은 없다. 여기서 우리가 도전하는 것은 '누가' 정체성의 창조와 강화에 기여할 수 있는 사회적 실체인가이다.

낭만적·정신분석학적 접근법은 정체성 형성에서 사회적 상상력과 관련성을 강조한다. 스타인과 안드레오티(Stein & Andreotti, 2015)가 제안했듯이 지배적인 세계적 상상력은 서구 패권에 대한 신화와 관련이 있는데, 자신을 '서양인'이라고 생각하는 사람만이 자신의 세계정체성을 확인할 수 있는지 궁금하다. 만일 지배적인 세계적 상상이 우세하다면, 자

신을 서구인으로 동일시하지 않는 사람이 '세계적'이라고 정체성을 확인
할 기회가 있는지 의문이 제기된다.

또한 라클라우와 무페가 생각한 것처럼 만일 세계정체성이 다른 정체
성들의 반대편에 형성된다면, 어떻게 형성되는가에 대한 의문이 있다.
이런 점에서 우리는 인간이 세계적인 것과 관련하여 다른 경험을 할 수
있는지 궁금하다. 노리스(Norris, 2005)는 현대인이 이주 경험과 국제 네
트워크를 공유한다는 점을 부각한다. 인간은 포스트모던 자아와 관련한
'혼합적인' 정체성을 띠는 경향이 있다. 그렇지만 인간이 같은 방식으로
이런 사건들을 경험하는지 아닌지는 의문이다. 예컨대 바우만(Baumann,
1999)은 전 세계를 자유롭게 여행하고 세계화가 제공하는 기회를 즐기
는 사람들과 이민보다 더 나은 선택을 할 수 없는 사람들을 같은 부류의
사람으로 다루는 '세계주의적 정체성cosmopolitan identity' 개념을 비판한다
(1999). 이런 측면에서 우리는 '세계정체성'이 아니라 서로 대응해 구축
할 수 있는 '전 지구적 정체성global identities'을 말할 수 있을 것이다.

교육 분야에서 기능론자와 갈등론자 사이의 토론은 여전히 유의미하
다. 기능론자들은 세계정체성 교육이 평화와 세계 화합에 기여한다고 주
장한다. 이런 접근법은 부분적으로 세계시민교육의 사회화 기능과 연결
되어 있다. 반면, 갈등론자들은 교육을 통해 세계정체성의 한 가지 형태
만을 장려하여 지배적 이데올로기를 촉진하고 권력관계를 보전할 위험
이 있다고 본다. 세계정체성 교육의 본질은 정체성의 본질을 해석하는
다른 관점들까지 고려하는 것을 포함한다. 세계시민성의 중요한 형식들
과 관련된 이런 이해에서 보면, 오직 세계시민성에 대한 주체화 접근법
을 통해서만 이러한 위험을 가정할 수 있다.

참고문헌과 간략한 해설

Bauman, Z. (1998). Tourists and Vagabonds. In Z. Bauman (Ed.). *Globalization: The Human Consequences* (pp. 70-102). Cambridge: Polity.

〈관광객과 방랑자〉는 지그문트 바우만의 책《세계화Globalization》중 한 장(章)이다. 여기에서 사회학자 바우만은 인간에 대한 세계화의 다른 영향을 논의했다. 그가 이해하기에 세계화는 관광객에게 여행과 발견을 포함한 광범위한 가능성을 제공하지만, 방랑자에게는 지역 현실을 벗어나고자 노력하게끔 강요하는 것이기도 하다. 우리는 바우만의 글을 통해 정체성에 대한 계몽적·낭만적 접근법에 관한 비판을 더 잘 이해할 수 있다.

Benwell, B. & Stokoe, E. (2006). *Discourse and Identity*. Edinburgh: Edinburgh University Press.

이 책에서 벤웰과 스토코는 특히 대학원생을 대상으로 정체성 개념을 종합적으로 소개한다. 이 책은 두 개의 주요 부분으로 나뉜다. 첫째 부분에서는 정체성에 대한 여러 접근법을 다룬다. 특히 담론과 정체성을 둘러싼 이론을 상세히 다룬 첫 장이 도움이 된다. 둘째 부분에서는 흥미로운 특정한 정체성, 즉 상품화하고 공간적이며 가상의 정체성들을 세계적 관점으로 다룬다. 이 책은 주제를 잘 설명하며 쉽게 접근할 수 있다. 그러나 이렇게 쉽게 접근할 수 있다고 해서 부정적인 영향을 주는 것은 아니다. 이 책은 세계시민교육과 연관될 수 있는 정체성에 대한 주요 이슈들을 다루고 있다.

Connell, R. (2007). The Northern Theory of Globalization. *Sociological Theory*, 25(4), 368-85.

이 글은 '정체성' 같은 사회적 구성물이 단지 서구 이론의 렌즈를 통해서만 검토될 때 학계가 직면하는 도전 중 일부를 드러낸다. 코넬은 세계화에 관한 생각이— 이 장에서 시도한 세계정체성에 관한 토론처럼— 흔히 비북반구의 관점을 어떻게 배제하는지 논한다. 반대로, 만약 세계 문제를 진정한 전 지구적 시각에서 분석하기를 원한다면 사회학 이론 자체를 재고할 필요가 있다고 주장한다.

Nilan, P. & Feixa, C. (Eds.) (2006). *Global Youth?: Hybrid identities, plural worlds.* London: Routledge.

이 책은 전 세계 젊은이들이 자신의 정체성을 어떻게 확인하는지를 조사한 여러 연구 논문을 모았다. 혼종적 정체성에 대한 포스트모던 관점을 논의한 종합적인 소개에 이어 각 장에서는 전 세계적으로 실시한 연구를 요약하고 있다. 좀 더 자세히 말하면, 이란·인도네시아·일본·세네갈·호주·스페인·프랑스·영국·캐나다·멕시코·콜롬비아에서 보고된 사례 연구이다. 21세기 젊은이들이 자신의 정체성을 어떻게 구성하는지 살펴볼 수 있는 뛰어난 자료이다.

Smyth, A. D. (2005) Towards a global culture? In D. Held & A. McGrew (Eds.). *The Global Transformations Reader* (pp. 278-86). Cambridge: Polity Press.

종족-상징주의ethno-symbolist 사회학자 스미스는 이 장에서 세계 문화와 세계정체성 개념을 논의한다. 또한 종족-낭만적ethnic-romantic 접근법으로 어떻게 세계정체성을 논의할 수 있는지 설명한다. 간단히 말하면, 스미스는 전 세계를 아우르는 공통된 정체성의 기반을 제공할 수 있는, 인류 전체가 공유하는 과거 따위는 없다고 주장한다. 이 점에서 특히 '종족-역사ethno-history와 후손' 부분이 많은 관련이 있어 보인다.

활동

1. 우리는 당신의 친구·가족·지인들이 자신을 세계시민으로 동일시하는지 그리고 동일시하는 이유 또는 동일시하지 않는 이유를 조사하는 협력 연구를 수

행하기 바란다. 이 소규모 연구는 대면 조사를 할 수도 있고 가상으로 수행할 수도 있다. 표 5.1은 이런 연구에 사용할 만한 몇몇 질문을 제시하고 있다. 연구를 수행했다면, 참가자들의 답변을 분석하기 위해 이번 장에서 우리가 제시한 이론적 틀을 적용해보라.

목표	제시된 질문	분석을 위한 질문
친구, 가족, 지인이 자신을 세계시민으로 동일시하는지 여부 조사하기	1. 당신이 특정 집단/공동체에 속한다고 생각하는가? 2. 이런 집단/공동체는 무엇인가? 3. 자신을 세계시민으로 생각하는가?	1. 당신이 묻지 않아도 그들은 자신을 세계시민으로 동일시하는가? 2. 명시적으로 질문 받았을 때 그들은 자신을 세계시민으로 동일시하는가?
동일시하는 이유 또는 동일시하지 않는 이유 분석하기	4. 왜 자신을 세계시민으로 생각하거나/생각하지 않는가? 5. 다른 사람들이 자신을 세계시민으로 생각하는 이유는 무엇인가? 6. 다른 사람들이 자신을 세계시민으로 생각하지 않는 이유는 무엇인가?	3. 그들은 세계시민성을 정체성과 관련한 접근법들 중 어느 것에 연결시키는가? 4. 그들은 자아와 사회의 관계를 어떻게 설명하는가?

표 5.1 협력 연구를 위해 제시된 질문

6

지역과 세계시민성
Local and Global Citizenship

칠레 초등교육 국가 교육과정의 역사, 지리, 사회과학 주제 영역에서 역사는 16단위를 차지한다. 여기에는 그리스와 로마 문명, 유럽의 중세, 유럽의 현대에 관한 내용 5단위가 포함되어 있다. 칠레 역사와는 상관없지만 이른바 세계사로 이해될 수 있는 내용이 5단위나 포함된 것이다. 그 교육과정에는 칠레 원주민^{Chilean Native Americans}에 관한 내용이 1단위, 마야·아즈텍·잉카 문명에 관한 내용이 2단위, '아메리카의 발견과 정복'이라는 제목의 내용이 1단위 포함되어 있다. 아메리카와 유럽 역사를 혼합한 목적은 학생들에게 현재 칠레 사회에 존재하는 다른 문명의 융합을 이해시키기 위해서이다. 이 점은 교수요목을 통해 구체적으로 확인할 수 있다. 다른 라틴아메리카 국가와 비^非라틴아메리카 국가들에서도 비슷한 사례를 발견할 수 있다.

　이러한 교육과정은 이 장에서 살펴볼 복잡한 지역-세계 역학을 설명한다. 일부 지역적 형태의 역사(그리스·로마·유럽)는 칠레 등 세계 여러 곳에서 세계적인 것이 되었다. 달리 말하면, 일부 지역의 역사가 세계사로 여겨진 것이다. 동시에 칠레의 역사도—그리고 각각의 다른 역사도—다른 공동체들이 통합되어 하나의 새로운 지역 역사를 만드는 문명의 융합으로 이해된다. 전 세계적으로 언어, 지리, 시민성, 과학, 예술 교육과정에서 비슷한 쟁점들이 종종 경험된다.

이 장에서 우리는 지역-세계 역학에 대한 몇 가지 접근법과 세계시민성·세계시민교육과의 연관성을 소개한다.

지역과 그 밖의 다른 '지역들'

지역성이라는 개념은 매우 모호하다. 지역에 대한 언급은 종종 도시·마을·읍 등과 관련이 있지만, 지역이라는 용어는 적어도 10가지 다른 형태로 사용되고 있다(Urry, 1995). 예를 들어 '지역'은 때로 더 낮은 행정 구역을 말하거나, 지방자치단체를 말하거나, 비非현지인 또는 외부인과 구분하기 위해 사용되기도 한다. '지역다움'은 흔히 근접성이나 친밀감의 동의어로 이해된다. 그런데 어떤 것이 지역적이고 근접해 있으며 가깝다고 하려면, 그 밖의 어떤 것은 멀리 있어야 한다. 이런 점에서 '지역'이란 그 밖의 것들과 연관되어 사회적으로 구성된다(Appadurai 1996).

예를 들어 폴란드의 작은 마을에서 성장하는 어떤 사람을 상상해보라. 이때 지역이란 멀리 떨어진 (대표적인 도시 중 하나인) 크라쿠프Krakow* 와

---

* 1569년 바르샤바가 새로운 수도가 되기 전까지 530여 년 동안 폴란드의 옛 수도.

비교하며 (작은) 마을을 상상할 수 있다. 이 사람이 스페인에 간다고 상상해보자. 이 사람은 피에로기^{pierogi}* 같은 폴란드의 어느 지역 음식을 그리워할 수도 있다. 이제 이 사람이 카타르로 갔다고 상상해보자. 이 사람은 성탄절을 기념하는 '지역'의 기독교적 전통을 그리워할 수도 있다. 칠레 교육과정에 나오는 예에서, 어떤 이들은 칠레 원주민(예를 들면 마푸체**)의 역사만을 콜럼버스 이전 칠레의 '지역 역사'로 이해할 것이다. 반면 다른 이들은 수천 킬로미터 떨어진 곳에 살았던 마야(아메리카 원주민으로서) 문명도 '지역 역사'로 이해할 것이다.

'지역'이란 보통 공간적으로 경계가 있고 '위험한 환경에 놓인' 것으로 이해된다(Appadurai, 1996). 마찬가지로, 경계선·가장자리·국경지역 등도 위험한 지역으로 인식되곤 한다. 그러나 대부분의 학자들은 '순수한' 어떤 것으로서 '지역'이란 존재하지 않는다는 데 동의한다. 오히려 여러 '지역'은 늘 생각, 전통, 자원, 사람의 흐름을 통해 연결되어 있다. 세계화의 가속화는 이런 흐름을 조장했다. '지역'이 부분적으로 영향을 주고받아왔다면, 그 영향의 수준과 수는 이제 기하급수적으로 늘어났다.

일반적으로 교육 부문에서 정책이 전이되는 과정은 두 지역 간 영향력의 가장 가시적인 예로 언급된다. '정책 전이^{policy transfer}'란 어느 지역에서 이루어지는 '좋은 교육 실천'을 확인하고 다른 지역에서 채택하는 것을 가리킨다. 그렇지만 정책 전이라는 개념은 극단적인 형태의 도입부터 아이디어의 미묘한 확산에 이르기까지 광범위한 스펙트럼을 뜻한다

---

* 피에로기^{pierogi}는 한국의 만두와 비슷한 폴란드 전통음식이다. 속에는 보통 감자, 다진 고기, 치즈, 과일 등을 넣는다.

** 마푸체^{Mapuche}는 현재 남아메리카 칠레 중남부와 아르헨티나 파타고니아 지방에 걸쳐 살고 있는 아메리카 원주민이다.

(Phillips & Schweisfurth, 2014). 극단적인 예를 하나 들면, 영국과 프랑스 같은 19세기 제국들은 그들의 식민지에 서양식 학교를 강요했다. 그런데 2009년에 상하이, 싱가포르, 홍콩 학생들이 PISA Programme for International Student Assessment 수학 평가에서 탁월한 성적을 올리자 그 이후로 많은 나라가 '아시아 스타일' 수학 교수 방법을 배우려 했다.

그러나 정책이 전이되는 과정은 매우 복잡하다. 외부 정책의 수입은 지역 경제, 인구학, 문화 등을 포함한 '지역' 차원의 복잡성을 고려해야 한다. 예를 들면 '아시아 스타일' 수학 교수 방법은—학급 전체와 상호 작용하는 교수 방법들 중에서도—일부 '아시아' 지역의 공동체주의 가치에서 분리하기 어렵다. 따라서 이런 '스타일'이 경쟁하는 가치를 지닌 다른 '지역' 맥락에 통합될 수 있다고 상상하기는 어렵다.

앞에서 우리는 '지역' 사이의 관계를 간단히 분석했다. 그러나 영향을 주는 과정들이—정책의 전이 과정을 포함해—항상 두 개 '지역' 사이의 직접적인 영향을 의미하기보다 '세계' 기구들(이를테면 세계은행)의 중재를 의미하기도 한다. 우리는 '지역'과 '세계' 사이의 관계를 조사하여 두 번째 유형의 영향을 논의하려 한다.

지역과 세계, 해석과 분석

학교의 교수와 학습 자료에서 '지역' 개념은 흔히 '세계'의 개념과 반대편에 구성되어 있다. 지역이란 대개 특수하고 아주 가까이에 있으며 구체적인 반면, 세계는 보편적이고 멀리 있으며 추상적인 것으로 구성된다. 그러나 세계와 지역의 관계는 실제로 몹시 복잡하며 더 깊이 연구할 필요가 있다. 이런 관계에 대한 철학적·사회학적 해석과 분석의 일부를 검토해보자.

해석: '세계'는 존재하는가?

세계와 지역의 관계는 특수성과 보편성에 관한 깊은 철학적 물음을 반영한다. 여기에서 가장 중요한 물음은 이것이다 ─ 모든 '특수한 것'과 '지역적인 것'이 공유하는 '보편적' 또는 '세계적'인 무엇이 있는가?

세계 문화 이론가들은 보편주의 관점을 취하면서 모든 '지역'에 적용할 수 있는 어떤 지식의 형태와 '세계적' 원리가 있다고 이해한다. 2장에서 논의했듯이 인권, 지속가능성, 민주주의 원리들이 종종 이런 '세계적 원리들'로 묘사된다. 이와 비슷하게, 세계 문화 이론가들은 어떤 지식의 형태는 모든 가능한 지역에서 가치 있는 것이라 믿는다. 수학과 과학은 ─ 우리 대부분이 학교에서 배우는 방식으로 ─ 흔히 '보편' 지식의 정수로 여겨진다. 세계 문화 이론가들은, 만일 서양식 학교가 보편적이라면, 모든 지역 차원에서 '최상의' 가능한 교육형태이기 때문이라고 이해한다. 따라서 모든 교육체제가 평가받을 수 있는 '양질에 관한 세계적 기준'을 마련하는 것이 가능하다. 국제성취도 시험의 개념이 바로 이런 가정에 근거하고 있다. "교육을 잘한다는 것은 모든 사회적 맥락에서 동일한 것을 의미하며, 이를 확장해보면 교육은 모든 사회에서 동일한 역할을 수행한다"(Shields, 2013, p. 78).

반대로, 포스트식민주의 저술가들은 특수주의 관점을 취한다. 그들은 모든 지역 맥락에 적용할 수 있는 지식의 형태와 보편 원리는 없다고 이해한다. 대신에 어떤 지역의 지식 형태(주로 서양식)가 경제적·정치적·

문화적 제국주의를 통해 다른 모든 이들에게 부과된다. 이런 이해에서는, 만일 학교가 전 세계적으로 지배적인 교육형태라면, 그것은 모든 지역에서 '최상의' 교육형태이기 때문이 아니라 오히려 어떤 교육형태(서양식)가 암묵적으로 또는 명시적으로 다른 모든 지역에 부과되었기 때문이다. 포스트식민주의자에게 세계적인 질적 기준은 없다. 각 지역 체제에는 그것의 고유한 기준이 있을 수 있다. 예컨대 인도 히말라야에서 가치 있는 지식의 유형은 베를린 도시에서 가치 있는 지식의 유형과 다르다. 교육은 다른 지역사회에서 다른 역할을 수행한다.

분석: 모든 '지역'이 단일한 '세계'로 통합되고 있는가?

세계화 과정을 분석할 때는 세계와 지역 간의 연계 또한 고려해야 한다. 여기서 질문은 세계화가 모든 '지역'을 단일한 세계로 균질화하는 데 기여하는지 여부이다.

일부 학자들은 세계화 과정의 가속화가 문화·언어·경제·정치·교육 영역에서 모든 '지역'을 균질화하고 있다고 이해한다. 문화 영역에서 어떤 음식, 공연, 음악, 축제는 그것들이 만들어진 곳을 넘어 광범위한 곳으로 통합되었다. 언어 영역에서 세계 인구의 약 10%가 영어를 외국어로 사용한다고 추정된다. 경제 영역에서는 자본주의가 세계적으로 점점 더 지배적인 경제체제가 되고 있다. 어떤 기업(예를 들면 코카콜라, 스즈키, 맥도널드)은 많은 나라의 공장에서 사업을 한다. 그리고 다른 산업 분야도 일반적으로 저임금 국가로 이동해 탈지역화했다. 정치 영역에서는 전통적으로 대안적 협치 형태를 띤 국가들을 포함하여 전 세계적으로 국민-국가에 대한 중심 사상들이 지배적인 것이 되고 있다. 교육 영역에서는 학교·보육원·대학 같은 교육기관들을 포함한 사회기관들이 세계화하고 있다.

균질화는 모순적인 용어들 속에서 인식된다. 세계 문화 이론가들에게 균질화는 모든 지역이 '최상의' 세계 문화에 접근할 수 있게 하는 방식이다. 예를 들어 학교 교육과정의 균질화는 모든 지역 차원에 최상의 가능한 교육과정을 가져다줄 것이다. 그런데 일부 포스트식민주의자들이 볼 때 서양 문화의 확산은 비서양 지역의 지식형태를 사라지게 하고 있다. 학교는 서양의 문화와 가치를 확산시키는 동시에 지역문화 파괴에 기여한다. 예를 들어 인도 바이가Baiga 공동체를 다룬 한 연구에서 사랑가파니(Sarangapani, 2003)는, 바이가 공동체의 지역 지식은 맥락화해 있고 구술적이지만 학교교육의 현대적 (서양의) 형태는 추상화와 비맥락화 그리고 읽고 쓰기에 기반해 있다고 주장한다. 사랑가파니는 그 둘 사이의 차이가 너무 근본적이어서 바이가 지식 전통이 현대적 학교제도 구조에서 살아남을 수 없다고 주장한다(p. 208).

다른 일부 학자들은 세계화가 균질화 과정과 차별화 과정 두 가지 모두를 뜻한다고 주장한다. 예를 들어 철학자 월터 미뇰로(Mignolo, 2000)는 지역-세계 관계에 대해 정교한 설명을 제공한다. 미뇰로에 따르면, 어떤 지역(주로 서양)의 지식형태는―그가 지역 역사라고 규정한―세계적 디자인으로 보편화했다. 앞에 언급한 칠레의 사례에서 유럽 역사(예를 들면 로마제국을 포함해서)는 세계를 대표하는 것으로 선택된다.

그러나 이런 세계적 디자인이 반드시 같은 방식으로 모든 지역에 적용되는 것은 아니다. 그것은 지역 맥락에 맞춰 수정되고 조정된다. 이 장을 시작하면서 인용한 사례를 미뇰로의 주장을 설명하기 위해 사용할 수 있다. 거의 모든 나라의 교과서는 1492년 콜럼버스가 아메리카에 도착한 것을 흔히 '아메리카의 발견'이라고 기술하곤 한다. 이것은 세계적 디자인이 된 하나의 지역 역사(그 사건에 대한 유럽의 이해)이다. 그러나 이 '아메리카의 발견'을 받아들이는 방식은 지역에 따라 다를 수 있다. 스페인에서는 '발견'이라는 용어를 사용해 현대 스페인 사람들이 인식하는 '발견'의 의미를 검토할 수 있지만, 칠레에서는 교사가 '발견'이라는 개념을 사용해 스페인 정복자가 아메리카를 인식하는 방식에 도전할 수 있다.

사회학자 롤런드 로버트슨(Robertson, 1995)도 세계화가 균질화와 차별화 두 가지 모두를 불러일으켰다고 이해한다. 로버트슨에 따르면, 세계화 과정은 많은 세계적 상상을 일으킨다. 그러나 각 지역이 이러한 세계적 상상에 적응하고 통합하는 방식은 무척 다르다. 세계적 아이디어, 사업, 서비스 그리고 제도는 각 지역의 특수한 현실에 적응한다. 예를 들어 맥도널드는 119개국에 진출했는데 각 지역마다 메뉴가 다르다. (스페인) 카탈루냐에서는 맥도널드 아침 메뉴에 전통적인 지역 음식 중 하나인 토마토를 곁들인 빵이 포함된다. 인도에서는 아침 메뉴로 채식 맥머핀Veg McMuffin을 제공한다. 코스타리카에서는 아침 메뉴에 현지 음식인 갈로 핀토Gallo Pinto를 기초로 한 맥핀토가 포함된다. 교육에서 학교가 보편적으로 제도화했지만, 학교는 지역 맥락에 정확하게 맞아떨어지지 않는다. 예컨대 어떤 지역에서는 단일 성별 학교에 특권을 주는 반면, 다른 지역에서는 이런 학교가 금지되어 있다. 어떤 나라에서는 사립학교와 공립학교가 공존하는 반면 다른 나라에서는 공립학교만 인정하기도 한다.

세계시민성 : 지역과 세계

지역-세계 역학을 둘러싼 논의는 세계시민성 개념이 어떻게 구성되는지를 연구하는 데 큰 도움이 될 수 있다. 보편주의자들은 세계시민성 자체가 모든 지역사회의 '최상의' 것을 포함한다고 본다. 여기서 세계시민을 위한 교육은 공유되는 원리와 지식의 형태로 젊은 세대를 사회화하는 것으로 이해된다. 그러나 특수주의자들은 세계시민성이 문제가 많은 개념이라고 생각한다. 여기에서는 세계시민성이 그 자체를 '세계'로 정의하는 시민성에 관한 '지역' 형태의 하나로 이해된다. 세계시민성을 위한 교육은 모든 지역을 똑같은 원리, 가치, 지식의 형태로 균질화하려는 시도로 인식될 수 있다(예컨대 Mannion, Biesta, Prisley & Ross, 2011 참조). 이런 점에서, 세계시민을 교육하는 것은 '지역'시민의 존재를 '위험에 빠지게' 할 수 있다.

포스트식민주의 내에서 일부 저자들은 '세계시민성'보다 오히려 '세계시민성들'에 대해 말하기를 선호한다(Marshall, 2011). 여기에는 세계시민성에 관한 다른 '지역' 이해가 가능하며 때로는 그것들이 갈등을 빚을 수도 있다는 견해도 있다. '세계시민성'보다 '세계시민성들'을 말하는 것은 미뇰로와 로버트슨의 세계화 분석에 응답하는 것이기도 하다. 유네스코 같은 세계기구들은 세계시민성에 관한 하나의 특수한 이해(균질화의 과정)를 촉진하겠지만, 아마 지역 맥락에서 이런 특수한 이해(차별화 과정)를 해석하고 조정하는 시도도 있을 것이다.

참고문헌과 간략한 해설

Delgado, L. E., Romero, R. J., & Mignolo, W. (2000). Local histories and global designs: an interview with Walter Mignolo. *Discourse*, 22(3), 7-33.

이 글은 지역-세계 역학 분야의 주요 이론가 중 한 명인 미뇰로와 인터뷰한 내용을 그대로 실은 것이다. 이 인터뷰는 주로 세계 디자인과 지역 역사 개념들에 대한 미뇰로의 저술을 잘 소개하고 있다. 이 책의 목적과 관련하여 미뇰로가 묘사한 교육적 예시는 특히 흥미롭다. 그는 세계-지역 역학을 통해 권력관계와 불평등 과정에 도전하거나 강화하는 데 교육이 어떻게 기여할 수 있는지에 초점을 맞추고 있다.

Fielder, M. (2007). Postcolonial learning spaces for global citizenship. *Critical Literacy: Theories and Practices*, 1(2), 50-7.

세계시민교육을 세계시민성에 관한 아이디어를 협상하는 제3의 공간으로 이해할 수 있다. 이 글에서 마티아스 피엘더는 포스트식민주의 틀을 분석한다. 그는 교육의 실제를 토론하기 위해 특히 바바 Homi K. Bhabha 의 작업 그리고 그의 혼종적 개념과 제3공간 개념에 초점을 맞춘다. 피엘더는 학생들의 정체성과 이런 정체성이 어떻게 계속 협상되고 다시 만들어지는지 조사하기 위해 문해 文解의 역할에 초점을 맞추고 있다.

Juhász-Mininberg, E. (2012). Local-global. In R. M. Irwin & M. Szurmuk (Eds). *Dictionary of Latin American cultural studies* (pp. 211-16). Gainesville: University Press of Florida.

이 장에서 주하스-미닌베르그 Emeshe Juhász-Mininberg 는 지역-세계 역학에 관한 핵심 논의의 일부를 종합한다. 또한 이런 역학과 주제 관련 문헌을 확인하는 데 관심 있는 사람을 위해 문헌을 종합적으로 소개한다. 우리는 라틴아메리카 학자들의 작업을 살펴보면서 지역-세계 역학이 라틴아메리카에서 검토, 제공되는 사례에 특히 관심이 있다.

Kwan-choi Tse, T. (2007). Whose citizenship education? Hong Kong from a spatial and cultural politics perspective, *Discourse: Studies in the Cultural Politics of Education*, 28(2), 159-77.

이 글은 홍콩 시민교육의 특수한 경우를 통해 세계-국가-지역 역학을 검토한다. 콴-초이 체Thomas Kwan-choi Tse는 이런 역학관계가 시민교육에 관한 공식적인 담론과 비정부기구의 대안이 부딪칠 때 발생하는 것으로 분석한다. 이 글은 어떻게 지역-세계 역학이 어떤 경우에는 시민성과 관련해 혼종성 담론을 생산하는 반면, 다른 경우에는 서로 다른 권력기관들(지역 당국, 국가, 정부 간 국제기구) 사이에 담론의 충돌을 만드는지를 설명한다.

Mignolo, W. (2009). Who speaks for the 'human' in human rights? *Hispanic Issues on Line*, 5, 7-24.

미뇰로는 세계 디자인과 지역 역사에 대한 그의 개념과 관련하여 인권의 구조를 검토한다. 이 글은 '인권'과 '권리'에 관한 서양식 이해가 어떻게 현대적인 세계 인권이 되었는지를 상세하고 종합적으로 설명한다. 역사적이고 전 세계적인 맥락화를 바탕으로, 미뇰로는 서양 국가들의 정치적·경제적 권력이 어떻게 인류에 관한 지역적 견해들을 보편화할 수 있게 했는지를 비판한다. 이 글은 대안적인 지역 해석들이 탈식민화 교육을 위한 기초를 어떻게 알려줄 수 있는지 설명하는 일련의 사례를 제공한다.

활동

만일 교육학이나 사회과학을 공부하고 있다면, 아마도 이 장의 첫 번째 활동이 더 유익할 것이다. 두 번째 활동은 특히 교사 훈련 과정이나 비슷한 과정에 있는 사람들을 대상으로 한다.

1. 멕시코 곤살레스 이냐리투Alejandro González Iñárritu 감독의 영화 〈바벨Babel〉을 보기 바란다. 이 영화는 일본·멕시코·미국·모로코 4개국에서 서로 관련된 네 가지 다른 여건들에 초점을 맞추고 있다. 토론을 위한 다음 질문을 고려하면서 영화를 검토하기 바란다.

   ① 미국과 멕시코 이야기를 생각해보자.
   - 미국과 멕시코는 서로 이떤 방식으로 영향을 줄 수 있는가?
   - 이런 영향이 어느 정도로 '자발적인' 것 또는 '부과된' 것이라 느끼는가? 그 이유는 무엇인가?
   - 미국과 멕시코의 관계가 두 '지역' 사이의 관계라고 말하겠는가 아니면 하나의 '지역'과 하나의 '세계' 사이의 관계라고 말하겠는가? 그 이유는 무엇인가?
   - '지역'에 대한 아멜리아(유모)의 이해와 데비·마이크(어린이들)의 이해는 어떻게 다른가?

   ② 일본 이야기를 생각해보자.
   - 영화에서 일본 청소년 집단이 행동하는 방식은 당신의 지역공동체에서 청소년 집단이 행동하는 방식과 어느 정도 다른가 아니면 비슷한가?
   - (균질화와 차별화의 과정을 포함하는) 세계화는 이러한 유사성과 차이점을 어떻게 설명할 수 있을까?

   ③ 모로코 이야기를 생각해보자.
   - 총격에 관한 모로코('지역')의 이해는 어떠한가?
   - 총격에 관한 미국('지역')의 이해는 어떠한가?
   - 당신의 경험에 따르면, 어떤 '지역'의 이해가 더 쉽게 세계적인 것이 되겠는가?
   - 당신은 그 '총격'을 미뇰로의 이론을 적용해 어떻게 설명할 수 있겠는가?

   ④ 이 영화는 ⓐ자격화, ⓑ사회화, ⓒ주체화로서의 세계시민교육을 위해 어떻게 활용될 수 있겠는가? (2장 '왜 세계시민교육인가?' 참조)

2. 일련의 시민성, 역사, 지리 또는 사회과 교과서/교수 자료를 비교해보기 바란다. 당신의 자료를 검토하거나 일부 온라인 조사연구를 살펴볼 수도 있다.* 아

래 사항을 참고하기 바란다.

- 그 교과서들은 미뇰로가 기술한 맥락에서 세계 디자인을 어느 정도 설명 하는가?
- 그 교과서들은 로버트슨이 기술한 맥락에서 어느 정도 '세계화'한 것인 가?
- 그 교과서들은 '균질화 또는 차별화'하는 힘에 어느 정도 기여하는가?

* http://www.blackhistory4schools.com/articles/

7

국가와 세계시민성
National and Global Citizenship

거의 모든 사람이 어느 한 나라에 살고 있는 상황에서, 국가란 무엇이며 무엇이 국민-국가를 구성하는가? 국가와 세계시민성 사이에는 어떤 관계가 있는가?

우리는 이 질문에 답하기 위해 단순히 한 국가의 위치를 확인하는 것에서 출발할 수도 있을 것이다. 그러나 바로 알 수 있듯이 그것도 그리 간단하지 않다. 나라를 둘러싸고 만들어진 지리적 경계는 얼핏 꽤 단순해 보인다. 지도에서 영국을 가리키는 일은 어렵지 않을 것이다(비록 그 지도가 적절히 상세하며 특수한 지역, 특히 본토에서 떨어진 모든 섬들을 우연히 배제하지 않았음을 확인해야만 할지라도). 그런데 영국에서 멀리 떨어진 지역, 예를 들면 실리제도·채널제도·지브롤터·포클랜드·바하마는 어떠한가? 똑같은 식별 문제를 예컨대 인도네시아를 구성하는 수천 개의 섬, 프랑스의 해외 영토, 일부 지도책에서 공식적으로 어느 한 나라에 속한 것으로 분류된 많은 곳을 포함하는 여러 나라에 적용할 수 있다(예를 들면 대만의 국가 지위를 두고 여러 다른 견해가 있다). 이런 곳들은 어떤 방식으로 그 주州나 나라에 속하는가? 많은 사람이 모를 수도 있다. 이처럼 국가nation 또는 state라는 개념은 실제로 어느 정도 유동적이다. 누가 시민권을 갖는지에 대해 한 국가 내에서는 매우 분명할 수 있는 반면에, 자기 스스로가 국민에 속한다고 이해하는 사람들이 항상 법률 문서에 동일한 방식으로 의지할 수 있는 것은 아니다.

위에서 말한 불확실성 때문에 많은 사람들이 국가를 앤더슨Benedict Anderson의 기억할 만한 문구인 '상상의 공동체imagined communities'라고 표현했다. 본래 이 말은 앤더슨이 식민지 아메리카의 정체성을 논의할 때 처음 만들어졌는데, 우리는 이 문구의 남용이 그로 하여금 "진부한 뱀파이어들이 이제까지 거의 모든 피를 빨아들인 한 쌍의 단어"라고 언급하게 했다는 사실을 알고 있다(Anderson, 2006, p. 207). 그러나 '상상의 공동체'란 하나의 좋은 문구이며 분명 의미가 있다. 스미스(Smith, 1991, p. 14)는 국가nation를 이렇게 정의한다.

역사적 영토, 공동의 신화, 역사적 기억, 하나의 대중, 공공 문화, 공동 경제 그리고 공동의 법적 권리와 의무를 공유하며 하나의 이름이 붙여진 인구.

홉스본과 레인저(Hobsbawn & Ranger, 1983)는 한 국가가 발전하면서 어떻게 정체성이 만들어지는지를 분명하게 보여주었다. 콜리(Colley, 1992)는 영국 역사에 관한 그의 현대적 고전에서 전쟁의 모루에 두드려 만든 국가의 단조鍛造, forging를 말하는 동시에 위조僞造, forgery를 암시하기도 한다. 한 국가와 관련해 자연스러운 것은 아무것도 없다. 대부분 국가들의 기원을 따져보면 매우 최근이라는 사실을 알 수 있다(예를 들어 독일은 1870년, 중국은 1949년, 영국은 1922년에 건국되었다. 이것은 2016년 영국 유럽연합 회원국 국민투표에 따른 결별 가능성에 비추어 조만간 개정될 수 있다).* 국민-국가는 변화를 겪는다.

국민-국가는 여전히 영향력이 있지만, 우리의 토론과 실천을 제한하는 — 국가 시민성의 역사와 지리에 관해 위에서 묘사된 — 시간과 공간의 경계는 점점 비판의 대상이 되고 있다. 국가에 내한 토론은 권리와 의무처럼 영토와 관련되어 있으며, 정체성을 다룬 장에서처럼 다른 문제들과 중첩되어 있다. 시민성에 관한 이런 새로운 기하학은 시민성의 변화를 아는 데 도움이 될 수 있다.

> 단지 일관성·통일성·동질성 측면에서만 경험할 수 있고, 만남·분절화·이질성·과정에 관한 아이디어와 연결된 새로운 시간과 공간을 차지하면서(Ní Mhurchú, 2014, p. 126).

만일 이렇게 상상력이 풍부한 관점이 국가의 본질이라면 국가와 세계 시민성의 관계를 성찰하는 방식을 선택하는 데 매우 주의할 필요가 있다. 우리는 한 국가에서 무엇이 본질로 고려되어야 하는지 알 필요가 있다. 이런 상상이 완전히 부정적으로 보일 수 있다고 제안하지 않는 것이 중요하다. 예를 들어 바튼Barton은 이렇게 말했다.

> 만일 시민들이 민주사회의 구성원으로 함께 일한다면 그들은 정체성을 공

---

* 투표 결과, 찬성 51.89%로 영국의 유럽연합 탈퇴가 결정되었다.

유해야 하며, 그 정체성은 시민들의 행동이 일어나는 정치체제와 병행되어야
만 한다. 그리고 오늘날 세계에서 국가들은 이 점에서 특권적인 지위를 누리
고 있다(Barton, 2005, p. 4).

존 스튜어트 밀John Stuart Mill은 다음과 같이 말했다.

> 인류의 일부가 어떤 다른 사람들 사이에는 존재하지 않는 공동의 공감
> common sympathies에 의해 스스로 연합한다면, 국적nationality을 구성한다고 말할
> 수 있다. 국적은 그들이 다른 사람들보다 서로 기꺼이 더 협력하게 하고, 같은
> 정부 아래 있기를 바라게 하며, 그들 스스로에 의한 또는 그들 중 일부에 의한
> 배타적 정부를 원하게 한다.
>
> —《대의정부론Representative Government*》(1861) 중 〈국적 Nationality〉

그렇지만 바튼이 제기한 생각은 오히려 더 도발적인 용어들로 표현될
수 있다. 호주 교육장관 넬슨Brendan Nelson은 이렇게 말했다.

> 만약 당신이 호주에 살고 싶다면, 아이들을 호주에서 키우고 싶다면, 우리
> 는 그 아이들이 호주의 가치와 신념을 받아들이기를 전적으로 기대한다. 우
> 리는 그들이 동료의식을 믿으며, 다른 사람에게 손을 내밀고 공정한 기회를
> 줄 수 있도록 우리의 역사와 문화를 이해하기를 원한다. 그리고 만약 사람들
> 이 호주인이 되기를 원치 않으며 호주의 가치를 이해하고 그 가치에 따라 살

---

* Consideration on Representative Government를 말하는 것으로 추정된다.

기를 원치 않는다면, 기본적으로 그들은 떠날 수 있다.[*]

한 국가에 대한 이러한 정서가 사람들을 모으려는 열망으로 표현될 때라도, 한 국가 집단의 구성원들이 충성할 것으로 기대된다. 여기서 질문이 생긴다. 사람들이 무엇에 충성할 것으로 기대하는가? 아래 인용문에는 누구나 누구에게든 테러를 할 수 있다는 충격과는 반대로, 동료 시민의 불충disloyalty에 대한 충격이 있다. 브라운Gordon Brown은 런던에서 테러리스트의 공격이 있은 뒤, 세간의 이목을 끄는 정부의 장관으로서 말했다.

7월 7일 테러에 대한 영국의 대응은 훌륭했다. 그러나 우리는 테러리스트들이 종교와 관계없이 분명히 우리 공동체인 통합된 영국에서 태어나 동료 영국 시민을 불구로 만들거나 살해할 수 있게끔 준비된 영국 시민이었다는 불편한 사실에 직면해야 한다. ……우리는 이제 불가피하게 차이를 내포하는 다양한 문화들이 본질적인 공동의 목적을 찾을 수 있는 방법과 또한 어떤 사회도 그것 없이 변경할 수 없다는 것을 더 명확하게 해야만 한다.[**]

우리는 동료 시민들에게 무엇을 기대할 수 있는가? 전 세계에 걸쳐 다른 여러 곳에 있는 시민들이 같은 국가의 일부일 수 있는가? 세이셔스(Seixas, 2014)와 일부 학자들은 찬양하는 애국주의와 비판적 애국주의를 구분한다. 전자는 때때로 어떤 곳의 특수성이 거의 전체적으로 문제없이 긍정적이라고 주장하는 국가주의적 열정에 더 가깝다. 극단적인 예로는

[*] http://www.theage.com.au/news/war-on-terror/accept-australian-values-or-get-out/2005/08/24/1124562921555.html

[**] http://news.bbc.co.uk/1/hi/uk_politics/4611682.stm

인종주의자로 인식될 수 있는 종족집단이 있다. 반면 비판적 애국주의는 국가에 대한 긍정적인 생각과 사랑을 허용할 수도 있지만, 의도적으로 성취한 것에 대한 성찰적이고 비판적인(그러나 부정적이지 않은) 접근을 장려한다. 대충 묘사된 이 두 가지 사이의 경계는 종종 유동적이다.

라클라우(Laclau, 2005)는 국가와 국가주의가 그 자체로는 아무 의미도 아니지만, 많은 것이 국가·국가주의와 연계된 담론에 의존하고 있다고 말한다. 예를 들어 자신의 나라 역사를 '내가 아는 가장 고무적인 나라 중 하나'로 언급하고,《우리 섬 이야기Our Island Story》를 가장 좋아하는 어린이 책으로 고르는 정치인들(예를 들면 2011년 잉글랜드와 웨일스 교육부장관이었던 고브Michael Gove와 영국 총리 캐머런David Cameron)을 자유주의적 감수성을 지닌 어떤 사람들이 수용할 수 없는 견해에 지나치게 헌신한다고 비판하는 것은 공정한가 아니면 단순히 자기 나라에 대한 완전히 합리적인 애착일 뿐인가?

국적을 구성하는 요소는 무엇인가? 공식적·정치적·법적 지위에 관한 규칙은 논쟁적일 수 있지만 식별할 수 있다. 누가 어느 한 국가에 속한다고 느끼게 하는 다른 문제들은 무엇인가? 한 사람이 언어·종교·문화·가치와 관련하여 자신의 정체성을 확인하는 방식은 무엇인가? 지위에 관한 질문과 정체성 문제 사이에 연관성이 있는가? 공식적이고 법적으로 확립된 지위는 의무 수행을 위한 요건으로 이어진다. 그것은 권리를 보장하는 것이기도 하다.

그러나 이런 보장은 실제 조건이 마련되지 않는 한 단지 명목상으로만 가능하다. 그런 실제 문제들은 흔히 정체성에 관한 표현들과 관련이 있다. 일부 나라는 예컨대 시민자격시험의 한 요건으로 일정 수준의 언어 능력 획득을 요구한다. 이것은 강력한 기능적 요소가 있다. 한 나라에서 가장 널리 사용되는 언어는 사람들이 기본적인 서비스와 혜택에 접근할 수 있게 할 뿐 아니라 취업을 시도할 때 결정적으로 필요한 것이기도 하다(공민국가와 민족국가 사이의 차이 또는 중첩에 대해서는 몇 가지 물음이 제기된다 — 하나의 언어가 공민적 시민civic citizenship이라 불리는 것을 성취할 수 있게 하는 반면에 다른 언어 또는 동일한 언어가 민족적·문화적 시민성 감각과 관련 있을 수도 있다).

덜 분명한 방식이지만, 다양한 나라의 시민자격시험 구성에서 매우 중요하고 인정받는 것은 국가적 맥락에서 적용하는 것으로 여겨지는 가치들에 대한 지식과 이해이다. 때때로 여기에는 종교가 포함된다. 많은 나라에 교회가 설립되어 있고, 그 교회의 구성원이 아닌 사람은 외부인outsider 정체성을 나타내는 것으로 보이며, 그런 구성원 의식이 없는 사람들이 이용할 수 있는 권리를 박탈하기 위한 정당화에 사용될 수도 있다. 그렇지만 핵심은 이런 가치들에 대한 애착이 그들이 누구인가에 대한 개인과 집단의 의식과 완전히 일치하지 않을 때 어려움이 생긴다는 점이다. 단일 정체성과 다중 정체성 사이의 구분선은 간단하지 않다. 세계시민성과 관련 있는 국민적 다양성의 문제는 매우 중요하다.

국가nation과 state에 대한 문제를 드러내는 몇 가지 방식이 있다. 몇몇 나라에서는 국가적 변형에 관하여 공식적으로 인정된 합의가 있다. 중국에서 홍콩과 마카오는 — 특별히 강조된 — 하나의 국민-국가 안에 있는 특별 자치지역이다. '하나의 나라, 두 개의 체제' 정책이 시행되고 있으며 현재 시험 중이다. 많은 나라(예컨대 스페인)에 '역사적인 국적'이라고 묘사되는 공식적으로 인정된 자치지역이 있다. 유럽(Ross, 2015 참조)과 세계 여러 지역(이를테면 일본 내의 이민자를 포함하여)에서 식민지로부터 독립한 이후 그리고 다른 형태의 이주뿐만 아니라 여러 요소가 국가보다 하위 수준에서 불릴 수 있는 많은 존재를 가능하게 했다. 미국에서도 많은 사람이 **여럿으로 이루어진 하나** e pluribus unum라는 문구에 의미를 부여하는 방식을 매일 발견하고 있다. 히터(Heater, 1999)가 관찰한 다중 충성심 multiple loyalties과 나라country 그리고 국가 state와 nation의 구분은 국가와 세계 시민성의 역동성과 혼란스러움을 인정하는 것이다. 그리고 우리는 국가와 세계시민성이 갈등 상황에 있는지 또는 다중 시민성이라는 하나의 틀 안에서 조화를 이루는지 고려할 필요가 있다.

한 나라가 지키려는 근본적인 가치는 적어도 두 가지 다른 공식화를 토대로 할 수 있다. 둘 중 하나는 배타적으로 한 나라에만 적용되는 것을 표현한다. 달리 말하면, 그것은 국가가 ― 그 자체가 in and of itself ― 의미하는 바를 요약한 것이다. 이런 의미에서 미국의 가치는 아마도 거의 전적으로 다른 나라의 가치와 구분될 것이다. 다른 한편으로 이것은 현재 어느 특정한 장소에 사는 사람들이 선언하기를 바라는 가치라고 할 수 있다. 그런 의미에서 이 가치는 다른 사람들이 고수하는 것과 같을 수도 있다. 또한 이런 가치는 국가의 본질에 관한 고정된 표시가 된다고 주장하는 다른 어떤 것보다 더 역동적이며 더 변하기 쉬운 경향이 있다.

이러한 다른 관점의 교육적 맥락에 나타나는 긴장은 국가와 세계 문제 사이의 경계에 대한 생각과 아주 긴밀하게 연결되어 있다. 본래 나뉘는 지점은 비판적 또는 찬양적 시각이 채택되느냐 아니냐에 대한 것이다. 이것은 교육과정과 교과서 논쟁에서 매우 분명하게 드러난다. 예를 들면 에번스(Evans, 2015)는 ― 한국의 사례를 통해 ― 과거를 정부가 동의하는 방식으로 묘사하려는 의도에서 생기는 긴장을 보여준다. 국가교육에 관한 지침을 만들려는 것을 두고 일어난 홍콩의 긴장은 거리 시위로 이어지기도 했다.

앞에 주어진 사례는 국민-국가와 세계시민성 사이의 긴장을 둘러싸고 나타나는 구체적인 발화점들이다. 사안을 해결하기 위한 시도를 좀 더 깊게 살펴볼 필요가 있는데, 보통 일반적으로 세 가지 접근법이 있다. 첫째, 위에서 암시한 것처럼 국민-국가 접근법이 있다. 가치는 생래적·배타적으로 한 나라와 연결되어 있으며 모든 반대에 대항한다. 둘째, 이것은 세계적으로 아주 많은 곳에서 적용하는 것으로 일부 학자들(Sears, Davies & Reid, 2011 참조)이 주장하는 접근방식이며, 가치와 기술에 일반적인 초점을 맞춘다. 국민-국가를 매우 강하게 인식하지는 않는다. 이런 견해는 마치 장소가 존재하지 않는 것처럼 보이도록 발전될 수 있으며 제공되는 시민교육은 분석과 같은 매우 일반적인 기술을 개발하는 것일 수 있다. 셋째, 국민-국가 내에서 국가 집단에 대한 지식과 문제를 탐구하는 접근법이 있을 수 있다. 이것은 특히 개발교육의 영역, 다양한 사회정의 프로그램, 특히 다문화 교육과 반인종주의 분야에서 발견할 수 있다. 여기에는 종족집단과 국가 사이에 이루어지는 유의미한 연결의 수준에 대한 도전이 있을 수 있지만, 일부 사람들이 아주 강력하게 주장하는 접근법이기도 하다(예컨대 Ross, 2015).

지금까지의 논의를 통해 우리는 어떤 결론을 내릴 수 있을까? 간단하게 최선의 방식을 선언할 수는 없다. 필요한 것은 아마도 이렇게 까다로운 문제들을 고려할 수 있게 하는 적절히 전문적인 형태의 시민교육일 것이다. 위에서 말한 세 가지 발화점은 국가와 세계시민성 사이의 연결에 관한 쟁점을 확인하고, 논의하고, 제정할 수 있는 수단이다. 그렇게 하지 않는 것은 논쟁을 무시하거나(그래서 사실상 독점적인 이데올로기가 '상식'으로 확산되게끔 허용하거나) 또는 국가와 세계의 연결 형식을 주장하여 세계시민교육에 대해 수용할 수 없을 정도로 패권적인 접근법을 또다시 허용하는 것이다.

참고문헌과 간략한 해설

Chong, E. K. M., Davies, I., Epstein, T., Peck, C., Peterson, A., Ross, A., Moreira dos Santos Schmidt, M. A., Sears, A. & Sonu, D. (2015). *Education, Globalization and the Nation State*. Basingstoke: Palgrave Macmillan.

이 책은 세계화 과정에서 각 나라가 직면한 문제들에 관한 개요를 제공한다. 핵심 문제들을 검토하고, 호주·브라질·캐나다·중국·영국·미국에 대한 사례 연구가 이어진다. 또한 초국가적인 유럽연합을 논의한다. 나라별 사례 연구를 담은 각 장은 국가의 역사적 배경, 교육적 맥락, 교육이 국가에 대해서 그리고 국가를 위해서 수행하는 구체적인 쟁점과 계획을 살펴보는 동일한 구조를 취하고 있다.

Grimley, N. (2016). Identity 2016: 'Global Citizenship' Rising, Poll Suggests. http://www.bbc.co.uk/news/world-36139904.

이것은 많은 나라 사람들이 제공하여 정체성에 대한 매력적인 통찰력을 주는 인터넷 기반 자료이다. 나라 간 차이의 범위가 놀랍다. 그러나 점점 더 많은 사람이 자신을 세계시민으로 인식한다는 분명한 표현도 있다. 이 장에서 다룬 자료와 관련하여 관심이 가는 점은 각 나라 간의 상호작용이다. 왜 일부 사람들은 다른 사람들보다 더 쉽게 자신을 세계시민으로 생각할까? 이것은 역사의 문제인가, 경제적 관심의 문제인가, 인식된 문화적 친숙함의 문제인가 아니면 그 밖의 어떤 것과 관련된 문제인가?

Reid, A., Gill, J., & Sears, A. (2010). *Globalization, the Nation-State and the Citizen: Dilemmas and Directions for Civics and Citizenship Education*. Abingdon: Routledge.

이 책은 다양한 국민-국가의 공민학^{civics}과 시민교육 정책 발달의 개요를 제공한다. 시민성은 그 용어의 다른 의미들을 고려하면서 역동적으로 논의된다. 이 책은 세 부분으로 나눌 수 있다 — 서론에 이어 각 나라(호주 · 캐나다 · 브라질 · 싱가포르 등)의 문제를 다룬 12개 장, 토론의 주요 내용을 모은 4개의 성찰적인 장으로 끝을 맺는다. 세계주의cosmopolitanism, 포스트국가주의post-statism, 포스트세계화post-globalization와 그 밖의 문제들에 대한 고려사항이 있다.

활동

1. '왜 세계시민성 같은 것이 없는가Why there's no such thing as global citizenship'라는 글을 읽고 토론하라.* 〈애틀랜틱the Atlantic〉이라는 잡지에 실린 이 글은 세계시민성이 무엇을 뜻하는지 설명한다. 또는 어떤 이들이 세계시민성이라고 느끼는 것을 의견으로 강력히 제시하고 나서 그들이 틀렸다고 말한다. 세계의식world consciousness, 초국적 협치 그리고 지구적으로 활발한 기업가 정신은 세계시민성으로 간주되지만 그것으로는 불충분하며 간단히 말해 부적절하다고 말한다. 이 글은 귀에 거슬리는 말로 끝을 맺는다 —"세계시민이 되고 싶은가? 최대한 미국을 도와주라. 진정한 미국 애국자보다 더 세계주의자는 없다." 이 글을 분석하라. 어쩌면 동의할 수도 있을 텐데, 만일 그렇다면 이유를 설명하라. 내용에 대해 질문이 있다면 종이에 적어두라. 이 글의 스타일을 논평할 수도 있을 것이다. 저자는 왜 이런 식으로 썼을까?

2. 시민 자격시험을 보라. 몇몇 나라가 제공한 자료를 검토하라. 연습 시험을 치르고, 제출된 진술들의 타당성을 토론하라. 시험을 통과했는가? 통과한 이유 또는 통과하지 못한 이유는? 시험 결과는 어떻게 나아질 수 있을까? 정치학, 오늘날의 사회, 국제 문제, 문화적 가치 그리고 다른 것들에 대한 사항도 포함

---

* http://www.theatlantic.com/national/archive/2012/08/why-theres-no-such-thing-as-global-citizenship/261128/ 참조.

하겠는가? 언어시험을 요구하겠는가? 왜 그런가? 가장 중요한 것은 국가 시민 자격시험을 볼 때 세계시민성과 관련해 무엇을 알고, 무엇을 이해하고, 무엇을 할 수 있어야 하는가? 현재 상황은 어떠하며 무엇을 해야 하는가? 이런 시험의 일부 사례는 https://my.uscis.gov/prep/test/civics; https://www.cic.gc.ca/english/citizenship/cit-test.asp; https://immi.homeaffairs.gov.au에서 볼 수 있다.

3. 국경을 자유롭게 이동하는 사람들의 장점 5가지와 단점 5가지를 나열하라. 몇몇 제한된 조건(유럽연합이 하나의 사례이다)에서 이동의 자유가 허용된다. 많은 이들이 조화, 관용, 민주주의의 상징으로서 이동의 자유를 높이 평가한다. 그러나 일부 사람들은 이동의 자유를 강하게 반대한다. 일부는 그것이 경제적·문화적으로 해롭다고 주장한다. 어떤 이들은 (유럽 내에서처럼) 단지 제한된 초국적 조건에서만 이동의 자유가 허용된다면 실제로 세계시민성으로 가는 길이라기보다 오히려 반대하는 버팀목이라고 말하기도 한다. 당신은 어떻게 생각하는가?

4. 겔너Ernest Gellner의 고전적 저술《국가와 국가주의Nations and Nationalism》*나 논평을 읽어보라. 겔너는 여러 중요한 저술을 출간했는데, 그의 생각을 가장 명료하고 풍부하게 기술한 것은 이 책일 것이다. 그의 저작은 많은 비판을 받기도 하지만 국가주의가 현대사회의 핵심적 특징이라는 제안은 많은 영향을 주고 있다. 사회는 공교육 체제, 일관된 정부 체제, 정치적 통제, 언어와 문화의 유사성 그리고 동일시 감각에 의존한다. 국가주의의 한계에 초점을 맞추고 다른 사람들과 이런 생각을 토론해보면 흥미로울 것이다. 이 장의 앞에서 언급한 논평을 활용해 어디에서 긍정적 애국심이 끝나고 불쾌한 정치적 이데올로기가 시작되는지 숙고해보라.

---

* Gellner, E. (1983, 2nd edition 2009). *Nations and Nationalism*. Ithaca, New York: Cornell University Press.

지구시민성과 세계시민성

Planetary and Global Citizenship

지구시민성planetary citizenship은 세계시민성을 이해하기 위한 중요한 방식이다. 경제적·기술적 세계화는 사람들이 지역부터 세계에 이르는 다양한 수준에 대응하는 방식에 영향을 끼치고 있으며, '지구'와 관련하여 많은 생각이 바뀌고 있다. 예를 들면 대기 중으로 방출하는 탄소량에 엄청난 변화를 가져올 수 있는 기후변화목표 설정에 전 세계 대부분의 나라가 관여하고 있다. 해마다 적어도 800만 톤의 플라스틱이 바다에 버려지는 탓에 어떤 사람들은 해양플라스틱 제거에 뛰어든다.[*] 숲을 벌목하고, 강에 댐을 건설하고, 토양을 황폐화하는 지나친 개발에 따른 지구의 위험 상태를 개선하기 위해 전 세계를 연결하는 사람들이 있다. 만일 공기, 물 그리고 토양이 위기에 놓여 있다면, 인류도 위기에 놓인 것이다!

---

[*] https://www.weforum.org/agenda/2016/01/how-much-plastic-is-there-in-the-ocean/

사회적·경제적으로 연결된 이러한 세계 환경문제는 지구의 복지가 인간의 복지와 어떻게 연결됐는지를 생각하게 한다. 지구의 기본적인 체제 중 많은 부분이 끔찍한 상태라는 증거가 가시화되면서, 인간과 비인간 그리고 둘 모두에게 미치는 피해와 고통을 줄이기 위해 인간의 사고와 행동을 변화시키기 위한 노력이 진행되고 있다. 세계시민성은 그런 변화를 창조하기 위해 필요한 시민성 척도, 행위자 그리고 행동을 재고하는 데 도움을 준다(Shultz, Pashby & Godwaldt, 2016 참조).

우리가 시민성을 이해하는 방식을 바꾸는 핵심 영역은 **지구법** Earth Jurisprudence이다. 현대 자유주의자들은 시민사회를 구성하는 열쇠로 인권을 꼽으며, 개인의 권리가 모든 인간에게 고유한 것이라고 확인한다. 또한 사적 행위자뿐 아니라 국가가 법과 협치구조, 보편적이고 불가하며 양도할 수 없는 권리를 바탕으로 한 관계를 정립할 것을 요구한다.[*] 우리의 안식처인 지구는 인식 없이 존재하며, 소비하지 않더라도 인간에게 이로운 대상이다. 그렇지만 과학자들과 환경운동가들이 말하듯, 인간이 땅과 공기와 물에 미치는 광대한 영향 때문에 인간의 삶과 지구 자체가 위기에 빠지게 되었다.

이 시대는 인류세Anthropocene 라고도 불린다(Crutzen and Schwägerl, 2011; Schwägerl, 2014; Stephan, Crutzen & McNeill, 2007 참조). 인류세란 인간 영향의 척도에 따라 정의된 지질학적 시대를 설명하는 것이다. 크루첸과 슈베겔(Crutzen and Schwägerl, 2011)은 "수천 년 동안 인간은 '자연'이라는 이름의 비상한 힘에 대항하는 저항군으로 행동해왔으며, 그 결과는 자연 세계 내의 모든 관계에 엄청난 영향을 끼쳤다"고 주장한다. 서양 학문은

[*] http://www.ohchr.org

우리가 지질학적 힘의 지위를 획득했으며 이제는 '자연 밖에서' 행동한다고 말한다. 서양 근대성의 프로젝트 중 하나가 인간의 우월성을 바탕으로 자연을 지배하는 것이기 때문에 이런 주장을 살펴보는 것은 중요하다(Battiste, 2000; Mignolo, 2000; Davis, 2009).

인간이 '자연 밖에서' 살 수도 있다는 생각은 무엇을 뜻하는가? 이것이 권력에 대한 서구 근대성의 보편적 주장이며 인간과 자연세계가 전략적으로 무관심하게 보이는 근대성 프로젝트의 완성인가? 분명 우리는 지구 체제가 붕괴될 위험이 있는 불안정한 시대에 살고 있으며, 인간이 이런 붕괴와 상관없이 존재할 수 있다는 주장은 무비판적인 교만으로 보인다. '스톡홀름 회복 센터'* 과학자들은 우리가 저버린다면 생명을 지탱하는 현재 체제가 전례 없이 붕괴될 '지구의 9가지 한계'를 확인했다. 그들은 1950년대 이후 지구의 변화를 추적했는데, 그 결과 우리가 적어도 다음 네 가지 위기에 맞닥뜨렸다고 말한다. 생물권 다양성/유전적 다양성, 생화학적 흐름, 토지체계 변화 그리고 기후변화라는. 다른 학자들은 우리 시대를 '여섯 번째 대멸종The Sixth Great Extinction'으로 설명한다(Wagler, 2012 참조). 생물다양성협약 사무국(2010)은 인류가 앞으로 100~200년 안에 지구상의 생명체 3종 가운데 1종(즉 모든 종의 3분의 1)을 멸종시킬 수 있다고 추정한다.

해러웨이(Haraway, 2016)는 우리가 이런 붕괴와 세계 자본주의의 연관성을 인지해야 하며, 세계 자본주의 체제가 어떻게 자원 고갈을 증폭시켜왔고, 실제로 지구를 붕괴 위기에 빠뜨릴 정도로 땅·물·공기를 추출·파괴해왔는지를 이해해야 한다고 주장한다. 무어(Moore, 2013)와 해

* http://www.stockholmresilience.org 참조.

러웨이(2013)는 인류가 수천 년 동안 지구에 살면서 이 행성에 파괴적인 영향을 끼친 것이 바로 현대 자본주의 체제이므로, 우리 시대의 이름을 인류세라기보다 차라리 **자본세**Capitalocene로 하자고 제안한다. 해러웨이(2016)와 무어(2013)는 우리가 지구에서 보고 경험하는 거대한 지구물리학적 변화를 이해하기 위해 계급, 국가 그리고 자본의 관계를 분석한다. 우리는 지구의 생명을 유지하는 체제를 붕괴하는 치명적인 관계로부터 벗어나 위험에 놓인 지구에서 생존할 방법을 찾을 필요가 있다. 해러웨이는 파괴를 종료할 뿐 아니라 인간과 비인간의 좋은 관계를 바탕으로 인간이 더 완전하게 살아갈 수 있는 방식을 설명한다. "살기 좋은 공동의 세상이 조금씩 구성되어야 한다. 그러지 않으면 전혀 이룰 수 없을 것이다"(p. 40).

해러웨이는 우리가 위험한 지구를 위한 '대응-능력'(p. 2)을 갖춰야만 하는 크툴루세Chthulucene 시대로 이동하고 있다고 본다. 여기서 핵심은 위기에 빠진 지구에 살고 있다는 것을 배움으로써 파괴를 중단해야 하는 시급함을 제안한다는 것이다. 그렇게 할 때 우리는 "예상치 못한 협력과 조화 속에서 인간과 비인간이 서로를 요구할 것"이라고 해러웨이는 말한다. 미뇰로가 근대성의 어둠(2011), 즉 진보에 관한 근대 의제의 그림자 측면을 기술한 것처럼, 식민주의·자본주의·가부장제 체제를 통해 무시되거나 축소된 존재방식인 공생 또는 '함께 만들기'를 토대로 우리는 '이상한 친족'을 만들 것이다. 이와 같이 점점 더 많은 사람이 서양 사상의 보편주의에 의문을 제기하고, 인간과 비인간 관계에서 인간을 부분이지만 지배적이지 않은 것으로 이해함으로써 세계를 이해하는 관계적 세계관을 찾기 때문에 탈식민적 분석이 떠오르고 있다.

버든(Burdon, 2012)과 밀리우스(Mylius, 2013)는 모두 '지구법'을 법적·

철학적으로 새로운 영역에서 성찰하면서 매우 중요한 인식론적 변화를 만들고 있다고 주장한다.*

밀리우스는 '인간의 말살eraser of humans'을 다룬 푸코(Foucault, 2002)의 논의를 참고하여, 우리의 이해를 종말론적 멸종으로부터 인간이 '모든 것의 중심'이라 생각하지 않을 수 있는 우리의 능력(그리고 이제는 긴급한 필요)에 관한 더 깊은 이해로 전환한다(Mylius, 2013, p. 104). 지구법—지구와 자연의 권리—은 인간 또는 어떤 녹립체든 정점에 놓일 수는 없다는 생태중심주의로 우리를 이끈다(p. 106). 버든(2012)은 법과 교육, 경제학을 포함한 우리의 핵심적인 제도에서 이런 전환을 인식하는 것이 중요하다고 설명한다. 브뤼노 라투르(Latour, 2004)는 인간과 자연이 분리되어 있다는 (그리고 인간이 본래 우수하다는) 우리의 신념을 바꾸고 과학적인 방향의 전환을 위한 철학적 플랫폼을 제공한다.

우리는 분명 역사적으로 중대한 시점에 놓여 있다. 그리고 유럽식 식민화 이후에 취했던 것과 같은 방식으로 지구에서의 삶을 계속 구성한다면 우리가 직면한 문제를 해결하지 못할 것이다. 이 문제에는 세계시민성과 관련한 생각이 도움을 줄 수 있다.

---

* 유엔 개념 설명서United Nations Concept Note 와 2015년 4월 자연과의 조화에 관한 유엔총회의 대화 최종 보고서 참조(자연의 권리의 중요성과 관련한 토론을 모아두었다. http://www.un.org/en/ga/search/ view_doc.asp?symbol=A/RES/70/208).

인류세/자본세/
크툴루세에서 세계시민성

유엔 원주민 권리선언[*]과 2010년에 발표된 대지권에 관한 보편적 선언[**]
은 모두 지구시민성을 위한 변화를 제도화할 수 있는 방법을 제안한다.
이것은 '자연과의 조화'(United Nations, 2016) 토론에 다음과 같은 정보를
제공한다.

> 2016년, 지속가능발전을 증진하기 위해 일부 나라들이 자연의 권리를 인
> 식한다는 점에 주목했다. 자연과 조화를 이루며 지속가능발전목표를 이행하
> 고자 자연계와 상호작용하는 방법을 재고하려는 시민과 사회에 영감을 주기
> 위해, 총회의 상호대화에 적극적이었던 사람들을 포함한 전 세계 지구법 전
> 문가들이 인간과 자연에 관한 가상 대화를 시작했다. 제71차 총회에 전문가
> 들이 요약문을 제출하고, 자연과의 조화에 관한 웹사이트에 가상 대화가 주
> 최될 것을 요구하기로 결정했다(p. 3/4).

유엔에 따르면, 자연과의 관계에서 우리 자신을 이해하는 방식을 의미
있게 전환하지 않으면 지속가능발전목표 2030[***]에 제시된 지구에서 삶
을 유지하는 비전을 이행할 수 없을 뿐 아니라, 지구상의 생명 자체가 위
험해질 것이다. 칸(Kahn, 2010)은 세계 위기 시대에 변혁적 플랫폼을 제

---

[*]   http://www.un.org/esa/socdev/unpfii/documents/DRIPS_en.pdf

[**] http://pwccc.wordpress.com/2010/04/24/proposal-universal-declaration-of-the-
      rights-of-mother-earth

[***] https://sustainabledevelopment.un.org/post2015/transformingourworld

공할 수 있는 생태교육학에 대한 접근방식을 개발하기 위해 마르쿠제 Herbert Marcuse를 끌어들인다. 마르쿠제는 선진 자본주의와 환경파괴의 관계를 이론화했으며(1992) "그들 자신의 권리에서 주체가 된다는 의미에서, 자연과 비인간이 심오하게 인간화하는 문화 작업의 포스트-인간중심적 형태"를 이해하는 데 기여했다(Kahn, 2010, p. 24). 이것은 지구상의 모든 생물과 무생물에 속하는 지구시민성이라는 사고를 발전시킨다. 만일 근본적인 생각이 인간, 비인간 그리고 지구 그 자체에 대한 권리에 근거하여 하나의 다종 생태정의를 포함한다면 교육과 지속가능성을 연결하려는 현재의 노력은(16장 참조) 강화될 것이다.

자연세계와 관계없이 또는 지리적·문화적·계급적·인종적으로 동일한 역사를 공유하지 않는 인간들과 관계하며 존재하려고 하는 국가주의나 지역주의와 연결된 시민성의 패턴을 전환하는 방식으로 세계시민성은 우리의 참여를 지구 중심에서 찾을 수 있다. 그런 변화를 위해 요청되는 인식론적·존재론적 전환 그리고 탈식민화한 세계시민성은 매우 부담이 크지만 주어진 지구 상황이 시급하기 때문에 필수적이다. 2003년에 로이Arandati Roy가 브라질 세계사회포럼에서 말한 바에 따르면, "또 다른 세상은 가능할 뿐 아니라 벌써 다가오고 있다. 조용한 날 나는 그 숨소리를 들을 수 있을 것이다."

참고문헌과 간략한 해설 ———

Haraway, D.(2016). *Staying with the Trouble: making kin in the Chthulucene.* Durham: Duke University Press.

'다종 페미니스트 이론가^{multispecies feminist theorist}' 해러웨이는 우리가 지구상의 다른 사람들이나 다른 종들과 관계하는 방식에 중대한 변화가 필요하다고 주장한다. 이러한 관계의 전환은 여러 세기 동안 서양사상을 지배한 자유주의적 개인주의에 대한 도전이다. 오히려 관계가 서로 얽혀 있는 인간과 비인간의 삶을 통해 우리는 고통받고 있는 지구에서 '친족^{kin}'으로 살아가는 우리 자신을 발견한다.

Kahn, R. (2010). *Critical Pedagogy, Ecoliteracy, & Planetary Crisis: The Ecopedagogy Movement.* New York: Peter Lang.

교육 영역에서 생태교육학은 환경이 악화하는 곳에서 흔히 발생하는 끔찍한 환경문제와 인간 사이의 심각한 갈등에 대한 대응으로 자리 잡고 있다. 프레이리 ^{Paulo Freire}와 다른 비판적 이론가, 비판적 교육학자들은 생태교육학을 사회적 · 정치적 권력관계를 전환하기 위한 변혁적 교육에 활용한다. 칸은 지속가능발전을 위한 세계적 요청이 멸종해가는 자연에 대한 인간의 지배를 변화시키는 임무에 그치지 않고, 장소 기반 관계성에 초점을 맞춘 교육을 필요로 한다고 주장한다.

Mignolo, W. (2011). *The Darker Side of Western Modernity: Global futures, Decolonial Options.* Durham/London: Duke University Press.

지난 20년 동안 미뇰로의 작업은 서양 근대성에 중요한 비평을 제공했으며, 일부 인간이 다른 이들보다 우월하고 모든 인간이 지구상의 다른 생명보다 우월하다는 프로젝트에 따르는 폭력과 파괴를 조명했다. 그는 수천 년 동안 인간의 삶을 유지한 비서양 지식을 위한 공간을 만들어야 한다고 주장한다. 만일 우리가 이 시점에서 전 세계적으로 겪고 있는 불평등, 환경파괴, 사회격변을 다루려 한다면 이런 탈식민화 프로젝트가 시급하다.

Misiaszek, G. (2016). Ecopedagogy as an element of citizenship education: the dialectic of global/local spheres of citizenship. *International Review of Education*, 62(1), 587-607.

이 글에서 미시아젝은 아르헨티나, 브라질, 미국 애팔래치아 지역의 생태교육자들을 연구한다. 그는 이런 교육이 세계시민성과 어떻게 연결되는지를 연구했다. 그의 연구 결과는, 지역의 지식과 국가시민성이 시민성 연구에서 멀어지면 세계화의 온전한 영향이 다루어지지 않는다는 것을 보여준다. 그러나 교육은 시민성에 대한 서로 다른 영역(지역, 국가, 세계, 지구)에서 생태교육적 접근방식을 토대로 지구적 책임에 대한 더욱 비판적인 의식을 향해 생각과 행동을 변화시키는 역할을 할 수 있다.

Mylius, B. (2013). Towards the unthinkable: earth jurisprudence and an ecocentric episteme. *Australian Journal of Legal Philosophy*, 38, 102-38.

이 글에서 밀리우스는 인간이 자신과 지구상의 생명의 상호연관성을 이해하지 못하고 행동한 결과로 직면한 심각한 지구 위기를 극복하려면 사고(인식)의 변화가 필수적이라고 주장한다. 밀리우스는 인간중심적 사고에서 생태중심적 인식으로의 전환이 법과 정책을 통해 제도화할 필요가 있다고 지적한다.

Warren, K. (Ed.) (1997). *Ecofeminism: Women, Culture, Nature*. Bloomington:Indiana University Press.

이 논문집은 여성주의적이며 반인종주의, 탈식민화, 학제간 관점에서 세계를 생태적으로 읽어낸다. 이러한 생태여성주의 학문의 관점은 인간이 세상을 다르게 읽고 인간을 자연의 일부로 인식하는 삶을 살며 문화적 실천을 가능하게 하는 풍부한 아이디어를 제시한다. 저자들은 생태여성주의가 어떻게 정치적 견해와 성장하는 사회운동으로 자리 잡는지 탐구한다.

활동

1. 바이오니어스Bioneers라는 조직이 만든 다음 두 가지 비디오를 보라.
   https://www.youtube.com/watch?v=couHXnRdIc4 (Kenny Ausubel: Plants Are Sentient Beings)
   https://www.youtube.com/watch?v=5OiOpSiWq9Q (Xiuhtezcatl Martinez: What Are We Fighting For?)

2. 이 강연자들이 논의하는 인간 이해에 대한 변화를 토론하라. 지구시민성의 일부인 인식론적 변화란 무엇인가? 지구시민성의 일부인 존재론적 변화란 무엇인가? 이런 변화에 의해 나타나는 시민성의 권리와 책임은 무엇인가?

3. 이러한 인식론적 관점을 바탕으로 당신의 지역사회나 대학을 위한 생태중심적 정책을 만들어보라(Mylius, 2013 참조).

교육의
핵심 틀

Key Educational Frameworks

2부를 구성하는 8개 장은 세계시민교육과 연관된 일부 관점을 반영한다. 사회과교육은 틀을 짜는 다양한 장치인 교과로 이루어진다. 이것은 때때로 '형용사적'(평화적, 지속가능한, 글로벌 등) 교육으로 묘사된다. 즉 기술하는 말에 현재 추진되는 특정한 접근법이 요약되어 있다. 여기에서 우리는 세계시민교육과 관련된 다양한 틀—시민성, 사회정의, 개발, 인성, 글로벌, 평화, 다양성, 지속가능발전—을 포함한다. 우리가 포함하지 않은 다른 틀도 받아들이며, 그것들의 경합적 성질 또한 중요하다. 우리는 세계시민교육과 관련된 이 틀의 다양한 강점을 논의한다. 또한 각 장에서 매우 중요한 사고와 관점을 보여준다. 2부가 끝날 즈음에는 세계시민교육을 특징지을 수 있는 광범위한 사고와 쟁점을 고찰하고, 세계시민교육을 이행하는 방법을 탐구할 것이다.

9

시민교육
Citizenship Education

이 장에서는 시민교육 citizenship education이란 무엇이며, 그것이 세계시민성과 어떻게 연계되는지 그리고 때로는 어떻게 연계되지 않는지 개략적으로 설명할 필요가 있을 듯하다. 시민성이 세계적 global이라는 것을 확실히 하려면 어떤 종류의 틀이 개발될 수 있고 또 개발되어야 하는가?

물론 시민성은 고대에서 유래한다. 고대 그리스와 로마 사회, 현대 영국, 프랑스, 라틴아메리카 그리고 미국의 혁명은 권리와 의무를 중심으로 성립된 사상과 통치체제의 표현을 창출하고 허용했다. 그러나 시민성이 중요하다는 것은 권리와 의무의 관계도 아니며, 시민성은 '서구'에만 있는 것도 아니다. 유교의 심오한 원천은 동아시아 교육의 많은 측면에 영향을 끼치고 있다. 또한 전 세계에 걸쳐 종교 집단에 대한 생각과 관습은 시민성에 중대한 영향을 끼치고 있다. 예를 들어 스페인과 중남미에서 가톨릭교회의 역할은 바로 눈에 띈다. 시민과 함께 참여하지 않았던 많은 나라들은 지금 시민성에 관심을 보이고 있다(최근 사우디아라비아의 발전은 꽤 흥미롭다).

시민교육의 실행이 지리적으로 광범위하게 확산하고 매우 다양한 방법으로 특징화한 점을 고려하면, 교육적 틀이 좀 더 구체적일 필요가 있다. 시민성과 세계시민성 사이의 중요한 연결점은 한 나라 시민의 공식적인 정치적·법률적 지위와 세계시민의 결단과 참여 능력은 물론이고 그 참여를 불러오는 태도에 대한 관점 사이에 교량을 놓는 것이다. 이것은 시민성과 세계시민성이라는 두 영역을 통합할 수 없다는 것을 암시하는 것이 아니라, 교육적 틀의 본질과 타협하려면 어느 정도 논의를 명료하게 해야 한다는 뜻이다.

물론 시민성은 정체성 차원에서 접근할 수 있다(정체성 차원은 5장에서 자세히 탐구되었다). 정치적·법적 지위와 관련된 이슈에 초점을 맞춘다면, 가장 명확하게 국가의 시민성과 관련이 있다고 할 수 있다. 지위와 시민성* 사이에는 또 다른 연관성이 있을 수 있다. 국가의 시민성뿐만 아니라 이중의 시민성(두 국가의 시민성을 동시에 지닌), 중첩적 시민성(연방헌법이나 일부 다국적 공동체)도 있다(Heater, 1997). 만약 법적·정치적 지위가 국가의 경계선을 넘어선다면, 세계정부의 형태를 취하는 법적·정치적 지위의 형태를 논리적으로 상상할 수 있는가? 이것은 이론적으로 가능할 수 있지만, 이 접근법을 취할 경우 반드시 고려해야 하는 중요한 함의가 있다.

일부 사람들은 세계시민성이 비민주적 몽상이나 다름없다는 관념을 강하게 반대한다(예를 들면 Miller, 2010). 다른 한편으로는 현재 국민-국가에 존재하는 지위가 전 세계적으로 인정받을 수 있는 매우 공식화한 구조

---

* 이 경우 '시민성'은 '시민권'으로도 번역될 수 있다.

의 개발을 주장하는 다양한 조직과 개인이 있다. 세계시민등록소^{Registry of} World Citizens는 설립된 지 오래되고 지지자도 많지만, 정치적으로는 별로 영향력이 없다.[*] 데이비스^{Gary Davis}가 이끄는 세계시민정부^{World Government of} World Citizens도 이와 유사한 열망을 지니고 있는데, 아마 비슷한 유형이 될 것이다. 헬드(Held, 1995, pp. 279-80)는 세계주의적 협치가 어떤 모습인지를 충분히 설명한다. 그는 장기적으로 정책/협치뿐만 아니라 경제/시민사회 모두의 변화를 기획한다. 전자의 경우에는 국제형사재판소의 설립과 함께 장기적으로 세계주의적 민주주의 법을 새로운 민주적 법률헌장, 세계의회, 상호 연결된 글로벌 법체계로 안착시킬 것을 주장한다. 후자의 경우에는 소유권과 소유의 복수화, 공적 심의를 통해 설정한 투자 우선순위와 모든 사람의 기본소득을 보장할 것을 주장한다.

공식적인 법적·정치적 지위와 시민성 관점 사이의 중첩적 갈등 지점은 시민교육의 본질을 보여주는 강력한 지표이며 영향을 주는 요소이다. 시민성과 교육 사이의 관계를 더욱 분명하게 하려면 특별한 틀을 논의해야 한다. 세계 여러 지역에서 다양한 개요가 사용됐는데, 그 예들은 아래에 제시될 것이다. 그러나 하나의 국가적 맥락을 선택하기 위해 당분간 시민성교육이 사회적·도덕적 책임, 지역사회 참여, 정치적 문해력이라는 세 가지 관련 요소와 연관이 있을 것 같다고 제안한다. 다음은 크릭^{Crick} 보고서에서 강조된 세 가지 요소이다(DfE/QCA, 1998).

첫째, 아이들은 태어날 때부터 자기-신뢰를 배우고, 교실 안팎에서 권위 있는 사람이나 서로를 통해 사회적·도덕적으로 책임 있는 행동을 배운다.

* http://www.recim.org/cdm/registry.htm

둘째, 아이들은 지역사회 참여와 지역사회 봉사를 통해 배우는 것을 포함해 공동체의 삶과 관심사를 배우고 도움을 받아 참여한다.

셋째, 학생들은 정치적 지식보다 더 광범위한 용어를 탐색하면서 지식·기술·가치를 통해 공적 생활을 배우고 어떻게 해야 스스로 효능적 시민이 될 수 있는지를 배운다(DfE/QCA, 1998, pp. 9-12).

세 가지 요소가 일어나는 순시는 흥미롭다. 크릭은 주로 정치적 고려에 따라 동기를 부여한다. 그는 학문적으로 정치학자이자 정치철학자였으며, 일생을 정치 문제—특히 영국의 노동당과 관련하여—에 적극 참여했다. 그는 1970년대와 블레어Tony Blair가 1990년대에 이끈 신노동당 집권 2기에 정치교육과 정치적 문해력을 발전시켰는데, 이것이 특히 두각을 나타냈다. 블레어 수상과 블런킷David Blunkett(크릭의 제자) 교육부장관의 공동체주의적 의제와 사회적·도덕적 명령이 포괄적으로 수용되었다는 것은 정치적 문해력이 마지막으로 강조되었다는 것을 의미하였다. 그러나 크릭은 그가 입양된 스코틀랜드의 가정과 지역사회에 기반한 시책에 참여하는 등 세 가지 요소 모두에 집중하는 데 진정한 관심을 보였다.

정치를 다룬 고전적 저서(Crick, 1962) 이후에 크릭의 사상은 대부분 1970년대 후반에 출간된 저서(Crick & Porter, 1978)와 2000년에 발간된 논문집(Crick, 2000)에서 드러났다. 그는 공민학을 정치적 문해력으로 전환하면서 작업을 위한 개념적 토대를 강조했다. 또한 부분적으로 정치적 지지를 얻기 위해 그것을 '시민교육'이라고 명명했음을 확실히 하려고 했다. 달리 말하면 그는 헌법·제도와 관련된 정치구조를 배우는 것에 반대하며, 사람들에게 영향을 주고 시민이 주도하는 이슈와 생각을 강조했다. 어떤 사람들에게 이것은 '공민'—크릭이 무시한 것으로, 이른바 정치체제의 규칙에 대한 지루하고 오해의 소지가 있는 초점으로 인지된—과 혼동되었으며, 실제로 크릭과 비슷한 방식의 더 광범위하고 역동적인 '시민교육'이 개발됐을 때 세계의 일부 지역에서는 이 제목이 사용되었다. 또한 영국에서는 시민성이 더욱 다양하고 포용적이며 평등주의적인 접근 방식보다 신자유주의적인 기업형태를 강조하기 때문에 많은 사람들이 경계심을 늦추지 않아 혼란을 야기할 가능성마저 있었다(Kiwan, 2008).

시민교육의 수많은 쟁점 중에서는 아마도 다음 네 가지 논의가 핵심일 것이다.

첫째, 권리나 의무에 어느 정도 상대적 비중을 두는 것을 둘러싼 논의가 있다. 전자는 자유주의적 전통의 관점에서 보는 것이고, 후자는 시민적 공화주의 전통과 직접적으로 관련이 있다. 내가 권리를 갖고 있기 때문에(홀로 남을 권리를 포함해) 시민인가? 아니면 내가 다른 사람들, 아주 가까이 있는 이웃, 국가 그리고 지구에 의무를 다했기 때문에 시민인가?

둘째, 이러한 권리와 의무의 맥락이나 위치를 두고 격렬한 토론이 벌어지고 있다. 권리와 의무를 둘러싼 논의의 핵심 스펙트럼은 본래 제도상의 틀을 갖춘 고려사항과 연관이 있다. 어떤 사람들에 따르면, 공식적인 정치적·법적 지위와의 연관성에 근접할수록 우리는 점점 수사를 넘어 상황을 확실히 한다. 그런데 물론 지위를 강조하는 것은 일상의 현실을 무시할 수도 있음을 뜻한다. 예를 들어 일부 페미니스트의 관점은 우리가 선출한 대표들에 의해 제정된 것에 관여할 필요성을 강조할 뿐만 아니라 일상적인 맥락에서 권력의 중요성을 더 명확하게 볼 수 있게 한다.

셋째, 우리의 시민성이 무엇을 위한 것인지 물을 필요가 있다. 이를 위해 가장 많이 인용되는 개념 틀 중 하나는 웨스트하이머와 카네(Westheimer & Kahne, 2004)가 개인적으로 책임감 있고, 참여적이며, 정의 지향적인 관점에 중점을 두고 개발한 것이다.

　마지막으로, 교육 작업의 실제 상황에 더 가까운 것은 이행의 문제이다. 앞에서 언급한 바와 같이 어떤 사람들은 기풍이 필수적이라고 할 수 있는 매우 광범위하고 일반적인 접근방식을 선호하며, 또 어떤 사람들은 종종 '시민성'이라는 제목의 별도 과목으로 구성된 교육과정 활동의 중요성을 강조한다. 일부 국가에서는 건강교육 분야에서 젊은이들이 실제 자원봉사의 한 형태—자원봉사활동 여행voluntourism*이라고 말할 수 있는가?—인 '세계시민교육'이라는 이름의 활동에 참여할 기회가 종종 있다. 교육의 중심적 과정, 학교 또는 대학의 교과목, 주로 기풍과 관련된 것 그리고 일부는 종종 집에서 멀리 떨어진 장소로 이동할 수 있는 기회 등 시민성을 특징짓는 방식은 시민성이 구현되는 방식에 영향을 끼친다.

　시민성의 특징화에 대해 위에서 말한 선호도와 불확실성은 학교나 그 밖의 교육적 맥락에서 학생들과 함께 수행된다. 우리는 공식적인 교육과정 진술을 통해 특정 상황에서 의도된 것을 주목하게 된다.

　캐나다에는 국가교육정책이 없지만, 몇몇 주에서는 관련 교육과정을 개발했다. 온타리오주에서 시민과 교수요목은 정치적 탐구와 기술개발—시민적 각성, 시민적 참여와 행동—을 강조한다.** 호주에서는 최초 국가교육과정 개발에 대한 꾸준한 논쟁이 있다. '공민과 시민성'은 지식, 이해, 탐구 그리고 기법에 초점을 맞추고 있다. 내용은 정치적 변화에 따

* 봉사자volunteer와 여행tourism의 합성어인 '자원봉사활동 여행voluntourism'은 자원봉사보다는 여행에 초점을 둔 개념으로, 여행을 하면서 자원봉사활동에 참여하는 것을 뜻하는 새로운 여행방식이다. 자원봉사단체, 국제민간단체, 종교단체 등을 중심으로 전 세계에서 진행되고 있다. 마을 사람들의 일손을 돕거나 아이들을 가르치거나 자신의 전공을 활용해 각종 기술을 알려주는 것 등 다양한 참여 형태가 있다.
** http://www.edu.gov.on.ca/eng/curriculum/secondary/canworld910curr2013.pdf 참조.

라 검토되었으며, 학교에서 시행될 최종 형태를 관찰할 가치가 있다. 호주에서는 서구의 초점과 공민적 관점 의존을 둘러싼 몇 가지 논쟁이 있었다.* 영국은 핵심 개념(민주주의와 정의, 권리와 책임, 정체성과 다양성), 핵심 과정(비판적 사고, 지지 활동과 대표성, 정보 및 책임 있는 행동) 그리고 종국적으로 그 개념과 과정을 지원하는 다양한 내용을 담는 개념 틀을 짜기 위해 큰 노력을 기울였다. 개별 연구자들의 중요한 작업을 비롯해 학교 장학관들을 위한 국가연구개발재단NFER과 자치정부의 많은 지원이 있었지만(Whiteley, 2014), 이것은 시민교과(정부와 법률 제도에 관한 지식), 자원봉사 그리고 개인 재정 관리에 중점을 둔 교육과정으로 대체되었다.

---

* https://docs.education.gov.au/system/files/doc/other/review_of_the_national_curriculum_supplementary_material_0.pdf. 앤 투미Anne Twomey의 리뷰를 보라.

'국제교육성취도평가협회[IEA]'가 인용한 프로그램과 '국제시민교육연구[ICCS]'가 생산하는 풍부한 자료가 있다. 이런 주요한 국제적 연구는 http://iccs.iea.nl/에 서 찾을 수 있다.

Biesta, G. & Lawy, D. (2006). From teaching citizenship to learning democracy: overcoming individualism in research, policy and practice. *Cambridge Journal of Education*, 36(1), 63-79.

이 논문은 시민교육을 실시하는 데서 지나치게 개인주의적 접근방식으로 보는 시각을 비판한다. 젊은이들이 실제 배우는 방법에 더 철저하게 참여할 수 있도 록 연구, 정책, 실천을 두고 논쟁을 벌이기도 한다.

The Crick Report

크릭 보고서의 전체 제목은 '시민성을 위한 교육과 학교에서의 민주주의 수업 Education for Citizenship and the Teaching of Democracy in Schools'이며, 시민성 자문그룹의 최 종 보고서이다. 1997년에 영국 정부가 의뢰했으며, 1998년에 보고되었다. 크릭 보고서의 핵심 주장 ─ 사회성과 도덕성 발달, 지역사회 참여, 정치적 문해 력 ─ 은 많은 나라의 시민교육 발전에 큰 영향을 주었다. 가장 주목할 만한 것은, 영국의 국가교육과정 과목으로 개발된 시민교육이 일본에까지 영향을 끼쳤다 는 점이다(Ikeno, 2011 참고). ICCS 연구(http://www.iea.nl/iccs_2009.html)를 주 도하는 대학들과 citiED(www.citized.info) 같은 네트워크와 긴밀한 관계를 맺 고 있으며, 유럽 대륙(Council of Europe, http://www.coe.int/t/dg4/education 참 고)과 남미의 여러 지역도 뚜렷한 연계를 맺고 있다.

Dewey, J. (1916). *Democracy and Education*. New York: Macmillan.

이 책에 기술된 철학은 민주주의의 성장을 과학 실험방법의 개발, 생물과학의 진화 사상, 산업 재조직화와 연결하며, 이러한 발전이 가리키는 주제와 교육방법의 변화를 지적하는 데 관심을 둔다. 삶의 필요성, 교육의 목적, 도덕이론을 포함한 26개의 장이 있다. '경험'으로서의 교육에 관한 전체 생각이 중요하다.

Marshall, T. H. (2014). *Citizen and Social Class*. London: Pluto Press.

정치교육과 시민교육에 관심이 많은 사람도 1990년대까지는 사회학자 마셜T. H. Marshall의 학문적 저서에 크게 중점을 두지 않았다. 그런데 정부가 시민권에 정책적으로 관심을 기울이면서 변화되었다. 마셜은 18세기, 19세기, 20세기에 공민적 권리, 정치적 권리, 사회적(또는 복지) 권리가 각각 발전하면서 권리 관점이 중요해졌다고 주장했다. 그의 영향력은 매우 컸지만, 너무 낙관적이고 영국적인 것에 지나치게 초점을 맞추었으며, 여성주의와 환경주의 등을 배제하여 협소하다는 비판을 받았다. 이러한 비판적 맥락에서 마셜의 저서를 읽는 것이 중요하다. 딘(Dean, 2014)은 사회적 시민권을 세계시민권/시민성으로 자리매김할 수 있다는 흥미로운 관점을 제시했다. 이를 가능하게 하려면 마셜의 사고를 사회성과 협상의 관점에서 발전시킬 필요가 있다.

활동

크릭이 인식한 세 가지 시민성 교육을 시도한 세 가지 활동을 아래에서 보여준다. 물론 크릭이 의도한 대로 세 가지 요소를 뚜렷하게 구분하는 선은 없지만, 대략 첫 번째 활동은 지역사회 참여, 두 번째는 사회적·도덕적 책임, 세 번째는 정치적 문해력과 가장 쉽게 연결시킬 수 있다.

1. 다음의 활동은 자선사업의 한계와 관련한 쟁점을 탐구할 수 있는 기회가 된다. 시민성과 자선은 경쟁적이다. 어떤 사람들에게는 봉사활동과 자선사업이 좋은 시민성일 수 있다. 그러나 어떤 사람들에게는 대다수 사람들의 권리가

무시될 수 있고, 수표시민권'cheque book citizenship* 과 '클릭티비즘'clicktivism** 이 정치적 관여와 균형을 이루거나 대체되어야 한다는 것을 나타낼 뿐이다. 후원할 자선단체를 선택할 때 요구되는 피상적인 참고사항들은 물론이고 도전적인 근본주의 논쟁도 어느 정도 고려해야 한다.

여러분이 내릴 결정을 예시하는 다음 질문에 답하고, 각 응답에 타당한 논거를 제시하라.

후원할 자선단체를 선택하고 여러분의 선택을 설명하라.
- 가난한 사람들의 기본적 요구를 지원하는 국제적인 규모의 매우 큰 자선단체
- 사람들의 정신적 요구를 지원하기 위해 활동하는 지역 기반의 작은 종교단체
- 그 나라 사람들의 삶을 더 공평하게 하는 법률을 도입하기 위해 캠페인을 벌이고 있는 전국적 정당

재정적 후원을 요청할 사람을 선택하고 여러분의 선택을 설명하라.
- 개별 백만장자
- 기업체
- 가족 구성원

후원을 요청하기 위한 활동을 선택하고 여러분의 선택을 설명하라.
- 험준한 지형을 가로질러 10마일(약 16킬로미터)을 걷는다.
- 추운 곳에 사는 가난한 사람들에게 보낼 따뜻한 옷을 만든다.
- 현대 산업과 지구 온난화의 연관성을 밝히는 연구를 진행하기 위해 서명 내용을 작성하고 서명자를 모집한다.

---

* 교통위반 등 모든 것을 돈(수표)으로 해결하는 시민권을 비판하는 말이다.
** '클릭티비즘'은 '클릭Click'과 '행동주의Activism'의 합성어로, 인터넷상에서 일어나는 정치사회적인 지지 목적의 참여와 행동을 뜻한다. 소셜미디어를 활용해 시위를 조직하는 활동가를 가리키는 말로 종종 쓰이기도 하는데, 이는 SNS를 통해 아랍의 봄과 월가 점령시위가 확산한 데 따른 것이다. SNS를 통한 온라인상의 참여는 시공간적 제약을 벗어나 이슈를 제기하고 확산하는 데 적극적으로 개입할 수 있다는 장점이 있다. 그러나 참여가 일시적 관심이나 상황적 관여에 그칠 수 있어서 SNS에만 의존한 클릭티비즘은 근본적인 사회 변화와 개혁을 추동하기에 역부족이다.

홍보 방법을 선택하고 여러분의 선택을 설명하라.

- 연사를 학교에 초빙한다.
- 지역 라디오 방송국을 섭외한다.
- 사람들에게 자선의 중요성을 설득하기 위해 집집마다 전화를 건다.

2. 다음 활동에서 사회적·도덕적 책임을 포함하는 다양한 문제에 질문이 제기
   된다.

   긴장 속에 살고 있는 서로 다른 공동체를 다룬 미디어를 검토하라. 선택할 수
   있는 것은 아주 많다. 흥미를 끄는 사례를 http://www.independent.co.uk/
   news/world/europe/hungary-in-crisis-tensions-with-its-gypsy-population-
   threaten-to-rip-the-eastern-european-country-2307903.html에서 볼 수 있
   다. 우리가 제공한 링크에서 볼 수 있는 이 기사는 공동체가 더불어 살아가면
   서 마주치는 다양한 이슈들을 개략적으로 설명하는 데 도움이 된다. 물론 다
   양성은 사회에 늘 존재하고 그 때문에 해결해야 할 난제가 많지만, 대체로 (사
   회적·경제적으로·문화적으로) '큰' 이점이 있다. 그런데 생각과 생활 관행이 충
   돌할 때 해야 할 '올바른' 일은 무엇인가? 문화적 가치와 상관없이 모든 사람
   이 무엇에 접하고 무엇에서 자유로워야 하는지를 확인하는 것은 가치 있는
   일인가?

3. 다음 활동에서 정치적 문해력과 관련된 쟁점을 탐구할 기회를 마련한다.

- 16세에 투표?

   16세에 투표하는 것을 허용해야 하는가? 여러 국가의 사례 연구를 살펴보
   자(예를 들면 오스트리아 http://www.independent.co.uk/news/world/europe/
   austria-opens-the-polls-to-16-year-olds-943706.html).

   또한 투표할 수 있는 나이를 규정한 전 세계적 사례를 생각해보자. 다음 예
   에서 16세 선거권을 둘러싼 찬반논쟁의 일부를 볼 수 있다(표 9.1).

	16세에 투표할 수 있다	16세에 투표해서는 안 된다
(나이와 관련된) **발달 논쟁**	16세는 충분히 똑똑하고 성숙하다.	투표권은 지능이나 성숙도에 기초하여 주어지지 않는다.
투표율 증가에 따른 참여율 향상	16세 투표는 투표율을 증가시킬 것이다(예를 들면 스코틀랜드 국민투표).	투표율 증가는 오래가지 않는다.
세금	젊은이들은 상점에서 물건을 구입할 때 간접적으로 세금을 내며, 학교를 떠나 노동할 수 있다.	젊은이들은 아주 어릴 때부터 상점에서 물건을 구입한다. 실제로 소득세를 내는 16세 젊은이는 거의 없다.
인구 통계	인구가 고령화하고 있기 때문에 젊은이들이 투표하는 습관을 갖게 해야 한다.	사회 대부분의 것들이 점점 더 제한받고 있다. 예를 들어 불꽃놀이와 담배 구입에는 이전보다 더 제한적인 규정이 따른다. 16세의 젊은이들은 군대에 가거나 결혼을 하지 않는 경향이 있다.
보호와 자율	젊은이들은 독립할 필요가 있다.	젊은이들은 공식적으로 취약한 존재로 인식될 필요가 있다. 그렇지 않으면, 신자유주의 정부가 그들을 이용할 또 다른 기회로 보기 때문에 그들 각자의 힘으로 살아가야 한다.
다른 집단과의 동등성	차별이 발생하지 않게 하는 것이 중요하다. 때때로 이런 논쟁이 벌어질 때, 여성에게 선거권을 부여하기 위한 캠페인과 연관된다.	모든 젊은이들은 같은 나이에 투표할 수 있다. 아무런 차별이 없다. 연령 제한과 성별 제한을 비교하는 것은 부적절하다.

표 9.1. 16세 선거권을 둘러싼 찬반논쟁

10

사회정의교육

Social Justice Education

1980년, 인도 최초의 여성 총리 인디라 간디 Indira Ghandi는 사회정의를 정부의 목적 가운데 하나로, 그리고 교육을 이 목적을 달성하기 위한 핵심 도구로 확정한 연설을 했다. 20년 후인 2000년에 사회주의 공화국 쿠바의 대통령 카스트로 Fidel Castro는 연설에서 40년 동안 정부가 교육정책을 바탕으로 사회정의를 위해 투쟁해왔다고 강조했다. 2009년, 미국 오바마 정부의 교육부 장관을 지낸 던컨 Arne Duncan은 "교육은 우리 세대의 시민적 권리 문제라고 생각한다. 훌륭한 가르침은 교육을 넘어선 사회정의를 위한 일상의 싸움이다"라고 말했다. 다른 맥락에서 우리는 이 책의 도입부에서 말한 전 지구적 사회정의를 위한 우리의 약속을 강조한다. 위에서 보여주는 사회정의교육의 관련성 사례는 전 세계에서 찾을 수 있다. 어떤 사람들은 공개적으로 사회정의 개념에 동의하지 않는다. 그러나 간디, 카스트로, 던컨을 비롯하여 우리 각자가 언급하는 사회정의가 무엇을 뜻하는지 이해하는 것은 매우 다를 수 있다. '세계시민교육'과 '사회정의'의 연계성을 확립하라는 주장이 제기될 때, 세계시민교육이 무엇인지 사회정의가 무엇인지 질문할 것이다.

이 장에서 우리는 사회정의교육을 바라보는 서로 다른 관점과 이 관점들이 세계시민교육에 접근하는 다양한 방식을 요약할 것이다.

우리는 사회정의를 정의할 수 있는가?

첫 번째 제기되는 질문은 '글로벌' 차원의 사회정의의 가능성과 바람직함이다. 세계적으로 사용되고 있는 사회정의의 개념을 정의할 수 있을까? 코널리^{William Connolly}가 썼듯이 "일련의 정체성과 책임이라는 기준이 없다면 윤리적 차별의 가능성은 없을 것이다. 하지만 그러한 역사적 구성의 적용은 그것이 적용되는 사람들에게까지 폭력을 초래한다."(Connolly, 1991, p.12). 이 말을 교육에 적용하면 질문은 이렇다. 우리는 교육적 실천 그리고 교육체제와 제도를 조직하는 방법을 알려주는 규범적 지시 대상 ─ 유토피아 세계의 이미지 ─ 이 필요하며 또 원하는가?

어떤 사람들에게는 '사회정의'를 인간의 개념으로 설명할 수 있는 것을 정의하는 것이 필수적이다. 우리는 그것을 '정의'가 무엇이고 '불의'가 무엇인지를 어떻게 식별할 수 있는가? 이와 대조적으로, 어떤 사람들에게는 전 지구적 윤리가 그 자체로 불가능하고 비윤리적이다. 철학자 매킨타이어^{Alasdair MacIntyre}는 자신의 저서 《누구의 정의인가, 누구의 합리성인가?》(MacIntyre, 1988)에서 정의의 개념이 역사적 · 지리적으로 어떻게 구성되었는지 고찰한다. 그리고 정의의 규정이 모든 인간에게 항상 보편화할 수 없는 일련의 가정을 함의함을 논의한다. 어떤 측면에서 사회정의를 정의하는 단순한 행위는 사회정의의 의미를 다르게 이해하는 사람들에게는 강요로 간주될 수 있다. 매킨타이어의 이해에서는 사회정의의 글로벌 개념을 구성하는 것 자체가 바람직하지 않고 불공정한 것이라고 할 수 있다. 여기에서의 딜레마는 '사회정의'와 '교육'의 관계성이 불가능하다고 묘사할 정도로 매우 심각하다(Biesta, 2016). 사회정의가 무엇인지 정의할 수 없다면 어떻게 사회정의를 지향하는 교육을 할 수 있을까? 그리고 만약 '사회정의'를 바라보는 우리의 견해를 다른 사람들에게 강요하여 이루어진 사회정의에 대한 약속은 실패한 것일까? 이 물음은 다음에서 자세하게 논의할 것이다.

사회정의의 차원과
세계시민교육과의 연계

비록 우리가 사회정의를 정의할 수 있다고 해도, 이 용어로서의 정의는 역시 논쟁의 여지가 있다. 샌델Michael Sandel은 서양의 전통에서 정의에 대한 세 가지 다른 이해를 파악했다. 공리주의자들(예를 들면 벤담, 밀)은 정의를 최대 다수를 위한 최대 행복으로 이해했다. 공리주의자들의 생각에 따라 법은 가장 많은 수의 시민들에게 권한을 부여해야 한다. 자유주의자들(예를 들면 칸트, 롤스)은 개인에게 우선권을 부여한다. 개인의 어떤 권리(예컨대 언론의 자유 같은)는 집단의 욕구를 넘어서야 한다고 본다. 공동체주의자들(예를 들면 매킨타이어, 샌델)은 개인은 자신이 속한 공동체와 연계될 수밖에 없다고 주장한다. 그러므로 정의는 각각의 특별한 공동체의 시각에서 규정될 필요가 있다. 그러나 세 가지 접근방식은 정의의 서구적 이해를 대표할 뿐이다. 비서구적 전통은 정의를 다른 용어로 설명한다. 예를 들어 리쩌허우*는 정의의 개념을 비판하기 위해 유교 철학을 끌어들인다. 그는 오히려 사회적 조화에 기반을 둔 도덕적 감각을 옹호한다.

안타깝게도 전 세계에 존재하는 정의에 대한 각각의 모든 접근방식을 이 책에서 설명하는 것은 불가능하다. 우리는 철학자 프레이저(Nancy Fraser, 2009)가 밝힌 세 가지 차원의 정의 ─ 분배, 인정 그리고 참여 ─ 논의에 집중했다. 우리는 이 세 가지 차원의 정의와 세계시민성, 세계시민성 교육을 위한 함의를 논의한다.

분배 정의

분배 정의는 자원과 재화가 사회 내에서 배분되는 원리를 말한다. 분배 정의의 중요한 이론가인 롤스John Rawls에 따르면, 정의 지향적 사회에서는 모든 개인에게 동등한 권리와 자유가 있다. 그리고 사회적·경제적 자원은 동등하게 배분된다. 예를 들어 교육의 장에서는 모든 아이들이 학교에서 교육받을 권리와 이 권리가 보장될 수 있는 자원(예를 들어 학교)을 생각할 수 있다. 그런데 롤스는 '공평한 배분'을 말할 때, 이들 자원이 어떻게 공평하게 배분될 수 있는지를 질문한다. 〈표 10.1〉은 '공평한 배분' 개념에서 출발한 서로 다른 질문의 예를 보여준다.

---

* 李澤厚(리쩌허우, 1930~)는 중국의 철학자·미학자로, 동서양 철학을 넘나들며 독자적 사상체계를 구축한 현대 지성계의 거목이다. 천안문 사건 이후 1992년 미국으로 떠나 콜라라도대학 객원교수로 재직하고 있다.

질문	대답	의미	사례
공평한 배분은 무엇을 뜻하는가?	평등	모든 개인은 동일한 자원을 받는다.	모든 개인은 똑같은 조건에서 똑같은 시험에 합격해야 한다.
	공평	개인은 서로 다른 자원을 받는다: 사회의 가장 최저 계층을 위해 최대의 혜택을 제공한다.	일부 사람들은 시험에 어느 정도 적응한다(예를 들어 서로 다른 질문과 더 긴 시간 부여).
각 개인이 서로 다른 자원을 받는다면, 이들 자원 문제를 결정하는 데 어떤 기준을 사용할 것인가?	필요	각 개인은 자신의 필요에 따라 자원을 받는다.	특별한 도움이 필요한 학생들이 추가 지원을 받는다.
	업적	각 개인은 자신의 업적에 따라 자원을 받는다.	높은 학업성적을 거둔 학생들이 추가 지원을 받는다.
우리는 어떻게 자원을 공정하게 배분하는가?	기회	각 개인이 동일한 기회를 얻을 수 있도록 자원을 제공한다.	성적이 좋은 학생이 고등교육을 받을 수 있도록 장학금을 제공한다.
	결과	자신의 능력이나 지위와 상관없이 각 개인이 동일한 결과를 얻을 수 있도록 자원을 제공한다.	고등교육에서 장학금이 실제 존재하는 것을 보장하려면 소수 집단에게 제공되어야 한다.
	무상의 접근 기회	모든 개인은 자원을 무상으로 이용할 수 있다.	고등교육은 모든 학생에게 무상이다.

(표 좌측 세로 항목: 평등한 배분)

표 10.1 분배 정의에 대한 다양한 접근

세계시민성 측면에서 볼 때, 현대 세계의 불공평한 자원 분배를 고려하면 분배적 정의로서의 사회정의는 특히 연관성이 크다. 경제적 세계화* 는 부유한 북반구와 가난한 남반구 사이의 경제적 불평등을 야기하는 원인이다. 세계시민교육을 '자격화'의 차원에서 이해한다면, 전 세계 모든 학

* '세계화globalization'는 본래 우리가 살고 있는 이 세계가 하나의 '구체globe'라는 사실에서 파생한 개념으로, 지구는 하나이며 그 위에 존재하는 만물이 운명을 같이하는 하나의 줄로 이어져 있다는 의미가 있다. 이런 세계화 현상은 민족적·문화적·지리적·역사적 차이와 제한성에도 불구하고 지방들 상호간의 사회적 관계가 세계적으로 확대·심화하여 어느 한 지방에서 일어나는 일이 다른 한 지방에서 일어나는 일의 원인이 되는 현상의 보편화라고 볼 수 있다.

생에게 글로벌 역량을 가르친다는 것이 사회정의의 문제인지에 대한 물음이 제기된다. 공식교육의 전 세계적 확장은 모든 아이들에게 공평한 기회를 제공하는 토대가 될 것이다. 전 세계의 학생들이 글로벌 역량에 대한 교육을 받는다면, 이들 모두 글로벌화한 세계에서 성공할 수 있는 공평한 기회를 얻을 것이다.

또한 세계시민교육은 다른 나라에 불공평을 야기할 수 있다. 이 나라들은 평등한 기회의 신화 너머에 인간을 경제적 사원으로 보는 '인간자본'의 관점이 존재한다고 주장한다. 이런 측면에서 볼 때 학생들에게 '글로벌 역량'을 가르친다는 것은, 세계화에 필요한 글로벌 역량이 무엇인지 결정할 수 있는 힘을 가진 경제적·정치적 엘리트층과 일자리 확보를 위해 글로벌 역량을 배워야 하는 사람들 사이의 불평등만 증대시킬 것이다. 이들은 '주체화subjectification'* 접근을 통한 세계시민교육만이 불평등한 자원 배분과 억압적인 세계체제를 조명함으로써 사회정의에 기여할 수 있다고 말한다.

인정 정의

인정 정의recognition justice는 규범·가치·행동을 포함하는 어떤 정체성과 문화가 다른 정체성과 문화보다 더 가치 있다는 가정에 바탕을 두고 있

---

* 탈사회화를 추구하는 주체화는 아이들이 서로 의존하고, 자신이 살고 있는 정치적·사회적·경제적 질서에서 벗어나 자율성/주체성을 갖추는 일이다. 주체화를 위한 자율의 실천은 타율의 습관화를 통하지 않으면 달성될 수 없다. 개인과 사회의 균형 추구가 제2의 본성인 민주적 인성을 형성하는 것으로서 공동선을 위해 사회를 주체화한다. 오늘날 민주주의, 정치 행위자, 민주적 주체가 되는 탈-동일시로서 주체화 개념은 기존 질서를 넘어선 새로운 탄생으로서 민주주의의 실험이나 사건으로서 개입하는 학습에 초점을 맞춘다.

다. 예컨대 전통적으로 여성의 역할이라고 간주된 돌봄과 집안일은 전형적으로 남성의 역할과 연관되는 유급 고용보다 가치가 덜한 것으로 여겨지는 경우가 많다. 이런 점에서 인정 정의 이론가들은 일부 집단의 정체성과 문화적 가치에 대한 잘못된 인정과 맞서 싸우려 한다.

호네트(Axel Honneth, 1995)는 '인정의 정치politics of recognition'*로 불리는 철학의 철학자 중 한 사람이다. 그는 우리의 정체성이 다른 사람들과 연관되어 형성된다고 이해한다. 따라서 사회정의가 무엇인지 이해하려면, 다른 사람들의 견해가 우리의 인식에 어떤 영향을 끼치는지 생각해 볼 필요가 있다. 호네트의 관점에서 사회정의는 지배적 해석에 의존하지 않는 대안적 '가치가 있는' 개념의 구성이다. 앞의 예에서 우리가 가치 있다고 여겨지는 것에 관한 지배적 개념을 사용해 무상 돌봄 활동에 일생을 바친 어떤 사람의 삶을 잘못 인정한다면, 이것은 그 사람을 인식하는 방식에 부정적 영향을 줄 수 있다.

영Marion Iris Young은 인정 정의 이론을 제안한 또 다른 핵심 학자이다. 영(Young, 2011)에 따르면, 사회정의를 생각할 때 우리는 개인뿐 아니라 개인이 속한 집단의 사고와 쟁점을 고려할 필요가 있다. 영은 사회에서 일부 개인이 다른 집단을 지배할 뿐만 아니라, 특정 사회집단이 다른 집단을 지배하고 소외시키는 상황을 목격할 수 있다고 주장한다. 영의 견해에 따르면, 사회정의는 억압적 관계에서 집단의 자유와 연관이 있다.

인정 이론은 포스트식민지 이론가들에 의해 사회화 관점에서 세계시

---

* 개인의 정체성은 '인정 관계' 속에서도 형성된다는 사실을 숙지할 필요가 있다. 내가 어떤 존재이고, 어떤 존재가 되어야 하고, 또한 되고 싶은지는 사회적 인정 관계 속에서 대답되고 상상된다. '인정'을 위한 개인의 투쟁과 사회의 투쟁을 동시에 요구한다. 사회가 급격히 변동하는 시기에는 누구나 자신이 누구인지를 묻고 있으며, 이러한 물음은 사회적 인정 관계를 동반한다.

민교육을 비판하기 위해 사용되었다. 영은 자신의 글 〈억압의 다섯 얼굴 Five Faces of Oppression〉에서 문화제국주의를 집단이 억압받는 방법의 하나로 정의하면서 "지배적 집단은 다른 집단을 지배적 규범의 척도 아래에 두어 자신의 입지를 강화한다"고 설명한다. 지배집단의 문화적 표현만이 널리 보급되기 때문에 그들의 문화적 표현은 정상적이거나 보편적이 되며, 그래서 일반적인 것이 된다(Young, 2011, p. 59). 인정 이론의 렌즈를 통해 세계시민교육을 판단해야 할 경우 세계시민성의 보편적 형태가 가능하고 바람직한 것인지, 또는 호네트의 이론에 따라 세계시민교육을 판단해야 할 경우 그것이 대안적 형태인지 고려해야 한다.*

참여 정의

참여 정의participatory justice는 개인과 집단이 사회에 정치적으로 참여하고 정치적 행위를 통해 영향을 미치기 위한 실제 가능성을 말한다. 개인과 집단은 참여를 통해 우리 사회가 어떤 모습일지를 결정하는 어느 정도의 기회를 마련할 수 있다. 이런 면에서 대표성의 결여는 정치적 불의의 사례로 간주되기도 한다.

---

* '분배Umverteilung/retribution'와 '인정recognition'이라는 용어는 철학적 의미와 정치적 의미를 동시에 지녔는데, 오늘날 시민사회에서 벌어지는 여러 투쟁을 나타내는 '사회정의'에 대한 대중적 패러다임을 말한다. 낸시 프레이저는 모든 사회 구성원의 동등한 사회참여를 가능하게 하는 물질적·상호주관적 조건의 확보를 사회정의로 규정하면서 경제적 불평등 해소와 문화적 인정 확대를 사회변혁의 규범적 목표로 설정한다. 이에 반해 악셀 호네트는 모든 사회 구성원의 동등성과 특수성이 제도적으로 인정됨으로써 사회적 포함의 범위가 넓어지고 개성의 신장이 이루어지는 것을 한 사회의 도덕적 진보로 규정한다. 물론 이러한 진보는 사회적으로 무시당한 사람들의 인정투쟁을 통해 추동된다. '인정'은 기저에 놓인 틀들은 변화시키지 않고 결과적인 인정 상태만을 변화시키고자 하는 '긍정적' 접근과 기저의 틀 자체를 변화시키고자 하는 '변혁적' 접근을 포함한다.

오늘날 참여 정의는 그 어느 때보다 더 적절성이 있다. 철학자 프레이저는 자신의 책《정의의 규모: 지구화한 세계에서 정치적 공간에 대한 새로운 상상》(2009)[*]에서 세계화의 가속화가 몇 가지 새로운 형태의 억압을 어떻게 발생시켰는지 다음과 같이 설명한다.

1. 영의 저서(2011)의 맥락에서 볼 때 프레이저는 국민-국가에서 대의민주주의가 다수자 집단의 이익에 도움이 되는 경향이 있는 반면 소수자 집단의 이익은 잘못 대변하는 경향이 있다고 이해한다.
2. 프레이저는 세계화의 가속화가 국민-국가의 경계선 밖에서 사는 많은 사람에게 기여한다고 설명한다. 이민자, 난민, 학생과 그 밖의 사람들은 자신이 살고 있는 국가의 대표성이 부족하다. 그리고 어떤 경우 일부 사람들은 국가 시민권, 즉 그들의 대표성을 가능하게 하는 어떤 틀도 부족하다.
3. 프레이저는 글로벌 민주주의의 부재를 숙고하면서 경제적 지위나 국가의 시민권으로 인해 어떤 개인이 다른 개인보다 세계에서 일어나는 일에 어떻게 큰 영향을 끼치는지를 강조한다. 프레이저의 관점에서 볼 때 공평한 정치 참여의 결여는 글로벌 사회정의를 위한 어떤 가능성에도 도전한다.

---

* 프레이저는 기존의 여러 정의론이 영토국가와 경제적 재분배 문제라는 틀에 갇혀 있다고 비판하면서, 지구화 시대에는 정의의 새로운 틀을 구성해야 한다고 주장한다. 저자는 20세기의 주요 사상가들과 사회운동을 비판적으로 계승해 세계화 시대에 걸맞은 정의의 '내용'(무엇의 평등인가)과 '당사자'(어떤 사람들 사이의 평등인가) 그리고 '방법'(지구화하는 세계에서 정의의 요건들을 성찰할 수 있는 유효한 틀은 무엇인가)을 규정하고, 정의와 관련해 상충하는 견해들을 모두 아우를 수 있는 성찰적·민주적 정의론을 정립한다. 나아가 정의 문제의 다원성을 인정하고, 그 문제를 해결하는 데서 구속력을 갖춘 결정을 내릴 수 있는 비판적·민주적·제도적 이론을 제시한다. 또한 저자는 '세계화 시대의 정의란 도대체 무엇인가' '정의는 얼마만큼의 경제적 불평등을 허용하는가' '어떤 분배 정의의 원칙에 따라 얼마만큼의 재분배가 요구되는가' '동등한 존중의 내용은 무엇인가' '어떤 종류의 차이들이 어떤 방법으로 공적인 인정을 받을 만한가'라는 근원적 질문을 던진다.

프레이저의 논점에서 보면 참여 정의는 세계시민성 논의를 어느 정도 설명한다. 7장과 9장에서 논의한 바와 같이, 시민성은 전통적으로 시민 다움에 권리와 책임을 부여하는 국민-국가와 연관되어 있다. 이러한 권리들 중 하나는 정치적 참여이다. 그러나 우리가 '세계시민성'을 말할 때, 어떤 전 지구적 조직이 이 권리를 보장하는지 궁금할 수 있다(Held & McGrew, 2005). 유엔과 유네스코와 같은 관련 기관은 인권을 강조함으로써 참여권을 보호한다. 이런 관점에서 세계시민교육은 확립된 기제를 사용하여 참여를 촉진해야 한다. 우리는 이런 방식의 세계시민교육을 사회화* 기능으로 간주한다. 예를 들어 세계시민교육을 통해 젊은이들은 '청소년 글로벌 포럼'에 참여하는 방법을 배워야 한다. 이런 제도들은 다른 사람들에게는 이같은 권리를 보장하지 않는다. 그리고 이것들은 그 자체가 비민주적 기관이며, 그래서 전국적으로 더 명확하게는 세계적 차원에서 다루어지는 어떤 조치도 취하지 않는다. 이런 의미에서 세계시민교육은 구조, 형태 그리고 아마도 전 지구적 협치 자체의 제도에 도전함으로써 사회정의에 부분적으로 기여할 뿐이다.

---

* '사회화socialization'란 아이들이 현행 교육의 실제 내에서 잘 살아가도록 특정의 사회적·문화적·정치적 질서와 가치와 전통을 잘 알게 하고 아이들이 행동하는 방법을 잘 학습하였는지를 확인하는 것이다. 아이들은 모방의 기계라고 할 수 있다. '사회화'는 어린시기에는 모방에서 시작한다. 평생의 과정에서 1차적 사회화는 사회의 성원이 됨으로써 개인이 겪는 최초의 사회화이다. 제2차 사회화는 이미 사회화된 개인을 사회의 객관적 세계로 유도하는 잇따른 사회화이다.

결론: 사회정의 지향적
세계시민교육은 어떤 모습일까?

사회정의교육social justice education을 둘러싼 논의는 세계시민성과 교육을 둘러싼 핵심적 쟁점을 규명하는 데 도움을 준다. 첫째, 사회정의 지향적 세계시민성을 정의하는 것이 가능하고 바람직한가? 사회정의로서의 세계시민성은 역사적·지리적으로 구성된다. 따라서 세계시민에 대한 단일한 정의를 찾으려고 한다면, 어떤 '글로벌 속성'이 다른 속성보다 더 가치 있는 것으로 간주되어 '인정적 불의'에 빠질 수 있다. 둘째, 사회정의 지향적 세계시민교육이 어떤 모습일지 누가 결정하는가? 다시 말해 어떤 사람이 사회정의 지향적 세계시민성이 무엇인지 결정하는 데 왜 더 큰 영향력을 발휘할 자격이 있는가? 셋째, 사회정의 지향적 세계시민성의 대안적 견해를 감안한다면, 어떻게 해야 이러한 차이가 불평등을 증대시키지 않도록 보장할 수 있는가? 이를테면 모든 언어가 동등하게 가치 있고 보존되도록 하기 위해, 우리 각자가 모국어로만 아이들을 가르친다면, 그 언어가 지배적인 아이들(예를 들어 영국인, 아랍인, 스페인 아이들)이 더 많은 자원에 접근할 가능성이 있는가? 우리는 이 장의 초입에서 대부분의 사람들이 사회정의를 옹호하면서도 사회정의교육이 불가능하다고 여길 수 있음을 보았다. 비에스타(Biesta, 2014)가 제시했듯, 어쩌면 우리에게 남겨진 유일한 선택은 다른 사람들에게 '이 점에 대해 어떻게 생각하는가?'라고 계속 물으면서 이 질문에 우리 스스로 대답하는 길밖에 없다.

참고문헌과 간략한 해설

Fraser, N. (2009). *Scales of Justice: Reimaging Political Space in a Globalizing World*. New York: Columbia University Press.

이 책에서 프레이저는 사회정의에 대한 이해와 지구화 과정이 자신의 관점에 어떻게 영향을 미치는지를 설명한다. 〈지구화한 세계에서 정의의 새로운 틀 짜기 Reframing justice in a globalized world〉 장을 특히 조명하는 것을 볼 수 있다. 프레이저는 재분배-인정 딜레마에 대한 자신의 견해를 요약하면서 이 장을 시작하고, 이어서 참여 정의의 차원과 세계화가 참여적 실천의 틀을 다시 설정하는 방법을 심층적으로 논의한다.

Harvard University(2011). *Episode 7 and 8 justice with Michael Sandel.* http://www.justiceharvard.org/2011/02episode-07/#watch.[video file]

이 에피소드는 샌델이 정의·평등·민주주의·시민성을 강의한 하버드대학의 온라인 과정에서 정의를 설명하는 부분이다. 웹사이트는 12개 에피소드와 토의 포럼, 정의에 관한 샌델의 저서 e-버전 링크를 포함한 다른 여러 자료를 담고 있다. 에피소드 7, 8에 중점을 둘 것을 추천한다. 이 에피소드에서는 롤스의 정의 이론을 자세하게 설명한다. 롤스 이론의 주요 논의를 더 잘 이해하는 데 도움이 되는 초급·상급 안내서를 포함한다.

North, C. (2006). *More than words? Delving into the substantive meaning(s) of 'social justice' in education. Review of Education Research*, 76(4), 507-35.

이 논문에서 노스Connie North는 사회정의를 개념화하기 위한 철저한 틀을 제공한다. 노스는 저명한 서양철학자들과 사회이론가들의 작업을 사회정의와 관련된 다른 영역과 딜레마에 끌어들인다. 특히 중요한 것은 노스가 사회정의에 접근하는 방식 그리고 교육에 관한 다른 연구 결과와 이론적 관점을 연결하는 고리이다. 본문은 사회정의와 세계시민성, 세계시민교육의 서로 다른 관점을 연결하는 개요를 설명하지는 않지만, 이 논문은 서구적 전통의 사회정의교육 분야에 대한 심층적 분석을 제공한다.

Sant, E., Lewis, S., Delgado, S. & Ross, E. W. (2017). Social justice. in I. Davies, L. C. Ho, D. Kiwan, A. Peterson, C. Peck, E. Sant & Y. Waghid (Eds). *The Palgrave handbook of global citizenship and education*. London: Palgrave Macmillan.

Shultz, L. (2015). Decolonizing UNESCO's post-2015 education agenda: global social justice and a view from UNDRIP. *Postcolonial Directions in Education*, 4(2), 96-115.

이 논문에서 슐츠Lynette Shultz는 유네스코가 가정한 세계적 차원의 사회정의를 분석하기 위해, 이 장에서 제시한 것과 비슷한 틀을 '유엔 원주민 권리선언UNDRIP'에서 빌려온다. 슐츠는 1990년부터 2015년까지의 '모든 사람을 위한 교육 의제EFA'를 검토하고, 이후 유네스코의 '2015 이후의 교육 의제'와 '유엔 원주민 권리선언'에 초점을 맞춘다. 슐츠의 '유엔 원주민 권리선언' 분석은 사회정의에 대한 다른 접근방식이 글로벌 차원의 세계시민교육 정책과 발안을 검토하는 데 사용될 수 있는 사례로 이해될 수 있다.

Shultz, L. (2017). Equality. in I. Davies, L. C. Ho, D. Kiwan, A. Peterson, C. Peck, E. Sant & Y. Waghid(Eds).*The Palgrave handbook of global citizenship and education*. London: Palgrave Macmillan.

저자는 이 책에서 세계화가 가속화할 때 사회정의 개념에 대한 서로 다른 접근을 검토한다. 첫 장 〈사회정의〉에서는 낸시 프레이저가 설정한 틀인 세계시민교육과 사회정의의 연관성을 검토한다. 두 번째 장 〈평등〉에서는 탈식민주의적 렌즈를 통해 사회정의를 탐구하고, 사회정의 논의에 기본이 되는 존재론적 가정을 검토한다.

활동

다음의 활동은 이 장에서 기본이 되는 서로의 이론에 대한 이해 증진이 목표이다. 첫 번째 활동은 이론 지향적인 데 비해, 두 번째 활동은 실천과 더 연관이 깊다.

1. 소설가 엔라이트Anne Enright는 아일랜드 반군과 애국자의 매장·재-매장을 논의하는 에세이를 썼다(http://www.Irb.co.uk/the-paper/v37/n24/anne-enright/antigone-in-galway). 엔라이트는 이 상황이 본래 '골웨이의 안티고네'라는 것을 시사하면서 소포클레스의 고전극과 연결시키고 있다. 소포클레스의 본래 희곡을 번역한 작품이 많다. 특히 히니Seamus Heaney의 버전(테베의 매장[*])은 누구에게 충성을 다해야 하는지 질문을 던진다. 선택을 해야 할 때, 우리 사회의 규칙과 일치하지 않더라도 자신이 옳다고 생각하는 바를 행할 수 있는가? 만약 그 규칙들이 공정하게 또는 불공평하게 합의되었다면, 우리의 결정에 다른 영향을 주는가? 대다수 사람들이 무언가를 결정했다면, 그것만으로 우리가 법을 따르기에 충분한가? 이 세계 대부분의 사람들이 무언가를 결정했지만, 그 결정을 지지할 수 있는 공적으로 제정된 법이 없다면 어떻게 되는가? 이 장에서 논의된 이론을 적용해 이러한 질문들에 대해 고찰해보라.

2. 다음 활동에서 우리는 특정 시나리오를 바탕으로 사회정의를 둘러싼 다양한 견해에 대해 토의할 것을 제안한다.

   아르헨티나의 부에노스아이레스에 있는 주립음악학교의 사례이다. 작년까지 교사들은 해마다 음악 경연대회를 주최했다. 우승한 학생은 이듬해에 음악자

---

[*] 소포클레스의 비극 〈안티고네〉에서 안티고네는 매장이 금지된 오빠 폴리네이케스의 시체에 모래를 뿌려 장례의식을 치르다가 테베의 왕 크레온에게 벌을 받아 죽게 된다. 안티고네는 크레온의 권력이 두려웠지만 사랑이라는 신념을 지키고자 했다. 가족의 죽음을 슬퍼하고 애도하는 것이 권력에 복종하는 것보다 더 중요했기 때문이다. 소포클레스의 비극 〈안티고네〉는 안티고네가 권력의 두려움을 극복하고 오빠를 매장하기까지 신념을 지키기 위한 인간의 고뇌를 보여준다. 오이디푸스의 딸 안티고네는 부정한 힘에 반항하는 인간, 자신의 신념을 지키고 부정과는 타협하지 않는 인간으로 묘사된다.

료 장학금을 받았다. 대회에는 모든 학생들이 참가할 수 있다. 작년에는 20명의 학생들이 참가했는데, 그중에 엘리자베스와 웨이라가 있었다. 엘리자베스는 특별히 헨델의 〈아베마리아〉를 공연했다. 2년 전에 볼리비아 안데스에 있는 작은 마을에서 온 웨이라는 자작곡 공연으로 교사들을 놀라게 했다. 교사들은 모든 학생 중에서 엘리자베스의 공연이 특출하다는 데 동의했다. 웨이라의 실력도 뛰어났지만, 교사들은 엘리자베스의 실력과 비교할 만큼 안데스 음악을 잘 알지 못했다. 긴 논쟁 끝에 교사들은 엘리자베스의 우승을 결정했다. 교사들은 이제 다음 해에 적용할 대회 규칙을 개정하기 위해 고민한다. 교사 네 명의 생각을 알아보자.

로사 아나: 미국 문화에서 케추아 문화의 중요성을 인식하기 위해 안데스 음악에 더 익숙한 사람을 고용해야 한다고 제안한다. 누가 우승자인지 결정하는 데 이 사람이 도움이 될 수 있음을 알고 있다.

아메드: 로사 아나의 제안은 비용이 들고, 결과적으로 장학금이 줄어들 것이라고 지적한다. 그는 모든 학생에게 장학금을 재분배할 것을 제안한다. 몇몇 가족들은 음악 자료를 살 여유가 없기 때문에 음악학교를 그만두는 문제를 고민하고 있다.

마리아: 웨이라가 클래식 음악을 공연하지 않았다고 생각한다. 대회 규칙은 모든 사람에게 적용되어야 한다. 여기는 민속음악학교가 아니라 고전음악학교이다. 규칙을 따르지 않은 한 명 때문에 경연대회의 내용을 변경해서는 안 된다.

마르셀로: 일부 학생들은 서양 고전음악을 이해하기 위해 도움이 필요하다고 말한다. 이 학생들에게 추가 도움을 주기 위해 대회 예산의 일부를 할당해야 한다.

이 시나리오를 토대로 동료들과 함께 토론해보라. 조별로 또는 개별적으로, 여러분 각자는 이 교사들 중 한 명의 의견을 옹호해야 한다. 토론이 끝난 후에 다음을 논의하라.

① 여러분이 이 학교 교사라면 어떤 제안을 하겠는가?
② 각 교사는 어느/어떤 차원의 사회정의를 고려하고 있는가?

③ 각 교사의 견해와 세계시민성·세계시민교육에 대한 다양한 접근방식은 어떤 연관성이 있는가?

④ 여러분의 견해를 분석하라. 여러분은 어느/어떤 사회적 차원의 정의를 고려하는가?

⑤ 이 시나리오에 대한 당신의 견해와 세계시민성·세계시민교육에 대한 다양한 접근방식은 어떤 연관성이 있는가?

11

개발교육
Development Education

발전/개발*은 진보와 개선을 암시하는 넓은 의미를 담고 있다. 국제개발이라는 용어는 국가 간 삶의 질에서 나타나는 중요한 차이를 줄이기 위해 적용되었다. 국제개발은 대체로 빈곤과 사회기반시설에서 비롯된 중대한 문제에 직면한 국가들의 상황을 개선하기 위해 자원과 지원을 제공하는 산업화한 국가들이 하는 일이다. 경제협력개발기구^{OECD}는 2015년 개발 원조가 총 1,316억 달러에 달했다고 밝혔다. 국가 외에도 국제개

---

* '발전'과 '개발'은 모두 영어 'development'의 번역어로, 상호 교차적으로 쓰일 만큼 비슷한 개념이다. 그러나 어감의 차이를 따진다면 '개발'은 '발전'이 이루어지게 만든다는 타동사적인 의미가 강하다. '발전'이 일종의 변화라는 데 이의가 있을 수 없지만 그것은 단순한 변화가 아니라 상향적인 변화, 즉 바람직한 방향으로의 변화를 뜻한다. '발전'이라는 용어를 국가 또는 사회에 적용할 때는 대체로 시간에 따른 변화 과정과 긍정적인 변화를 의미한다. 이런 측면에서 볼 때 '개발'이라는 용어는 최소한의 의미이며, 사용하는 사람에 따라 특정한 정치적·도덕적 특성을 띤다. 사람들의 삶의 질을 향상시키는 '개발'은 때로는 서로 상충되는 것처럼 보이는 일련의 실천들로 이루어지며, 때로는 사회의 재생산을 위해 자연환경과 사회관계의 전반적인 변혁과 해체를 요구하기도 한다.

발이라는 기치 아래 프로젝트를 수행하는 거대 재단과 비정부기구가 있다. 또한 국제개발은 유엔이 핵심으로 삼고 있는 사업이기도 하다. 전 세계 사람들의 삶의 질을 개선하는 방법을 찾아야 하는 매우 중요한 이유가 있다. 일부 국가는 앞서 있어서 국제개발에 자금을 지원해야 하는 반면, 다른 국가는 뒤처져 있어 국제개발 분야에서 엄청난 어려움에 빠져 도움을 필요로 하기 때문이다. '갖지 않은 사람들'에 대한 '가진 사람들'의 우월감을 강화하지 않으면서 어떻게 세계적 자원의 불평등을 해결할 수 있을까?

이 장에서는 국제개발의 몇몇 일반적인 추세를 검토하고, 지구적 불평등 해결 방법을 구성하는 중첩되고 종종 모순되는 패러다임을 고찰할 것이다. 이때 교육의 핵심 추세로는 두 영역을 검토할 것이다. 즉 교육이 발전 목표가 되는 '발전을 위한 교육 education for development'과 '선진' 국가의 학생들이 국제개발을 배우는 '개발교육 development education'을 다룰 것이다.

용어

사회과학자들은 어디에서 국제개발이 필요한지 결정하는 데 도움이 되는 다양한 데이터 자료를 사용한다. 여기에는 특정 국가의 국내 총생산량과 1인당 평균소득 같은 경제적 조치와 문해율, 기대수명(아동 생존율과 물질적 생존율 포함), 인권 규정과 정치적 자유 같은 사회적·정치적 조치가 포함된다. 역사적으로 여러 가지 범주는 국제개발을 논의하고 그것을 목표로 사용되었다. '제1세계'와 '제3세계' 국가라는 개념은 '발전된' '발전되지 않은' 또는 '저개발된' '개발 도상의' 국가들을 가리키며 명백한 위계구조를 사용했다. 더욱 최근에 사용하는 '남반구 세계Global South'와 '북반구 세계Global North'라는 용어는 세계 대부분의 권력과 자원이 북반구(유럽, 식민지화한 북미 국가들)의 국가와 문화에 의해 유지되고 있다는 사실을 지적하기 위해 사용되었다. 또 다른 용어 집합인 '세계 다수자Global Majority'와 '세계 소수자Global Minority'도 인구는 가장 많지만 1인당 빈곤 수준이 가장 높은 지역과, 부와 자원이 집중되어 있는 인구가 적은 지역을 구분하는 데 사용된다. 이 모든 용어들은 불완전하다. 일부 용어가 심각한 불평등을 인식하는 데는 중요하지만, 이러한 이분법적 용어는 전 세계에 부와 빈곤의 경험들이 존재한다는 사실을 은폐할 수 있기 때문이다.

최근에 이르러서는 세계은행 경제전문가들이 BRICS(브라질, 중국, 인도, 인도네시아, 대한민국, 러시아)를 2025년까지 글로벌 성장의 거의 50%를 차지할 것으로 예측되는 '신흥경제' 국가라고 불렀다. BRICS 국가들과 비정부 카타르 자선단체Qatar Charity* 같은 다른 기구들은 국제적 외국 원조에도 기여하고 있다. 개발원조 자원이 많아지고 개발원조 국가의 필요성이 커짐에 따라 프로그램의 연구와 분석 · 제안 · 이행에 대한 요구가 증가하고 있다. 전 산업이 국제개발을 위해 만들어졌다. 최근 일어난 글로벌 경제위기와 꾸준한 개발원조 수요를 감안할 때 국제개발기구 간 재정 지원과 계약 경쟁도 치열하다.

---

* '카타르 자선단체QC'는 중동의 인도주의 · 사회 문화 개발과 긴급 구호 분야에서 활동하는 국제적 비정부 조직이다. 국제적 연대에 기여하고, 전 세계 취약계층이 직면한 가장 중요한 문제인 개발과 인도주의 과제 해결에 강한 의지를 표명하고 있다. 아프가니스탄 전쟁으로 고아가 된 수천 명의 어린이들을 구조하기 위해 1992년에 설립되었으며, 피부색, 성별, 종교, 인종 또는 국적에 관계없이 모든 가난한 사람들과 지역사회에 봉사하기 위해 노력한다. 1997년부터 유엔 경제사회이사회 ECOSOC와 협력하고 있다.

국제개발에 대한
이론적 접근의 유형학

매코원(McCowan, 2015)은 교육과 발전을 연결하는 이론적 토대를 이해하는 것의 중요성을 강조한다. 교육의 중요성에 대한 공적 이해와 함께 정부의 정책, 교사의 실천은 모두 사회정의에 대한 주요한 가정, 좋은 삶으로 간주되는 것 그리고 불평등을 해소하기 위해 어떤 지식을 적용해야 하는지에 달려 있다. 그는 발전이론을 5가지 패러다임, 즉 자유자본주의, 마르크스주의, 자유평등주의, 포스트식민주의, 급진주의로 구별한다. 글로벌 교육은 13장에서 더 논의할 것이며, 여기에서는 이러한 패러다임이 '발전'을 이해하는 방식에 초점을 둘 것이다. 범주화가 완전하지도 않고 내적으로 동질적이지도 않지만, 매코원의 유형학은 발전을 위한 교육의 역할에 영향을 주기 위해 상호 작용하는 다양한 이론적 틀의 개요를 제공한다.

1. 자유자본주의 패러다임

배경

제2차 세계대전 이후 피해국의 경제를 재건하는 데 집중하는 아주 많은 정책사업이 있었다. 대부분의 강대국들이 자본주의를 근간으로 하던 시기였기에, 그 정책사업이 경제를 성장시키고 지탱할 수 있는 가장 좋은 방법이라고 여겼으며, 일반적으로 모든 나라의 경제가 비슷한 방식으로 발전할 것이라는 의미가 있었다. 이는 특히 '제3세계' 국가에서 경제를 개선하고 유지하는 방법에 초점을 둔 '개발경제'라는 이념과 일치한다.

1950년대까지 자본주의적인 개방적 시장원리는 국제적 개발의 진행 과정을 규정했다. 1980년대와 1990년대에 자본주의의 초점은 이른바 신자유주의에 맞추어졌다. 세계은행과 국제통화기금과 같은 기관들이 새로 독립한 '남반구 세계'의 국민-국가들에서 시행한 구조조정정책SAPs을 주요 사례로 꼽을 수 있다. 구조조정정책들은 대출 받는 국가들이 해야 할 일을 명시하고, 교육에 대한 공공부문의 투자를 크게 줄임으로써 민간 기관의 역할을 증대시켰다.

주요 개념

근대화 이론은 경제성장을 위해 경제조직을 전통적 방식에서 근대적 방식으로 전환해야 한다고 상정했다. 유럽과 북미에서는 대중적 학교교육이 국가를 근대화한다고 여겼기에 중요했으며, 이 나라들을 '따라잡을' 필요가 있는 다른 지역에도 대중적 학교교육이 적용되었다. 그래서 이른바 개발도상국에 대한 '결손' 관점이 너무 많이 만들어졌다.

그중 하나인 **인적자본** 이론은 국가가 개인의 교육에 투자하면 그들의 생산성과 수익이 향상되는 동시에, 국민-국가가 다수의 숙련된 노동자를 확보해 경제성장을 촉진할 수 있다고 설명함으로써 근대화 이론의 양상을 구체화했다. **신자유주의**는 근대화와 인적자본 이론의 경제적인 초점에서 도출된 새로운 이념이다. 이것은 발전이 본래 경제성장이고, 시장에 기반한 경쟁과 국가 개입의 최소화 그리고 개인의 기업가정신과 주도성을 통해 달성할 수 있다는 생각을 강화한다(McCowan, 2015. p. 37). 교육 영역에서 이것은 교육의 공적 자금 감소와 민간 부문의 공급 및 영향력 증대와 연관이 있다. 다른 장에서 논의했듯이 현대의 세계화 과정이 신자유주의를 촉발했다.

비판

자유자본주의 패러다임은 경제성장에 배타적으로 초점을 맞춘다는 비판을 받아왔다. 경제성장의 주요한 특징으로 사회(예를 들면 교육, 정치 구조)의 주요 기관과 다른 측면들(예를 들면 문화, 영성, 안전, 환경보호)을 주로 경제적 목적에 기여하도록 환원시켰기 때문이다. 또한 공개 시장을 통한 이윤 증대는 사회의 모든 측면을 개선할 것이라는 가정 때문에 평등에 대한 상대적 관심이 결여되어 있는 듯하다. 이러한 신자유주의에 대한 비판은 근대화가 전 세계에 적용되는 단 하나의 발전 모델로 어떻게 가정되는지를 밝히는데, 이것은 '서구적' 사상에 바탕을 두고 있다. 이런 면에서 이 사상은 권력의 불평등한 관계를 개량하기보다는 오히려 강화할 수 있다. 게다가 이런 견해는 식민지 지배력의 남용, 자원과 인간의 착취 등 역사적 요인들을 충분히 설명하지 못한다. 다시 말해 '개발 도상의' 국가를 이른바 '개발된' 국가의 면면과 연결하지 못한 채 일부 국가가 다른 국가보다 우월하다는 것을 보여준다.

2. 마르크스주의 패러다임

배경

1960년대와 1970년대에 불평등 인식에 대한 관심이 결여된 자본주의적 접근방식에 대해 오랫동안 제기되었던 문제들이 부각되기 시작했다. 자본주의가 성장함에 따라 경제적 불평등도 증대했다는 사실을 지적하는 비판이 확산하면서 마르크스^{Karl Marx}의 저작은 시금석이 되었다. 마르크스주의적 관점은 빈곤이 자본주의를 통해 지속되었을 뿐만 아니라, 일부 사람들을 위한 자본주의 발전과 경제성장이 다른 사람들의 빈곤에 의존한다는 사실을 시사한다. 마르크스주의적 비판은 자본의 지속적 축적이 모두에게 더 나은 삶의 환경을 가져다준다는 가정에 도전한다.

주요 개념

종속이론은 근대화 이론이 본질적으로 국가가 더 빈곤하게 된 원인이 자신의 발전 부족에 책임이 있음을 강조한다. 사실이 이러한데도 부유한 나라들은 더 잘사는 나라와 더 가난한 나라 사이의 의존관계를 오히려 고착화함으로써 빈곤을 야기하고 유지시킨다. '중심부' 국가는 '주변부' 국가에서 생산한 농산물이나 광물의 혜택을 받는다. 이런 이론은 라틴아메리카 같은 지역에서 인기가 있었으며, 세계 자본주의를 향한 많은 현대적 비판의 기초가 되었다.

　사회학자 월러스틴Immanuel Wallerstein*과 연계된 **세계체제이론**은 지배적인 자본주의 중심부들이 상호의존적이며, 그러한 위치를 유지하는 하나의 글로벌 시스템에 주변부와 반半주변부를 포함시킴으로써 자신들의 위치를 유지한다고 덧붙인다. 그는 유기체가 살아가면서 다른 사람들과 안정된 관계를 유지하는지 몇몇 특징을 들어 세계체제가 수명을 가진 유기체와 비슷하다고 설명한다. 세계체제가 발전하는 역동성은 체제에 내재한다. 이러한 관점에 따르면 주변부에 속하는 덜 발전된 국가들은 다

---

* 인류사회의 미래가 비관적이라 하더라도 그 미래를 결정하는 것은 '세계체제'에 대한 올바른 인식과 그 인식에 기반하여 더 나은 미래를 만들어나가려는 우리 인간의 집합의지이다. 이러한 인식과 의지를 위해 자신의 모든 것을 걸었던 월러스틴은 사회과학의 분석단위에 일대 전환을 요청했다. 카를 마르크스와 막스 베버로 대표된 고전 사회사상에서는 계급과 국가가 일차적인 분석단위였다. 이러한 이론적 가정에 맞서 월러스틴은 주권국가나 민족사회가 아닌 세계체제가 사회과학의 분석단위가 되어야 한다고 주장했다. 개별 국민-국가의 경계를 넘어 세계적 차원에서 독자적으로 생산되고 재생산되는 자본주의 세계경제를 이론화한 월러스틴의 '세계체제이론'은 세계화 담론 구성과 현실 분석에 큰 영향을 주었다.

양한 구조에 의해 통제받기 때문에 발전된 국가들은 통합체제에서 가장 많은 이득을 얻는다. 따라서 주변부에 속하는 이들 국가는 자본의 축적과 그들의 종속적 지위 재생산을 가능하게 하는 발전 단계에 도달할 뿐이다. 반주변부 국가들은 중심부와 주변부의 특성을 모두 지니고 있다. 이들은 더 높은 기술과 임금 수준은 물론이고, 주변부 국가들보다 더 많은 자본집약을 경험한다. 그러나 상향적 운동은 거의 없으며, 선체 체제를 안정화하는 매개자 구실을 한다. 월러스틴은 주변부나 반주변부에서 흘러나오는 잉여자원 또는 자본이 산업화한 핵심부로 돌아가게 하여, 전 세계적으로 자본을 축적하고 핵심부에 가장 많은 이익을 줌으로써 전체 체제를 유지하는 불평등 교환이라는 이론을 거론했다.

교육에 적용된 종속이론은 남반구 국가들의 교육체제가 이전의 식민지 권력에 폭넓게 의존했던 역사를 인식하게 했다. 식민지 권력체제를 추방하기 위한 일부 운동은 지구 남반구 학교 체제의 내용과 구조를 통해 표현되었다. 이를테면 협동조합과 농촌생활의 현실을 연결함으로써 지역 언어 및 지식체계를 소중히 여기는 운동이 이루어졌다.

비판과 맥락

1980년대에 세계자본주의도, 사회주의도 빈곤을 해결할 수 없었기 때문에 발전이론은 냉전의 적대감 속에서 침체 상태에 빠졌다(McCowan, 2015. p. 41). 마르크스주의적 비판은 국가와 사회계급에 지나치게 집중한다는 이유로 도전받아왔다. 실제로 일부 마르크스주의 이론은 국민-국가와 계급을 충분히 강조하지 않은 세계체제이론에 이의를 제기했다. 또한 일부 사람들은 모든 규모의 상호작용을 충분히 설명하지 못한 세계체제이론에 도전했다. 그러나 마르크스주의 시각과 관련된 주요 사상은 세계무역에 대항하는 운동으로 이어지고 있다.

3. 포스트식민주의

배경

발전에 대한 포스트식민주의적 비판의 원천은 20세기 중반 후기구조주의 운동과 연결되어 있다. 이런 비판은 서구 사상의 기초적 전제를 강하게 압박했다. 이 비판은 모든 개인이 자율적이라는 근대성에 내재된 가정에 이의를 제기하는 동시에, 이러한 세계관이 과연 어느 정도로 보편적인지 의문을 제기했다. 또한 근대성에 기반한 계몽주의 원리가 근대화에서 얼마나 많은 억압과 부정의가 경험되었는지를 강조함으로써, 필연적으로 진보를 가져왔다는 생각에 의문을 나타냈다.

주요 개념

지식은 **맥락적**이며, 그것이 만들어지는 맥락에 따라 결정된다. 후기구조주의 이론가들은 지식이 보편적이지도 않고 중립적이지도 않다고 주장한다. 지배적인 지식체계는 오히려 역사적·맥락적 요인을 통해서 만들어졌다. 이렇게 당연시되는 세계관은 사회가 자신과 타인을 이해하고 조직하는 방법을 구조화한 메타서사가 되어야 했다.

식민지적 종속은 보편적 지식과 실재에 대항하는 후기구조주의의 도전에서 발전된 개념이었다. 이 개념은 북반구 세계의 식민주의자들이 남반구 세계의 다양한 상황에 폭력을 가했을 뿐만 아니라, 주체성을 행사하기 위한 유일한 방법으로 식민주의자들의 언어와 지식 체계를 사용하는 의존적 관계를 강요했다고 주장한다.

후기-발전이론은 개발원조의 기부자와 수령자의 국제체계가 식민주의를 강화한다고 주장한다. 신-제국주의는 남반구 국가들이 공식적으로 독립했음에도 불구하고, 북반구 국가들의 지배력이 지속되고 있는 데서 나타난다. 이때 교육이 중요한 역할을 한다. 교육은 발전에 대한 메타서사와 지배적 세계관을 떠받치는 당연한 가정을 가시화하고 도전받게 하는 데 도움이 될 수 있다. 또한 교육은 토착 지식과 언어를 발전시킨다.

비판과 대응

포스트식민주의적 이론은 근본적으로 비판을 중심으로 하며, 불평등한 식민지적 권력관계의 지속을 지지하는 메타서사의 탐사와 해체를 가능하게 한다. 어떤 사람들은 이것을 행동 자체라고 간주하지만, 또 어떤 사람들은 구체적인 일련의 행동 부족이라고 비판한다. 다른 장에서 논의한 대로 미뇰로는 발전의 가장 포괄적인 메타서사로 근대화와 발전을 연구하는 데 도움을 주었다. 그는 근대성에는 밝은 면과 어두운 면이 있다고 지적한다. 밝은 면은 끝없이 앞으로 나아가는 꾸준한 진보의 희망이다. 어두운 면은 지속적인 식민주의와 제국주의 그리고 자원과 사람을 지나치게 착취하는 것이다. 미뇰로(Mignolo, 2011)는 근대성의 밝은 면을 구성하는 이상은 어두운 면이 있기 때문에 가능할 뿐이라고 주장한다. 식민주의는 밝은 면과 어두운 면의 연결이 숨겨지는 과정이다. 미뇰로가 주장하는 포스트식민주의 비판은 개발원조를 통해 다른 사람들을 도우려는 사람들의 선의에 의문을 제기한다. 안드레오티(Andreotti, 2014)는 이것을 선하고 좋은 뜻을 품은 사람들이 정치적 소속, 피부색, 계급, 성별 그리고 그 밖의 기준으로 나뉜 다른 사람들을 근대화하도록 도우면서 인간성과 근대성의 경험을 다르게 조사하거나 변화시키는 방법을 인식하지 못하게 하는 근대성의 속임수라고 말한다. 이런 의미에서 포스트식민주의적 비판을 통해 볼 때, 자유자본주의 이론과 마르크스주의 비판은 식민지적 권력체제의 존속을 설명하지 못하거나 이의를 제기하지 못한다.

4. 자유평등주의

배경

권리를 기반으로 발전에 접근하는 방식은 1990년대에 널리 퍼졌다. 이 접근방식은 빈곤을 겪는 사람들을 대하는 결손된 시각에 저항하면서 그들을 오히려 권리의 소유자로 보았다. 이 시각은 자선을 받는 사람들이라는 생각과는 구별된다.

주요 개념

도덕적 보편주의: 이 패러다임은 자유자본주의 패러다임과 함께 개인의 중요성을 강하게 주장하면서 보편주의의 기초를 공유한다. 그러나 이것은 인권이 모든 인간의 존엄한 삶을 보장하는 중심적 개념 틀을 제공하는 도덕적 보편주의를 우선한다.

역량이론[*]: 이 패러다임은 21세기에 들어 발전이 주로 외부자에 의해 정의되고 경제적인 것으로 여겨지는 것에서, 다양한 목표를 가지고 있는

---

[*] 인간의 역량은 한 사람이 타고난 능력과 재능인 동시에 정치적·사회적·경제적 환경에서 선택하고 행동할 수 있는 기회의 집합을 뜻한다. 우리가 흔히 역량을 능력 또는 재능과 구분하지 않고 쓰며 개인의 내적인 영역으로 한정하는 데 비해, 누스바움은 인간의 역량을 개인과 사회의 다양한 환경이 접합된 상태를 뜻하는 개념으로의 확장을 시도한다. 그는 이성과 창의성, 자유와 평등을 이해할 수 있는 인간적 역량human capabilities을 중시하며, 인간적 역량을 개개인의 삶의 질을 비교하는 틀로 삼아 무엇이 인간다운 삶이며 인간 존엄성을 보장받기 위해서 무엇이 필요한지 알아야 한다고 역설한다.

인간의 관점을 권장하는 변화로 나타났다. 이것은 센Amartya Sen, 누스바움Marth a Nussbaum, 울 하크Mahbub Ul Haq의 저작과 관련이 있으며, 자신의 삶에서 주체성을 갖는 사람의 자유를 장려했다.

공동체 기반 작업: 지역의 현실·풀뿌리 조직과 연계된 공동체 기반 작업은 국제적 개발에 영향력 있고 대중적인 접근방식으로 등장했다.

교육에 대한 권리 기반 접근: 다른 개념에 따른 교육은 교육에 접근할 기회와 성공할 권리 그리고 개인의 향상된 효능성과 주체성을 위해, 권리를 알고 행사하고 방어할 수 있는 권한을 부여해야 한다는 주장을 포함한 일련의 권리로 주장되었다.

비판

더 많은 사회정의를 가능하게 하기 위해 필요한 자원을 재분배하고 개인 우선순위의 균형을 맞추려는 시도는 난제일 뿐 아니라 이 관점에 내재된 잠재적 역설이기도 하다. 마르크스주의 이론가들은 이러한 접근방식이 불평등한 권력과 자원 분배체제를 비판하고 변화시키기에 충분하지 않다고 생각하며, 단지 현 상태를 약간 더 개선할 뿐임을 시사한다. 후기구조주의적 비판은 이것이 해결하고자 하는 불평등을 야기하는 근대화와 같은 메타서사의 더 가볍고, 더 밝은 버전에 초점을 맞춘다. 포스트식민주의적 비판은 효능성과 주체성이 주로 식민지 지배체제에 의해 제약된다고 주장한다.

5. 급진적 인문주의

배경

매코원(McCowan, 2015)은 '발전'과 관련된 이론적 참여의 최종 집단을 하나의 일관된 이론으로 공유하는 것이 아니라, 오히려 교육과 관련된 일련의 원리에 초점을 맞춘 것으로 파악한다. 핵심 주제는 교육이 원동력이 아니라 발전의 수단이라는 것이다. 이런 면에서 배움은 해방의 가장 중요한 수단이다.

주요 사례

프레이리의 저서는 브라질에 뿌리를 두고 있다. 그는 자신의 중요한 저서 《페다고지Pedagogy of the Oppressed》(1970)에서 종속이론과 포스트식민지 이론의 일부 요소를 이끌어내면서 교육적 실천을 제안하기 위한 비판을 요구했다. 또한 간디Mahatma Ghandi의 저서는 급진적 인문주의 패러다임의 일부로 간주될 수 있다.

주요 개념

대화는 프레이리 사상의 중심 개념이다. 그는 교육받는 것이 무엇을 뜻하며 가르치는 사람이나 배우는 사람이 되는 것이 무엇을 뜻하는지를 근본적으로 수정할 필요가 있다고 믿었다.

가르치는 사람과 배우는 사람의 **수평적 과정**은 억압이 기능한 방식을 비판적으로 의식함으로써 자아를 혁신하는 중요성에 초점을 두고 있다. 이것은 단순히 학습을 가능하게 하는 것이 아니라 분명한 정치적 목적을 지녔다.

비판적 의식은 교육의 수단이고 목적이다. 억압체제를 의식하는 것은 사회적으로 정의로운 목적을 가능하게 할 것이며 사회의 구조를 변경할 것이다. 교육적 접근방식에서 참여적이고 수평적인 성격은 더 광범위한 개발 활동에 영향력을 행사했다.

비판과 정교화

특히 여성주의 이본가들은 억압의 중복된 시스템을 설명할 필요가 있다고 지적했다. 정말 프레이리의 생각은 '비판적 교육학'이라고 불리는 사회적 억압에 대한 더 광범위한 영역에 걸친 접근에 적용되었다. 이 접근은 비형식교육과 성인교육에서 민중적 교육운동을 통해 중요한 성과를 거두었다. 그러나 형식교육에 영향을 준다는 측면에서 볼 때 비판적 교육학은 특정 학문과 특정 집단의 교사들에게는 영향력이 컸지만 전반적으로는 미미한 수준에 그쳤으며, 신자유주의를 통한 자유자본주의의 접근이 부활한 탓에 그 영향은 제한적이었다.

매코원(McCowan, 2015)은 교육에 영향을 미치는 발전이론의 이런 간략한 유형이 매우 일반화했음을 인정한다. 그것은 또한 국제개발에 대한 폭넓은 이해와 접근방식, 그 안에서 교육의 역할을 고려하는 하나의 방법일 뿐이다. 그러나 현재의 접근방식에서 작동하는 중첩적이고 심지어 모순되는 여러 이론을 분석하는 출발점이 될 수 있다. 권리 기반 접근방식, 지역적 지식과 경험의 중요성을 인식하는 동시에 인적자본 중심의 이론에서 도출된 전략문서와 교육자료를 살펴보는 것이 일반적이다.

후기구조주의적이고 포스트식민주의적 관점은 인적자본론이나 권리기반 접근방식 그 어느 것도 자율적 개인의 근대적 가정에 도전하지 않고 있으며, 또 더 나은 사회로 바꾸기 위해 합리적이고 경험적인 사고를 적용하는 진보를 가정하고 있지 않음을 시사한다. 또한 어떤 패러다임이 어디에서, 어떻게, 왜 더 강하게 등장하는지를 인식하고, 국제개발이 무엇이며 누가 그것을 필요로 하는지, 세계적 빈곤과 불평등을 해결할 책임이 누구에게 있는지 인식하고 비판적으로 성찰할 필요가 있는 강력한 가정을 기억하는 것이 중요하다. 좀 더 급진적인 관점은 의문의 여지를 열어놓고, 발전을 통해 다른 세계의 사람들을 '돕는' 중립적이고 당연한 아이디어로 보일 수 있는 것을 조사한다.

발전을 위한 교육

교육은 무엇보다 국제개발 프로그램과 정책을 통해 인적자본 기능을 한다. 드랙슬러(Draxler, 2014, Weidman, 2016에서 인용)는 '발전을 위한 교육'에 대한 국제투자에 영향을 주는 주요 동향 중에서 교육이 어떻게 국가의 경제성장을 촉진할 수 있는지에 초점이 맞춰져 있다는 데 주목한다. 이것은 세계은행을 포함한 민간부문의 상당한 영향력을 수반했다. 뿐만 아니라 OECD가 운영하는 피사PISA와 같은 대규모 시험의 사용도 늘고 있다. 이러한 추세는 13장에서 더 충분하게 검토할 것이다.

유엔의 새천년개발목표MDGs 중에서 목표 2는 보편적 초등교육을 달성하는 것이다. 이 목표는 교육 분야에서 대규모 국제개발사업으로 이어졌다. 유엔에 따르면 개발도상국의 초등학교 입학률은 2015년에 91%에 달했다. 그러나 높은 수준의 빈곤과 갈등은 아이들이 학교에 갈 수 있는 상황에 계속 영향을 주고 있으며, 농촌과 도시 사이에도 상당한 차이가 있다. 새천년개발목표 중에서 목표 4는 모두를 위한 포용적이고 양질의 교육을 보장하고 평생학습을 촉진하는 것이다. 그것은 2030년까지 초등·중등 교육을 무상으로 실시하는 것뿐만 아니라, 여학생과 남학생 모두에게 중점을 두고 있다. 또한 저렴한 직업훈련을 받을 동등한 접근 기회, 부와 성 불평등의 감소 그리고 고등교육에 대한 접근 기회 보장에 중점을 두고 있다.

와드이먼은 새천년개발목표의 경험을 통해 이를 대체하는 지속가능발전목표에 의해 시작된 새로운 개발교육의 시대를 짊어지게 된 세 가지 주요 교훈을 다음과 같이 요약한다. ①교육의 개혁·개선은 단순한 작업이 아니다. ②학교 입학률의 증가가 반드시 교육 결과의 질을 뜻하는 것은 아니다. ③당면한 문제가 너무 복잡하기 때문에 더 이상 단 하나의 간단한 해결책은 작동하지 않는다(Weidman, 2016, p. 403).

새천년개발목표가 '개발도상국'의 변화를 촉진하기 위해 국제협력을 목표로 하는 반면에, 지속가능발전목표는 모든 국가에 적용된다. 이것은 국제개발 내 핵심 패러다임의 변화로 국가 간의 상호의존에 초점을 맞출 수 있다. 지속가능발전목표에서 교육의 핵심 목적은 교육의 질을 높이는 것이다.

개발교육

개발교육을 이해하는 방식은 다양하지만, 일반적으로는 1970년대에 북반구 세계의 인식을 고양하고 국제개발을 발의하는 지원을 얻기 위한 노력의 일환으로 시작되었다고 말할 수 있다. 정책결정자들과 실무자들은 1980~90년대에 걸쳐 교육활동이 국제개발에 대한 인식과 이해를 증진하는데 어떻게 도움이 되었는지를 조사했다. 본래는 북반구 국가에 살고 있는 사람들의 인식 부족 때문에 국제개발 정보를 전달하는 방법으로 개발교육에 초점이 맞춰져 있었다. 그러나 점차 교육이 북반구 세계와 남반구 세계에서 더욱 정의로운 세계를 확보하는 데 중점을 두는 것으로 보인다(Regan & Sinclair, 2006에 기반한 Bourn, 2014, p. 8).

번(Bourn, 2014)은 개발교육을 지속가능한 발전을 위한 교육과 세계시민교육 같은 새로운 용어와 병행되는 개념으로 이해한다. 그는 이 분야가 형식교육·비형식교육의 전문 지식과 경험을 바탕으로 학습에 대한 접근방식과 일반적 실천공동체를 공유한다고 지적한다. 크라우스(Krause, 2010)는 개발교육의 4가지 주요 단계를 식별했다. ①개발 지원을 위한 공적 관계, ②정보의 공적 보급을 위한 인식 고양, ③지역적-세계적 상호의존성에 초점을 맞춘 글로벌 교육, ④학습 과정과 비판적 사고에 중점을 둔 삶의 기술 향상(Bourn, 2014, p.8). 번은 지난 20년 동안 개발교육에 영향을 끼친 복잡성과 기저를 구성하는 교육적 원리를 인식하는 것이 중요하다고 지적한다.

교육학적으로 중요한 차이점은 세계에 대해 배우는 교육의 역할 및 그 안에서 자신의 위치를 배우는 것과 달리 특정 국제개발 프로젝트를 위한 캠페인으로서의 교육이다. 유럽에서는 개발교육을 받은 많은 조직이 주로 중요하고 광범위한 사회변화의 필요성에 따라 동기부여가 되고, 다른 조직들은 캠페인 인식과 지원에 집중하기를 원하기 때문에 매우 강력한 논쟁거리가 되어왔다. 북반구 국가들 전반에 걸친 주요 동향은 지속가능한 발전을 가능하게 하는 일환으로 '글로벌 교육'을 강조하는 것이었다. 글로벌 교육의 이념에 연결하는 것은 더 넓은 접근을 가능하게 하고, 더 구체적으로 학습목표에 초점을 맞춘다.

번(Bourn, 2014, p. 21)은 최근 연구에서 개발교육을 정의하는 네 가지 핵심 주제를 제시한다.

1. 상호의존과 상호연계: 우리 삶의 상호의존적이고 상호 연결된 본질, 지역사회와 전 세계 사람들의 차이점뿐만 아니라 유사점을 촉진한다.
2. 남반구 세계의 목소리: 남반구 세계의 목소리와 관점을 북반구 세계에서 나온 전망과 함께 촉진·이해·반영되게 한다. 여기에서는 억압받고 가진 사람들의 목소리를 위한 공간의 중요성을 인식하는 것 이상으로 나아가는 데 초점을 두고 있다.
3. 학습에 대한 가치 기반 접근: 사회정의, 인권, 공정성, 더욱 평등한 세계를 향한 열망을 강조한다.
4. 학습과 도덕적 격분의 연결: 현장에서 비정부기구의 활동은 빈곤을 해결하고 변화를 확보하기 위한 조치를 취하는 데 중점을 둔다.

이 분야에서 글로벌 학습과 세계시민교육으로의 전환은 국제개발의 개념을 뒷받침하는 지배적 서사들을 인식하고 수정하려는 시도를 나타낸다. 실제로 개발교육에 대한 주된 비판은 현대화하고 도움을 줄 도덕적 의무가 있는 북반구의 '우리'와 도움을 필요로 하는 남반구의 '그들'이라는 구분을 수정하기보다 강화하려는 경향이 있다(Andreotti, 2006). 이것은 세계시민교육이 채택해야 하는 국제개발의 핵심적 역설—불평등을 강화하지 않으면서 그것에 도전할 수 있는 방법—이라고 할 수 있다.

Stein, S., Andreotti, V. D. O. & Suša, R. (2016). 'Beyond 2015', within the modern/colonial global imaginary? Global development and higher education. *Critical Studies in Education*, 1-21.

이 논문은 지속가능발전목표의 대상에 고등교육이 어떻게 포함되는지를 살펴보기 위해 포스트식민지이론과 탈식민지이론을 이용한다. 저자들은 지속가능발전목표와 협력하고자 하는 연방대학협회의 '2015년을 넘어' 캠페인을 분석한다. 그들은 이 캠페인이 다원적 관점과 목소리를 가능하게 하는 것을 목표로 삼았으면서도, 발전을 위한 교육에서 고등교육의 역할에 대한 질문을 제한하고 주류의 발전 의제에 도전할 수 있는 가능성과 한계가 무엇인지에 대한 좀 더 폭넓은 질문을 제기하면서 끝난다고 주장한다.

United Nations Development Programme(UNDP).
http://www.undp.org/content/undp/en/home/sustainable-development-goals/goal-4-quality-education.html

지속가능발전목표의 목표 4와 관련된 자료를 찾을 수 있는 주요 웹사이트이다. 여기에는 전 세계에 걸쳐 양질의 교육을 촉진하는 유엔 개발 프로그램이 주도하는 다양한 프로젝트 정보가 있다.

Unterhalter, E. (2014). Measuring education for the milliennium development goals: reflections on targets, indicators, and a post-2015 framework. *Journal of Human Development and Capabilities*, 15(2-3), 176-87.

이 논문에서 운터할터Elaine Unterhalter는 교육이 어떻게 유엔 새천년개발목표의 하나로 설정되었는지를 추적하고, 목표와 지표 모두에 내재하는 협소한 프레임의 결과를 고찰한다. 운터할터는 교육과 관련된 유엔의 새천년개발목표에서 나온 의도하지 않은 부정적 결과를 파악하고, 지속가능발전목표의 교육을 대체할 지표를 제안한다.

활동

1. ① 유엔의 새천년개발목표와 지속가능발전목표를 비교하라.
   http://www.un.org/millenniumgoals/
   https://sustainabledevelopment.un.org/?menu=1300
   유엔의 새천년개발목표와 지속가능발전목표의 주요한 차이는 무엇인가?
   각각에 어떤 발전이론과 관련 개념을 대입할 수 있는가?
   ② 유엔의 새천년개발목표와 지속가능발전목표에서 교육과 관련된 목표를
   구체적으로 살펴보라. 두 목표는 '발전을 위한 교육'과 '개발교육'을 어떻게
   연관시키는가?

2. 인터넷에서 교육과 관련된 국제개발 프로젝트나 개발교육 프로젝트를 찾아보
   라. 이것은 비정부기구나 시민사회단체, 정부, 자선단체 또는 유네스코의 권리
   가 될 수 있다. 한 예는 http://www.globalpartnership.org/country/malawi
   에서 찾을 수 있다. 이제 여러분 스스로 더 많은 예를 찾아보라. 어떤 이론적
   발전 패러다임이 프로젝트의 합리성과 전략을 뒷받침하는가? 식민지 이후의
   자유평등주의 또는 급진적 인문주의 관점에서 볼 때 어떤 질문이 제기될 수
   있는가?

12

인성교육
Character Education

인성교육은 중요하고 강력하며, 점점 더 인정받는 교육적 힘이다. 인성 교육자들의 관점을 인식하지 않고 세계시민성을 설명하려는 시도는 부분적인 설명에 그칠 것이다. 그렇긴 하지만 인성교육은 매우 논쟁적이고 경합적인 개념이다. 그것은 세계의 특정 지역— 아마도 북미에서 명시적으로 나타나며 아시아의 특정 지역에서 유교의 영감을 받은 교육형태와 연관된— 에서 특히 부각되고, 다른 지역(유럽 대륙)에서는 별로 뚜렷한 특징을 보이지 않는다. 많은 버전을 가진 세계시민교육과 인성교육 사이에는 타협점이 많고 일부 중첩되는 부분이 있지만, 둘 사이에는 상당한 차이가 있다. 이 장에서 우리는 이러한 연결과 단절에 주목한다.

인성교육은 다원적 분야에 속하지만, 이를 옹호하는 대부분의 선도적 지지자들은 본래 '미덕'— 상대적으로 확고한 사람의 특성이나 상태 (McLaughlin & Halstead, 1999, p. 134)— 에 관심을 기울인다.

일반적으로 이런 뿌리 깊은, 매우 중요한 인간으로서의 기질을 진지하게 다루는 작업은 소중히 여길 만하다. 민주주의와 정의를 위해 투쟁해 온 사람들의 고전적 진술은 이 분야의 중요성을 보여준다.

저는 언젠가 저의 네 자녀가 피부색이 아니라 그들의 인성에 따라 판단되는 국가에 살게 될 꿈을 간직하고 있습니다(Martin Luther King, 1992, p. 208).

인성은 지역에 따라 다르게 규정되지만 중심적으로 여겨지는 것에는 뚜렷한 공통점이 있다. 영국(DfE, 2015)에서는 인성에 다음의 뜻이 담겼다.

- 인내, 회복탄력성, 기개
- 신뢰와 낙천주의
- 동기, 추동력, 열망
- 이웃관계와 공동체 정신
- 관용과 존경
- 정직, 성실, 존엄성
- 양심, 호기심, 집중력

미국에서 '인성이 중요하다'는 말은 인성의 여섯 기둥을 뜻한다.

- 신뢰
- 존중
- 책임
- 공정

- 배려
- 좋은 시민성

위의 내용이 언제나 보편적 가치로 제시되지는 않지만, 그중 어떤 가치는 아마도 인성교육자들이 의도한 것이다. 이들은 좋은 사람의 성격을 거론하면서 전 지구에 적용될 수 있거나 적용되어야 하는 것의 개요를 제시한다.

그런데 인성교육의 본질은 그 가치를 확신하는 사람들뿐만 아니라 정책결정자가 아닌 사람들에 의해서도 논의되어왔다. 그런 까닭에 실제로 그 목적을 경계하는 사람들도 있다. 크리스티안슨(Kristjánsson, 2013)은 인성교육이 시대에 뒤떨어진 온정주의적 종교교육 등의 형태가 아니라고 주장하면서 이러한 도전 중 일부를 반박하는 글을 썼다. 때때로 교육적 초점의 특정 측면이 부각되었지만, 군사적 기질을 아주 긍정적으로 표현한 강조점을 포함하여 순식간에 교육부(영국) 웹페이지에서 사라졌다. 많은 교사가 군대와 용감한 군인들의 가치를 인식하지 못하면서도 인성교육이 군인정신과 조화를 이루는 것이라 생각하고, 학교가 이런 버전의 인성교육을 장려한다는 것은 충격적인 일이었다. 이러한 논쟁에 비추어볼 때 인성교육의 일부 쟁점과 측면 그리고 그것들이 세계시민교육과 어떻게 관련되는지 살펴보아야 한다.

첫째, 인성교육은 중요도가 높다. 사회과교육 분야에서는 이것이 비교적 흔하지 않다. 미국 대통령 클린턴, 부시, 오바마는 잇달아 인성교육을 지원했다. 2014년 미국 상원은 다음을 만장일치로 수용했다.

상원의회는 다음과 같이 결의했다.

1. 2014년 10월 19일부터 시작되는 주간을 '국민성 생각 주간'으로 지정한다.

2. 미국 국민과 이해 관계자에게 다음을 촉구한다.

① 신뢰·존경·책임·공정·배려·좋은 시민성 등 지역학교와 지역공동체에 의해 확인된 인성의 요소를 수용할 것을 촉구한다.

② 적절한 의식, 프로그램, 활동으로 일주일을 구성할 것을 촉구한다.

싱가포르의 인성교육과 시민성교육은 학교활동의 핵심 부분이다.

우리의 교육 시스템은 싱가포르 시민들의 좋은 인성을 육성함으로써 모든 사람이 불확실한 미래를 견뎌낼 도덕적 결의와 싱가포르의 성공, 그리고 우리의 동료 싱가포르인들의 복지에 기여할 강한 책임감을 갖게 해야 합니다."

(행 스위 킷Heng Swee Keat, 교육부장관, 2012)

인성교육은 국경을 넘어 활동하는 조직*을 비롯하여 매우 많은 국가에서 정책 발안과 네트워크를 쉽게 볼 수 있을 만큼 세계적인 영향력을 행사했다. 많은 나라에서 인성교육이 세계시민교육보다 더 높은 국제적 지위를 누리고 있는지 또는 정당한 형태의 세계시민교육인지 고찰할 필요가 있다.

둘째, 사회를 변화시키기 위한 광범위한 헌신은 세계시민교육─인성교육의 핵심 원동력 중 하나이며 위에서 제시한 인용문들 중 일부에서 볼 수 있는 것으로서 ─을 촉진하려는 많은 사람들에게서 비슷하게 나타난다. 리코나(Lickona, 1994)는 도덕적 사회를 건설해야 한다고 주장한

---

* '인성이 제일이다Character First', http://characterfirsteducation.com/c/about.php

다. '인성이 제일이다'와 같은 조직은 다음과 같은 열망의 규모를 보여준다.

효과적인 인성교육은 아이들이 어떤 선택을 할 때 기본적인 윤리적 가치를 보여주는 좋은 아이들로 키우는 것입니다. 그러나 이것은 학교에서 끝나지 않습니다. 좋은 인성교육은 캠퍼스 안에서만 이루어지는 활동이 아니라는 점을 확실히 하기 위해 학부모와 지역사회단체가 동참해야 합니다. 윤리적 가치는 항상 모든 곳에서 강화되어야 합니다.

이러한 도덕성에 우선을 두는 것은 인성교육을 다른 형태의 세계시민교육과 구별되게 한다. 도덕성은 인성교육에 관한 설명과 논의에서 고려하고자 하는 세 번째 요점이다. 도덕성을 강조함으로써 다른 형태의 세계시민성과 아무런 관련이 없다고 시사하는 것은 아니다. 하그리브스(Hargreaves, 1996, p. 33)는 다음과 같이 천명했다.

적극적 시민은 도덕적이면서 정치적이다. 도덕적 감수성은 부분적으로 정치적 이해에서 비롯된다. 정치적 무관심은 도덕적 무관심을 낳는다.

크릭(Crick, 1962/1979, p. 25)은 다음과 같이 주장했다.

다른 사람과 더 많은 관계를 맺을수록 이해관계나 인성, 상황이 더 많이 충돌한다. 이러한 갈등은 개인이 활동할 때 '윤리'라고 불린다. 또한 이러한 갈등은 대중이 정치적인 활동을 할 때 발생한다.

정치와 도덕 사이의 이 핵심 구분을 주목하는 것이 매우 중요하다. 크릭은 시민성이 '가치와 권리만으로 충분하다'는 생각에 반대한다는 점을 분명히 했다(Crick, 2000, p. 123).

세계시민성의 핵심 원칙으로서 도덕성의 위치를 논의할 뿐만 아니라, 때때로 도덕교육이나 가치교육 프로그램과 연계된 실행에 관한 중요한 이슈도 있다. 이 실행이라는 이슈는 세계시민성과 인성교육의 차이점에 대해 논의하고 있는 네 번째 문제다. 인성을 어떻게 개발할 것인가를 두고 핵심적인 의견 차이가 있다. 크릭은 "가치를 가르칠 수 있다 ─ 그것은 직접적으로 배운다 ─ 고 생각하지 않는다"라고 주장했다(Crick, 2000, p. 124). 영국의 시민교육은 국가교육과정이지만 인성교육은 국가교육과정이 아니다. 그러나 이러한 실행 문제는 교수자료와 학습자료를 권장하는 인성교육 단체가 많기 때문에 논란이 되고 있다.

교실에서 인성교육 자료가 작동하게 하는 다양한 방법이 있다. 예를 들어 약물을 복용하려는 친구, 거스름돈을 잘못 주는 가게 등 학생들이 맞닥뜨릴 만한 일상적인 시나리오가 있다. 이것은 자주 사용되는 일종의 도덕적 딜레마와 매우 밀접한 관련이 있으며, 아마도 콜버그(Kohlberg, 1973)가 수행한 작업 또는 논쟁과 관련이 있다. 이러한 일상 시나리오 중 일부는 정해진 것이 없는 반면, 다른 일부는 올바른 대응에 대한 보상이 주어진 '답변'에서 놀라울 정도로 분명하게 나타난다. 일부 자원은 모범적 역할 모델을 중심으로 많은 활동을 제공한다. 이러한 접근방식에서 한 영웅이 선택되며, 학생들에게 영웅에 대해 배우고 경이로움을 표현하고 어떻게 그 영웅을 모방할 수 있는지 숙고하게 한다. 호주는 역사교육의 예로 심슨과 그의 당나귀 이야기가 있다. 이 이야기는 심슨이 당나귀를 이용해 부상자를 나르는 들것 운반자로서 영웅적으로 행동한 첫 번째 전쟁에 초점을 맞추고 있다. 영웅에 초점을 맞추는 이러한 접근방식은 다양한 곳에서 이용된다. 예를 들어 구소련에서 스타하노프Stakhanov는 널리 칭송받았으며, 열심히 일하는 그를 본보기 삼도록 권장되었다. 또한 개선할 수 있는 능력을 갖춘 자원(많은 경우 문학)을 사용하는 경우도 있다. 예컨대 저렴한 공포물, 폭력적 비디오 게임, 포르노 소설은 학생들을 타락시키는 반면, 제인 오스틴의 작품과 같은 고전문학은 그들을 성숙하게 할 것이다. 물론 이들 자료와 그 효과를 둘러싼 논쟁은 치열하게 전개되고 있다. 자신이 좋아하는 작가가 시민들을 돕는 도덕적 무게를 제공한다고 보는 정치인들 사이의 논쟁을 목격하는 것은 드문 일이 아니다.

  가르치는 자료에 관한 토론 중 일부는 세계시민교육과 인성교육(우리의 다섯 번째 지점) 사이의 주요 논쟁 영역과 관련이 있다. '올바른' 대답은 어느 정도까지 필요로 하는가? 이것은 도덕성과 아무런 관련이 없다는 선언이나 오로지 도덕성과 관련된 교육 프로그램에만 착수하기를 바라는 사람이 거의 없기에 복잡한 논쟁이 벌어진다. 그러나 어떤 사람들은 지침이 직접적이고 구체적이기를 분명히 원한다. 인성교육은 "젊은이의 행동을 직접 유발하는 것으로 여겨지는 비상대주의적 가치에 명시적으로 영향을 미침으로써, 그들의 행동을 직접적·체계적으로 형성하도록 여타 지역사회 기관과 협력하여 고안된 어떤 학교교육 프로그램"으로 정의될 수 있다(Lockwood, 1997, p. 179, Arthur, 2003, p. 8에서 인용). 이 문제는 매우 신중하게 표현되었다. 많은 사람이 이 책의 다른 곳에서 논의된 세계 권리 및 의무와 연관시켜, 어떤 일이 일어나는 일종의 사회적 진공을 피하면서 비상대주의적 가치를 개발하려는 의지에 동의할 것이다. 세계시민교육을 장려하는 사람들은 정의의 의미가 무엇이며 그것이 어떻게 달성될 수 있는지에 대해 선호하는 관점을 지니고 있지 않다고 주장하기는 어렵다. 그러나 놀랍게도 어떤 인성교육 집단은 올바른 일이 무엇인지를 매우 강력하게 주장한다. 그리고 인성교육 프로그램에서 쉽게 발견되는 몇몇 사례는 크리스티안슨(Kristjánsson, 2013)이 논박하려는 시도와 일치한다. 예를 들어 제퍼슨인권교육센터*에서 제작한 자료는 뚜렷하게 구체적인 장소를 겨냥하고 있으며, 종종 학생보다 힘 있는 사람들이 세운 규칙의 자기-강제(예를 들어 '여기에 있어라' '시간을 지켜라')와 관련이 있다. 학생들이 학교에 다니지 않기를 바라는 교사는 거의 없을 것이다. 그러나 이 센터는 아주 구체적인 접근방식을 고집함으로써 다음과 같은 비판을 받았다.

> 남캘리포니아에 있는 규모가 크고 다민족적인 초등학교는 제퍼슨인권교육센터에서 만든 틀을 사용한다. 교장이 '잘했다'고 칭찬한 수업에는 아이스크림 파티에 버금가는 보너스 벅스Bonus Bucks가 수여된다. 카페테리아 근처의 거대한 벽에 멋지게 그려진 피너츠 캐릭터는 아이들에게 다음과 같이 말한다. '줄 선 상태에서 말하지 마라.' 방문객은 현재 인성교육을 주제로 하는 시범수업을 참관하기 위해 5학년 교실로 안내된다. 선생은 학생들에게 학교에서 '가장 힘든 노동자'라고 생각하는 사람의 이름을 적으라고 말한다. 그런 다음 선생은 학생들에게 묻는다. "여러분 중 얼마나 많은 사람이 힘든 일을 하는 노동자가 될까요?"(손을 든다.) "여러분도 집에서 힘든 일을 할 수 있습니까?"(네.) (Kohn, 1997)

인성교육을 둘러싼 논쟁은 계속될 것이며, 5가지 사항 — 지위, 사회

---

* http://passkeys.org/programs/jc_star_teaching.html

혁신을 위한 광범위한 목표, 도덕성에 대한 초점, 올바른 대답의 실행 및 조항에 대한 이슈 — 은 우리가 첫 장에서 개괄한 세계시민성과 관계의 성격을 결정하는 데 도움이 될 것이라고 시사한다. 세계시민교육과 인성교육의 많은 예가 있는데, 이것은 단순히 개인이 확립된 규범에 순응하기를 기대하는 방식으로 도덕성에 더 관심을 두는 인성을 식별하도록 한다.

참고문헌과 간략한 해설

http://www.goodcharacter.com/

매일 부딪치는 딜레마, 학생 행동의 지침, 서비스 학습 등을 포함한 광범위한 자료 목록. 이 자료들은 기본적으로 미국의 상황에 맞는 것이며, 이런 종류의 자료가 세계의 다른 많은 지역에서 관심을 끌 수 있는 여러 가지 방법이 있다.

http://www2.cortland.edu/centers/character/index.dot

네 번째와 다섯 번째 R(존중respect과 책임responsibility)를 위한 센터. 이것이 토머스 리코나Thomas Lickona의 토대이다. 그는 아이디어 개발은 물론이고 실천적 교육자료 생산에도 영향을 주었다. 그의 최근 저서 일부는 성, 관계교육 그리고 인성과 관련이 있다. '이상적' 가족구조에 대한 논쟁과 그들과 관련 있다고 여겨지는 도덕성을 둘러싼 논쟁에 대한 흥미로운 이슈들이 있다.

Jubilee Centre – http://www.jubileecentre.ac.uk/

버밍엄대학의 주빌리센터는 영국에서 인성교육의 지도적 센터로 빠르게 자리 잡았으며, 이미 세계적으로 널리 알려졌다. 2016년, 교육부 장관 모건(Nicky Morgan, 보수당)과 다른 정당 정치인들은 주빌리센터에 대한 지지를 표명했다. 주빌리센터 웹사이트에는 풍부한 학술 자료와 전문 자료가 있다. 학술 자료의 일부는 회의 자료(예컨대 http://www.jubileecentre.ac.uk/1643/conferences/cultivating-virtues)를 포함하지만, 기사도의 미덕에 관한 일련의 이야기를 비롯해 전문적인 상담을 위한 아주 많은 실천적 자료가 있다. 모든 교육 단계에서 사용할 수 있는 자료이다.

Kristján Kristjánsson(2013). Ten Myths About Character, Virtue and Virtue Education-Plus Three Well-Founded Misgiving, *British Journal of*

Educational Studies, 61(3), 269-87 doi:10.1080/00071005.2013.778386.

이 논문은 인성교육 지지자가 인성교육의 발안에 대한 비판을 해결하고, 더욱 긍정적인 전망을 개발할 것을 제안하는 아주 흥미로운 작업이다. 저자는 어떤 비판은 정당화될 수 없다고 주장한다. 그는 인성교육이 반드시 불분명하고 중복적이고 구식이며 종교적·부권적·비민주적·보수적·개인주의적이고, 관계 또는 상황 의존적이지는 않다고 말한다. 그러나 저자는 다음과 같은 세 가지 더 유력한 기본적 우려가 있다고 지적한다. 그것은 역사적·방법론적·실천적 차원의 문제이다. 첫째, '역사적'으로 사람들이 실제 미덕에 대해 생각하는 방법과 인격을 알려주는 경험적 지식에 근거하지 않는다면 합리적으로 개발된 미덕의 철학적 이론이 있을 수 없는 것처럼, 철학적 덕 윤리의 유의미한 개입이 없다면 미덕에 관한 실용적 사회과학 이론이나 구성요소가 될 수 없다고 지적한다. 둘째, '방법론적'으로 덕과 인성 연구에 명확한 경험적 방법론이 결여되어 있기 때문에 연구 도구를 개발할 것을 권장한다. 셋째, '실천적'으로 우리는 이 분야에서 앞서의 관여가 미치는 영향에 대해 별로 알지 못한다는 점을 지적한다.

활동

1. 해설을 붙인 읽기 목록은 많은 실제 자료에 접근하게 한다. 도덕성 발달을 둘러싼 많은 자료가 있다. 도덕교육과 관련된 거의 모든 소재가 인성교육과 관련되었을 수 있다. 이와 관련된 다양한 지침을 약간 분석하면 유용할 것이다. 요크대학의 최근 연구는 멕시코, 스페인, 중국, 영국에서 공식적으로 제공된 가치교육의 본질 조사를 포함하고 있다. 네 나라 모두에서 강조한 것처럼 보이는 가치들이 있다.

자유
인권
번영

민주주의(참여)

평등

정의

법치

애국심

헌신/정직/시민적 예의(정중함)

연대

사회경제적 발달/문명화

다양성 존중/비-차별/반-편견

문화간의 이해

멕시코와 스페인의 가톨릭교회는 종교와 개인의 도덕적 선택을 강조한다. 중국 공산당은 교육정책 개발에 크게 관여한다. 영국은 의회민주주의에 대한 약속, 기독교 전통의 다양성 인식, 사회계급 형성의 역사 그리고 결과적으로 나타난 배제와 불균등한 사회적 자본의 배분을 강조한다. 아주 포괄적으로 말한다면 위에 제시된 가치 목록에 대한 서로 다른 맥락들이 무엇을 의미한다고 생각하는가? 이들 나라에 대한 몇몇 일반적인 내용을 읽고 다른 나라들과 함께 일하면서, 물론 단순하고 용납할 수 없는 고정관념에 빠지지 않도록 극도로 조심한다. 예를 들어 자유에 대한 약속이 중국과는 반대되는 스페인에서는 어떤 모습일까? 영국과는 대조적으로 멕시코의 연대는 무엇을 뜻하는가?

2. 크리스티안슨이 인용한 논문에서 그는 "도덕적 인성—자연주의적·사실주의적 개념에 근거한—을 측정할 수 있는 확실히 검증된 도구가 존재하지 않는 것 같다"는 점에서 인성교육의 영향을 판단하기가 몹시 어렵다고 주장했다. 그런 다음 그는 앞으로 나아가는 방법을 제시한다.

나는 현재의 인물들과 미덕 연구자들에게 미덕을 측정하기 위한 그들 자신의 테스트를 설계하려고 시도하는 것—또는 적어도 개별적이기보다 협력해야 더 잘 작동하며 이미 존재하는 절충적 다기준 조합을 찾는 것(Kristjánsson, 2010,

p. 51-2) — 외에는 이 곤경을 벗어날 방법이 없다고 본다. 문제를 복잡하게 만들면, 젊은이들은 도덕성 발달의 서로 다른 단계를 보여줄 것이기 때문에 이러한 조치들은 연령별로 구체적이어야 한다.

콜버그는 도덕적 추론의 단계를 연구했다. 이를 위해 그는 하인즈 딜레마라고 불리는 방법을 사용했다. 이 딜레마는 인터넷상에서 광범위하게 이용되었다. 하인즈는 아픈 친구가 복용할 약을 구하기 위해 무엇을 할지를 생각하는 이야기의 주요 인물 이름이다. 도덕적 추론의 6단계는 처벌을 피하기 위해 원칙적으로 무엇을 하든(하지 않든), 정의의 원칙을 준수하는 상황에서 옳은 일을 하는 것이 무엇을 의미하는지 복합적으로 고려한다. 콜버그의 작업은 일부 사람들에게 칭송받았지만 또 다른 사람들에게는 비판을 받았다.

이 작업에서 여러분은 다른 사람들과 함께 하인즈 딜레마를 검토하고, 크리스티안슨이 원하는 것을 제공할 수 있는 종류의 도구를 우리가 이미 가지고 있는지를 결정해야 한다. 인성교육 프로그램의 영향을 이해할 수 있는 적절한 도구가 있는가? 만약 그렇지 않다면, 그러한 도구를 개발하기 위해 우리가 해야 할 일은 무엇인가? 이 작업을 잘 수행하려면 협력해야 하고, 건설적으로 비판적이어야 하며, 다양한 견해에 진정으로 열려 있어야 한다.

13

글로벌 교육
Global Education

학교교육을 포함하되 이에 국한되지 않는 교육은 점점 '글로벌 주제'가 되고 있다. 정책결정자들은 종종 다른 곳에서 실행하거나 국제적 세계화에 의해 권고된 것과 비교하여 국가교육과정의 수정, 교육을 제공하는 방식의 변화 또는 고등교육에 대한 접근방식을 논의한다. 그 결과 학교, 대학, 그 밖의 교육기관에서 가르치는 내용이 더욱 지구적 전망을 제공하는 쪽으로 바뀌고 있는데, 외국어 교육의 확대라든가 지리 교육과정에서 세계지리의 관련성 증가 등을 예로 들 수 있다. 또한 '글로벌 교육'에 관한 광범위한 자료와 학술 논문이 있다. 그러나 교사, 학자, 정책결정자가 글로벌 교육에 대해 글을 작성할 때 연구 분야는 서로 다르다. 일부 사람들에게 글로벌 교육은 점점 지구화하는 세계에서 교육이 어떤 모습일지를 결정하는 다양한 담론을 말한다. 또 일부 사람들에게 글로벌 교육은 전 지구적 조직화가 국가교육정책 결정에 영향을 끼치는 방식을 말한다. 그리고 제3의 학문 집단에게 글로벌 교육은 전 지구적 관점이 교육 과정에 통합되는 방식을 말한다. 이 장에서 우리는 이러한 세 가지 연구 분야의 주요 담론과 그 담론들 사이의 상호 연결을 개괄하고자 한다.

교육에 대한 '글로벌' 담론

'글로벌 교육'이라는 용어는 종종 지리적 의미로 이해되는 세계와 관련된 내용을 강조하며, 학문 영역이나 문화처럼 전통적 경계를 허무는 교육과정에 총체적인 접근방식을 취한다. 그리고 학교와 교실 분위기와 관련한 쟁점을 포함해 교육과정의 정서적 차원에 특히 주의를 기울이는 학교교육과정에 대한 특별한 접근방식을 말한다.

글로벌 교육은 경쟁적 영역이다. 토레스(Torres, 2015)는 세계화 과정이 우리의 삶과 교육에서 지니는 한계와 가능성에 관한 세 가지 주요 관점을 구별한다. 이들 견해는 글로벌 교육을 각각 다른 방식으로 이해하고 또 다른 교육 실천으로 발전할 것이다. 일부 '회의론자들'은 세계화가 교육에 부정적인 영향을 끼쳤다고 주장한다. 이들은 교육이 본래 국가적 또는 지역적 주제라고 생각한다. '초세계화론자들'은 세계화 과정의 가속화가 전 세계의 교육정책과 실천에 유익하다고 생각한다. 마지막으로 제3의 집단인 '혁신론자들'은 특정 형태의 세계화가 정의 지향적인 교육정책과 실천을 가져올 수 있지만, 이와 다른 형태의 세계화는 불평등 증대에 기여한다고 지적한다.

위의 집단들은 서로 매우 이질적이다. 실제로 세계화가 교육현장에 가져다 줄 수 있는 이점과 문제점 그리고 이러한 세계화에 교육정책과 실천이 어떻게 대응해야 하는지를 고민하는 다양한 견해가 있다. 문헌 (Pike, 2008; Spring, 2004)을 검토함으로써 이러한 주제와 관련된 7가지 주요 담론을 확인할 수 있다. 이들 각각의 담론과 함께 세계시민성·세계시민교육의 다양한 견해와의 연계성을 살펴본다(표 13.1). 1장, 2장, 11장에서는 이러한 담론들의 여러 항목을 개괄했다.

담론	기본 이론	세계화 관점	세계 시민성	세계 시민교육	글로벌 지식	글로벌 기술	글로벌 윤리
신보수 주의	보수주의	회의론자	—	—	국가 기여	—	국가적 가치
신자유 주의	경제적 자유주의	초세계화 론자	신자유 주의적	자격화*	지식의 글로벌 관점	유연성, 의사소통 기술	존중
인적 자본론	인적자본	초세계화 론자	신자유 주의적	자격화	언어	문제 해결, 재정적 문해력	책임
세계 문화론	세계문화	초세계화 론자	인문 주의적	사회화	인권, 지속가능성	갈등 해결	인권
자유 주의	정치적 자유주의	초세계화 론자 /혁신론자	인문 주의적	주체화	세계문화에 관한 지식	비판적 사고, 숙의	공감
급진 주의	마르크스 주의	회의론자/ 혁신론자	비판적	주체화	지배의 경제적 구조	비판적 문해력	사회정의
탈식민 주의	탈식민 주의	회의론자/ 혁신론자	반식민적	주체화	정치적· 경제적· 문화적 지배구조	비판적 문해력	사회정의

표 13.1 글로벌 교육 담론과 이상적 교육과정

* 자격화qualification는 아이들이 주로 일/직업과 관련하여 무엇을 할 수 있도록 적절한 종류의 지식과 기술, 자질을 갖추게 하는 것이다.

첫째, 회의론적 출발점을 취하는 신보수주의 담론은 교육의 주요한 기능을 국가의 가치를 향상하기 위한 새로운 세대의 사회화로 이해한다. 래비치(Ravitch, 2006)가 주장했듯이, 미국의 경우 어떤 사람들은 학교교육의 주요 목적이 '애국심'을 가르치는 것이라고 본다. 이 담론에서 '글로벌'은 국가가 세계에 기여했다는 논지로만 다루어진다. 예를 들면 역사 과목에서 신보수주의는 세계 역사 자체보다 국가가 세계사에 기여한 부분에 초점을 둔 교육과정을 촉구한다. 실제로 이 담론은 처음에는 글로벌 담론이 아닌 국가적 담론으로 간주될 수 있다. 어떤 경우 '국가적' 담론과 '글로벌' 담론 사이의 유사성은 분명하다. 예를 들어 일부 서구 나라에서 인권과 국가적 가치의 연계는 강력하다. 이 담론에서 세계시민성은 목적 자체가 아니라 시민성의 국가적 가치와 형태를 반영하는 방식으로 볼 수 있다.

둘째, 신자유주의 담론은 1장에서 소개한 경제자유주의에서 기원을 찾을 수 있는 경제철학인 신자유주의의 원리에 바탕을 두고 있다. 프리드먼Milton Friedman이나 하이에크Friedrich Hayek, 같은 신자유주의 이론가들은 경쟁이 경제의 추동력이라고 주장한다. 여행자와 노동자, 수입·수출 관세와 같은 경쟁의 장애물은 제거되어야 한다. 국가를 위한 어떤 역할이 있다면, 경쟁을 촉진하는 것이어야 한다. 신자유주의학파는 오직 경쟁만이 경제적 실체 — 기업이나 국민-국가 또는 학교와 같은 — 의 개선을 보장하고, 경쟁을 통해서만 전체 경제가 번영할 것이라고 한다. 이러한 관점에서 세계화는 경쟁자의 수와 경쟁 상황을 개선했기 때문에 긍정적인 것으로 간주된다. 신자유주의 이론가들은 이 담론을 교육에 적용하여 학교와 다른 기관들을 완전히 민영화해야 한다고 주장한다. 학교와 대학 같은 교육기관은 학생들에게 더 매력적으로 보이기 위해 시장에서 경쟁해야 한다. 교육체제는 '최고의' 교육 실천을 확산하기 위해 서로 경쟁해야 한다. 이런 면에서 글로벌 교육은 경제적 세계시민성과 세계시민교육의 자격화 기능과 관련이 있다.

셋째, 인적자본 담론은 인적자본의 경제적 효능에 바탕을 두고 있다. 스미스Adam Smith의 초기 경제자유주의와 민서Jacob Mincer의 후기 저서에서 이끌어낸 인적자본 이론은 인간·지식·능력을 국가의 경제적 생산성을 촉진하는 자원으로 이해한다. 교육과 인적자본에 대한 투자는 결국 국가경제에 기여할 것이다. 그러나 각 개인이 세계시장에서 개개인의 경쟁력을 갖추게 하는 지식과 기술교육을 장려한 신자유주의 이론과는 대조된다. 인적자본 이론은 국가경제가 다른 국가경제와 경쟁할 수 있도록 지식교육과 기술교육을 강화하려고 한다.

넷째, 세계문화 담론은 세계시민성에 관한 인본주의 담론과 세계시민교육의 사회적 기능과 연결된다. 이 담론의 바탕에는 세계문화가 인간의 가치와 규범의 본질을 구현하는 단일 문화로 점차 통합되고 있다는 세계문화론의 가정이 깔려 있다. 이런 면에서 글로벌 교육은 인권, 민주적 가치, 문화적 다양성, 지속가능성을 포함한 세계문화를 강조한다. 전 세계적으로 특정한 형태의 형식교육(주로 학교)이 확대됨에 따라, 이러한 세계문화와의 관련성이 높아지면서 글로벌 교육에 기여한다. 이 담론은 인류가 공유한 대학과 세계체제 내의 모든 사람들이 서로 의존하는 측면에서 연계성을 강조한다.

다섯째, 자유주의 정치철학의 전통에서 도출된 자유주의 담론은 인문주의 형태의 세계시민성과 관련되어 있다. 세계시민교육의 주체화 기능에 대한 특정 이해와 연관된 자유주의적 이론가들은 글로벌 교육이 자율적이고 성찰적이며, 학식 있는 개인의 교육에 기여할 수 있다고 생각한다. 이 담론의 지지자들은 글로벌 교육이 문화적 의미를 뛰어넘어 바라볼 수 있게 하는 전 세계적이고 다양한 관점을 학생들에게 제공할 것이라고 생각한다. 누스바움(Martha Nussbaum, 2002)은 이러한 전통에 따라 글로벌 교육을 통해 촉진할 수 있는 세 가지 능력, 즉 자신의 전통을 비판할 수 있는 능력, 전 세계의 시민으로서 생각할 수 있는 능력, 공감할 수 있는 능력을 중시한다.

여섯째, 급진주의 담론은 세계화가 국가 간 또는 국가 내에서 경제적 불평등을 가속화했다고 비판한다. 마르크스주의 분석을 따르는 월러스틴 등의 저자는 세계체제이론을 발전시켰다. 회의적 시각에서 이 이론을 지지하는 사람들은 세계가 점점 더 불평등한 두 지역(부유한 나라와 가난한 나라)으로 나뉘고 있는 방식을 비판한다. 잘사는 나라들은 자국의 경제력을 유지할 목적으로 교육과 그 밖의 문화 활동을 통해 자본주의적 신자유주의 가치를 빈곤한 나라들에 주입한다. 일부 급진주의 이론가들은 가난한 나라의 사람들이 글로벌 교육을 통해 부유한 나라의 경제에 기여하는 기술과 지식을 교육받는 방식을 비판한다. 또다른 일부 급진적 이론가들은 더욱 혁신적 접근을 주장하며, 권력과 지배 구조에 도전하는 대안적 형태의 글로벌 교육이 가능하고 바람직하다고 파악한다. 이러한 관점에서 볼 때 글로벌 교육은 부국과 빈국 간의 경제적 불평등을 발견하고, 사회정의와 정치적 행동 그리고 비판적 권한 강화 교육을 강조하는 것이어야 한다. 그럼으로써 급진적-혁신적 관점은 세계시민성의 비판적 형태와 세계시민교육의 주체화 접근과 결합해야 한다.

일곱째, 포스트식민주의 담론은 세계화가 부유한 국가에 이익을 가져다주는 문화적·경제적·정치적 의제를 전 세계적으로 부과하는 방식을 비판하기 위해 파농Fanon · 바바Bhabha · 미뇰로Mignolo · 사이드Said · 스피박

Spivak이 개발한 포스트식민주의 이론에 바탕을 두고 있다. 포스트식민주의 이론가들은 세계화가 일부 사람들이 다른 사람들보다 더 높은 수준의 권력을 갖는 데 기여하는 동시에 문화와 생활방식, 환경을 파괴한다고 주장한다. 또한 세계적 학교의 확장을 포함한 글로벌 교육은 잘사는 국가 문화의 동질화에 기여하고 있다고 비판한다. 포스트식민주의자들은 전 세계에 존재하는 국사 교과가 종종 단일한 형태의 세계사—서구의 힘 있는 남성들의 역사—를 제시한다고 본다. 급진적 담론과 비슷한 관점을 취하는 일부 학자들은 혁신주의적 견해를 견지하면서, 글로벌 교육이 비판적 세계시민을 격려함으로써 교육의 주체화 기능에 기여할 수 있다고 주장한다.

교육에 대한 글로벌 영향

국제기구IO, 더 정확하게는 유엔이나 세계은행 같은 정부간기구IGOs는 글로벌 교육의 다양한 담론 유통에 본질적인 역할을 한다. 루트코브스키 (Rutkowski, 2007)는 정부간기구가 신자유주의적이고 인적자본론적일 뿐만 아니라 세계문화 담론을 촉진하는 방식을 다음의 네 가지 특정 담론으로 구분한다. 그의 관점에 따르면 정부간기구는 다음과 같은 구성을 통해 이들 담론을 촉진한다.

• '연성법'이 형성될 다자적 공간: 정부간기구는 이론상으로는 허용되지만 강제적이지 않으며, 따라서 존재하지 않는 어떤 모호한 위임 법률을 제정한다. 예를 들어 유엔인권선언은 모든 사람이 교육받을

권리가 있다고 명시하지만, 누가 이 권리를 보장해야 하는지 그리고 이 권리가 보장되지 않을 경우 어떤 결과가 나타날지 분명하지 않다. 이러한 연성법 제정을 통해 정부간기구, 특히 유엔과 유네스코는 세계문화 담론을 촉구한다. 교육을 구성하는 것, 지식과 기술·윤리를 구성하는 것을 포함하여 글로벌 교육과 관련한 견해는 교육에 대한 특정한 이해를 통해 보편화한다. 예컨대 유네스코의 '모두를 위한 교육' 정책은 어린 시절부터 중등교육까지 전 세계 어린이들의 학교교육을 장려한다.

• 차관과 보조금을 통해 정책을 직접 집행하는 수단: 세계은행 같은 정부간기구는 국가부터 자선단체에 이르기까지 다양한 기관에 차관과 보조금을 제공한다. 교육이 무엇이어야 하는지(글로벌 지식과 기술 같은)에 관한 정부간기구의 견해를 공유하거나 이를 따르는 집단은 다른 집단보다 이런 차관과 보조금을 받을 가능성이 더 높다. 예를 들어 머혼(Mahon, 2010)은 세계은행이 전략적 차관과 보조금을 통해 공립학교보다 사립학교를 장려함으로써 신자유주의 담론에 특권을 부여하는 방식을 지적한다. 후기식민주의자와 급진적 저자들은 국가정책 입안에 영향을 끼치는 이러한 방식이 종종 많은 문제를 지닌 것으로 인식한다. 정부간기구는 문화적으로 민감하지 않고 지역 학생들의 이익에 도움이 되지 않는 서구식 교육 시스템을 암묵적으로 강요하는 것으로 보인다.

• 정책적 지식을 창출하고 교환할 수 있는 다자간 공간: 유네스코 같은 일부 정부간기구는 국제회의를 조직하고, 교육자료를 배포하며,

국제교육 연구에 기여할 수 있는 강력한 기관이다. 그러나 이러한 모든 활동에도 불구하고, 그들은 다른 담론들보다 글로벌 교육의 특정 담론을 특권으로 삼는다. 예를 들어 유네스코는 2013년부터 세계시민교육 포럼을 정기적으로 개최했다. 더 나은 글로벌 교육이 어떤 것이 될지에 대한 유네스코의 특별한 견해는 선언문과 작업문서를 통해 배포될 뿐만 아니라 포럼 형식으로 논의된다.

• 교육정책을 측정하고 평가하는 전문적 지식: 예를 들어 PISA는 OECD 회원국을 대상으로 경제 번영을 촉진하는 학업 성취를 측정하기 위한 평가 전략이다. OECD는 PISA를 통해 글로벌 교육에 대한 인적자본 담론을 장려한다. OECD는 학생들의 학업성취 결과에 따라 국가의 순위가 매겨지는 세계 경쟁 테이블을 만들어 국가경제에 필수적인 것으로 간주되는 지식의 영역과 이러한 영역이 평가되는 방식을 선정한다. PISA는 2012년부터 수리, 문해력, 과학, 문제해결과 재무 이해 능력 평가를 포함했다. 전 세계의 정책결정자들은 자국에서 국가교육과정을 어떻게 확장할지 논변하고 국가경제 번영을 보장하기 위해 인문학과 사회과학 교과에는 가치를 두지 않으면서 PISA를 언급하는 경우가 많다. PISA와 같은 국제적 학업성취 평가 전략은 종종 많은 학자들에게 비판받는다. 이러한 평가를 사용하면 많은 윤리적 문제가 발생할 수 있기 때문이다. 예를 들면 이 평가를 통해 누가 이익을 얻는가? 무엇이 '좋은' 교육체제인지를 결정할 윤리적 권위가 누구에게 있는가? 왜 특정한 유형의 지식과 기술은 가치 있는 것으로 간주되고, 다른 것들은 그렇지 않은가?

결론

글로벌 교육 분야는 몹시 복잡하며 세계시민성 분야와 밀접한 관련이 있다. 글로벌 교육은 교육과정을 포함하지만 이에 국한되지 않으며, 교육이 보편화하는 방식을 분석하는 데 초점을 맞추고 있다. 그리고 이러한 보편화가 일어나고 있는지의 여부를 논의할 때 세계시민성 분야는 우리가 글로벌 사회로서 교육해야 할 시민다움의 유형에 의문을 제기한다. 이런 점에서 데이비스, 에번스, 리드(Davies, Evans & Reid, 2005)가 주장하듯이 세계시민교육 분야는 두 전통을 하나로 모을 수 있으며, 또 현재 사회를 살펴보고 어떤 사회가 더 나은 사회인지를 논의하고, 현재보다 더 바람직한 미래로 나아가는 방법을 탐구하는 데 어느 정도 해결의 실마리를 던져준다.

Davies, I., Evans, M. & Reid, A. (2015). Globalising citizenship education? A critique of 'global education' and 'citizenship education'. *British Journal of Educational Studies*, 53(1), 66-89.

데이비스, 에번스, 리드는 이 논문에서 글로벌 교육과 시민성교육의 주요한 유사성과 차이를 밝힌다. 영국의 두 전통에서 이론적 토대와 교육과정의 실행을 분석하면서 저자들은 각 영역의 강점과 약점, 세계시민교육의 가능성을 개략적으로 설명한다. 특히 우리의 이해와 관련된 것은 저자들이 이 영역들 사이에서 확립하는 분명한 차별화이다. 다른 논문에서는 글로벌 교육과 세계시민교육의 사용이 불분명해 보이지만, 이 논문에서는 이들 영역 각각에 대한 정확한 설명이 있다.

GENE Global Education Network Europe. http://gene.eu/

GENE(유럽 글로벌 교육 네트워크)는 유럽 국가의 글로벌 교육에 대한 국가적 책임을 지는 장관과 각 부처의 네트워크이다. 이 웹사이트는 특히 포르투갈, 핀란드, 폴란드와 같은 유럽 국가의 글로벌 교육 보고서를 수집한다. 이 웹사이트는 특히 글로벌 교육이 교육정책과 교육과정에 뿌리내린 방식에 관심 있는 사람들의 흥미를 끈다.

Schooling the World. http://schoolingtheworld.org/resources/educators/

이것은 4장에서 확인한 다큐멘터리의 웹사이트로, 초·중·고·대학의 교육자를 위한 많은 자료가 제시되어 있다. 자료는 글로벌 교육과 관련된 다양한 쟁점을 논의하기 위해 교실에서 사용할 수 있는 교수자료, 비디오, 보고서를 포함한다.

Spring, J. (2004). *How Educational Ideologies Are Shaping Global Society*. Hillsdale, NJ: Lawrence Earlbaum.

이 책에서 스프링Joel Spring은 글로벌 교육을 둘러싼 다양한 담론을 제시한다. 이 장에서 개요를 설명한 대부분의 담론에 초점을 맞추면서 전 세계 국가에서 각 담론의 원리를 실천적으로 이행할 수 있는 예시는 물론이고, 각 담론의 이론적 토대를 자세히 설명하고 있다. 이 책은 상세하고 일목요연하게 정리되어 있으며, 정치적·경제적 이데올로기와 글로벌 교육의 연계에 관심 있는 사람들을 위한 훌륭한 자료라고 생각한다.

Standish, A. (2014). What is global education and where is it taking us? *The Curriculum Journal*, 25(2), 166-86.

이 논문에서 스탠디시는 서로 다른 정치적·경제적 이데올로기의 연계를 고찰하면서 지난 50년 동안의 글로벌 교육이 어떻게 진전했는지 분석한다. 저자는 미국과 영국의 글로벌 교육을 비교하는 작업에 중점을 두고 있지만, 이 논문은 교육과정과 교육실천에 서로 다른 접근방식이 시행되었음을 분명히 보여준다. 교육과정 설계 관점에서 글로벌 교육에 관심이 있는 사람들에게 이 논문의 마지막 절은 글로벌 지식, 기술과 윤리의 의미에 대한 서로 다른 이해를 강조하는 데 특히 도움이 된다.

활동

이 활동에서 우리는 일부 기관 문서들을 분석하여 여러 기관이 수행하고 있는 글로벌 교육의 기초 담론을 검토해야 한다. 글로벌 교육에 관한 담론인 아래 링크를 따라 각각 논의하라.

- Reimers, F. M. (2014). Bringing global education to the core of the undergraduate curriculum, diversity and democracy. http://www.aacu.org/diversitydemocracy/2014/spring/reimers.
- Education Services Australia (2014). Global Perspectives: A framework

for global education in Australian schools. http://www.global
education.edu.au/verve/_resources/GPS_web.pdf.
- OECD (2014) PISA Trifold Brochure. http.//www.oecd.org/pisa/
aboutpisa/PISA-trifold-brochure-2014.pdf.
- UNESCO (2016) Education 2030. Incheon declaration and framework
for action towards inclusive and equitable quality education and
lifelong learning for all. http.//unesdoc.unesco.org/images/0024/
002432/243278e.pdf.

위에 제시한 세 가지 문서를 고려하여 이러한 정부간기구가 국가교육정책과 실
제에 영향을 줄 수 있는 방법을 구별하라.

14

평화교육
Peace Education

세계시민성*과 평화·폭력·전쟁이라는 이슈는 서로 분리되지 않고 연결되어 있다. 세계시민성을 탐구하고 수립하려는 개인과 집단은 평화와 관련된 개인적·대인적·구조적·사회적 쟁점에 관심을 기울여야 한다. 폭력의 철학자 클라우제비츠^{Clausewitz}는 전쟁이 다른 수단에 의한 정치의 연속이라고 믿었을지 모르지만, 전쟁을 정치의 실패라고 단정한 디즈니^{Henry Disney}의 관점이 더 옳은 듯하다. 서로 다른 이해관계가 충돌할 때 화해를 위한 시도가 폭력으로 이어지면 세계시민성은 훼손된다.

평화교육은 여러 방식으로 정의될 수 있는데, 그 중 가장 유용한 포괄적 언명은 다음과 같다.

---

* 국가의 단일한 정체성은 다중의 정체성을 강조하는 세계시민성^{global/cosmopolitan citizenship}과 충돌한다.

평화를 이룩하고 유지할 수 있는 조건, 그것의 딜레마와 해결 가능한 것들에 관한 지식의 전달, 그 지식을 해석할 수 있는 기술 훈련 그리고 문제의 해결과 가능한 일의 달성에 지식을 적용하는 성찰적·참여적 역량 개발(Tint & Koteswara, 2007, p. 24에서 인용한 리어든[Reardon]의 글).

평화교육자들이 도출해내는 학문과 그 학문의 핵심 사상가들은 매우 다양하다. 센(Sen, 1989)의 역량 접근 — 공리주의를 넘어 정의를 성취하는 데서 실존과 행동의 중요성을 강조하는 — 은 일부 사람들에게는 매력적이다. 닐(Neill, 1966) — 라이히[Wilhelm Reich]의 심리적 이론화와 자유에 대한 헌신에 고무된 — 이 선도한 급진적 대안학교에 대한 접근방식과 슈마허(Schumacher, 1973)의 인간적 규모의 발전을 촉구하는 '녹색' 사상, 그리고 그 밖의 모든 것이 관련되어 있다.

평화교육자가 주로 고려하는 것은 평화와 폭력의 본질이다. 힉스(Hicks, 1980)는 직접적·간접적이라고 할 수 있는 폭력의 다양한 형태를 광범위하게 거론했다. 직접적 폭력에는 인신공격, 테러리스트의 폭력행위, 전쟁에 가담하는 행위 등이 포함된다. 힉스의 견해에 따르면 직접적 폭력의 부재는 '소극적 평화'를 가능하게 할 것이다. 간접적 폭력은 주로 빈곤, 배제, 주변화의 구조적 조건과 관련된 것으로, 간접적 폭력의 부재는 '적극적 평화'로 간주될 수 있다.

힉스는 이러한 생각을 적용하여 평화교육에 대한 서로 다른 접근을 제안했다.

- 힘을 통한 평화[*] : '힘을 통한 평화'는 기본적으로 우세를 확실히 유지할 수 있게 설계된 무장 억제력으로 보인다.
- 갈등 중재와 해결: 갈등을 분석하고 제안하기. 더욱 중요한 것은 초기에 갈등을 야기했을지도 모르는 불평등에 주의하기
- 개인적 평화: 공감과 협력 강조하기
- 세계질서: 개인적 변화와 세계적 변화의 연결을 목표로 하는 글로벌 관점
- 권력관계의 철폐: 구조적 폭력에 대한 인식 고양과 함께 억압받는 모든 집단과 제휴하기

이와 같이 평화의 특징에 비추어볼 때 다양한 형태의 평화교육이 가능하다는 것은 놀랄 일이 아니다. 해리스[Ian M. Harris]는 다섯 가지 주요 유형을 언급한다(Tint & Koteswara, 2007).

①국제 연구, 홀로코스트 연구, 핵무기와 군축 연구를 포함한 글로벌 평화교육, ②중재, 협상, 여러 의사소통 기술을 가르치는 갈등 해결 프로그램, ③가정폭력, 약물남용, 분노 조절, 관용교육을 강조하는 폭력예방 프로그램, ④인권교육, 환경 연구, 권력, 자원 불평등, 구조적 폭력을 포함한 발전교육, ⑤루서 킹 목사, 간디를 비롯한 위대한 평화 중재자들의 가르침과 철학에 뿌리를

---

[*] '힘을 통한 평화peace through strength'는 인간은 폭력적이고 세계는 경쟁적이라는 가정에 바탕을 두고 있으며, 주로 권력 · 무력 · 억지 등의 전술을 사용한다. 그런데 오늘날에는 상대방을 굴복시키기 위해 무력을 사용하는 '힘을 통한 평화'와는 다른 길을 걷는 평화주의 노선이 제기되고 있다. 평화주의자들은 당사자들의 요구가 평등하게 고려되는 '정의를 통한 평화peace through justice'를 지지한다. '정의를 통한 평화'란 사회적 억압과 경제적 착취를 제거함으로써 평화를 달성할 수 있다고 보는 것이다. '정의를 통한 평화'는 빈곤 · 질병 · 기근 극복과 인권 보장에 관심을 기울인다.

둔 비폭력 교육(Tint & Koteswara, 2007, p. 24)

위의 목록에 추가할 수 있는 다른 항목이 있을 수 있다. 힉스는 평화교육의 목적에 다음 네 가지를 포함할 것을 제안한다.

- 실존 상태로서의 평화, 능동적 과정으로서의 평화에 대한 개념 탐구하기
- 개인, 제도, 사회에서 평화의 장애물과 무無평화의 원인 탐구하기
- 덜 폭력적이고 더 정의로운 세계를 향하는 방식으로 갈등 해결하기
- 더욱 정의롭고 지속가능한 전 지구적 사회를 건설하기 위한 특정한 방식으로 다양한 대안적 미래 탐구하기

적극적 평화와 소극적 평화에 관한 앞의 논의는 사람 또는 공공 문제로 간주될 수 있는 쟁점과 얽혀 있다. 이들 사이의 구분은 종종 발생할 수 있는 일의 종류를 학습자와 함께 결정하는 데 매우 중요하다. 어떤 이들은 세계시민성의 특정 측면 또는 관점에서 공공 문제가 주요 초점이 되어야 한다고 주장한다. 그러니까 논변이 주장한 대로 개인적인 문제들은 시민성과 같은 것에 관한 내용이 아니며, 적어도 부분적으로는 법적으로나 정치적 지위의 일부로 간주된다. 물론 공과 사의 구분은 그렇게 간단하지 않으며, 적어도 평화교육의 일부 측면은 대인관계와 사회적 고려뿐만 아니라 개인의 심리적·영적인 문제들에 크게 의존한다.

여러 평화교육의 핵심에는 현재 대부분의 학교에 존재하는 버전과는 반대로 설정된 학습자의 관점이 있다. 학습자는 실제 비평화적 방식으로 상호작용하는 것으로 보인다. 휘터커(Whitaker, 1988)는 다음과 같은 견

해에 반대하는 자신의 입장을 설명한다.

① 학생들이 학습하는 것을 신뢰하지 않는다.
② 시험에 합격하는 능력은 선택과 판단을 위한 최상의 기준이다.
③ 교사가 가르치는 것은 학생이 배우는 것이다.
④ 지식은 사실과 정보의 꾸준한 축적이다.
⑤ 학문적 절차, 예를 들어 과학적 방법은 조사하려는 대상보다 더 중요하다.
⑥ 학생은 흔히 사람으로서가 아니라 조종의 대상으로 간주된다(p. 25).

이러한 견해와 달리 휘터커는 다음과 같은 10가지 요지의 지침을 사용해야 한다고 주장한다.

① 학습하는 방법을 강조한다.
② 학습은 목적지가 아니라 여정이다.
③ 학생과 교사는 각자의 역할 측면이 아니라 사람으로서 관계를 맺어야 한다.
④ 성공적 학습의 결정 요인으로서 자기 개념을 우선시해야 한다.
⑤ 학생들의 내적·직관적·정서적·영적 경험은 학습을 위한 중요한 배경으로 간주되어야 한다.
⑥ 발산적 사고와 추측을 장려해야 한다.
⑦ 연령별 학습을 가변적이고 유연한 연령으로 집단화하여 제공해야 한다.
⑧ 색상, 안락함, 개별 공간과 프라이버시 보호에 더 많은 주의를 기울

이고 학습공간에 더 많은 관심을 두어야 한다.

⑨ 지역사회교육을 학교와 기관의 전통적인 학습 모임을 타파할 수 있
   는 기회로 삼아야 한다.

⑩ 교사는 자신이 가르치는 학생들과 함께 배우는 학습자로 간주되어
   야 한다.

평화교육학은 평화 자체의 본질을 특징짓는 매우 중요한 방법이다(예
를 들어 Hicks, 1988).

평화교육에 대한 비판

평화가 폭력보다 더 바람직하다는 주장에 반대하기는 쉽지 않지만, 세계
시민성을 다루는 다른 많은 것처럼 고려해야 할 몇 가지 복잡한 요인이
있다.

평화는 자연적이지 않으며, 더 나은 세계의 발전에 도움이 되지 않는다
고 생각될 수 있다. 물론 아무도 전쟁을 적극적으로 조장하지는 않지만,
정치적·경제적·군사적 맥락에서 진보를 성취하기 위해 투쟁이 필요한
지를 놓고 논쟁하는 것은 일반적으로 또는 적어도 암묵적으로 용인된다.
고전 영화 〈제3의 사나이〉*에서 배우 웰스Orson Welles의 유명한 발언—"형
제애가 남달랐던 스위스는 민주주의와 평화를 누리며 몇 백년을 보냈지
만, 그들이 만든 게 뭔가? 뻐꾸기시계뿐이다"—은 폭력적 보르자Borgia가
지배한 사회의 르네상스적 성취에 초점을 맞추고 있다. 근본적으로 이러
한 문제는 생물학적으로 결정되거나 잘 알려진 이기주의와 이타주의를

둘러싼 논쟁과 연관이 있다(Dawkins, 1976).

평화 그리고 평화교육의 목적은 분명 정치적 상황과 맞물려 있다. 1980년대에 세계 여러 지역에서 핵무기를 금지하려는 모든 시도(예를 들면 핵군축 캠페인)는 평화를 가져다주지 못하는 순진무구한 이데올로기적 제안으로 여겨졌다. 레이건 대통령은 무기를 추가적으로 소비함으로써 냉전을 성공적으로 끝냈다고 선언했다. 이것은 전쟁이 평화와 같은 의미를 담고 있다고 주장하는 오웰^{George Orwell}의 소설《1984》에서 빅 브러더에 대한 논의와 비슷한 것으로 보인다. 이러한 문제에 대한 해석은 쉽게 상상할 수 있듯 매우 다양하다.

그러나 정치적으로 고취된 교화 형태의 평화교육에 대한 비판이 종종 이루어졌다. 이른바 위험한 교사들을 제약하거나 해당 교사의 전문적 활동을 보호하기 위한 지침으로 다양하게 이끌어졌다. 교사의 목적이 평화에 **대해** 교육하고, 평화로운 수단을 **통해** 교육하고 — 비록 그들이 학교의 비민주적인 환경에서 일하고 있더라도 — 그리고 아마도 평화를 **위해** 교육하는 것이라면 이러한 주장이 완전히 사라질 것 같지는 않다는 것을 의미한다.

평화교육이 단지 외부에서 주어진 결과로 이어질 수 있다는 염려가

---

* 1949년 작품으로 네티즌들에게 큰 호평을 받은 작품이다. 2차 세계대전 직후, 4개 승전국에 의해 공동으로 치안이 유지되던 오스트리아의 수도 빈에 올리 마틴스라는 미국인 3류 소설가가 도착한다. 그는 친구 해리 라임의 일자리 제안을 받아들여 방문하게 된 것이었다. 그러나 도착한 날, 해리가 자동차 사고로 죽은 것을 알았으며 해리의 차 사고가 의문투성이임을 또한 알게 된다. 그는 해리와 친분이 있던 친구들을 만나면서 사고 현장엔 해리의 친구가 두 명이 아닌 세 명, 즉 제3의 사나이가 있었음을 알게 된다. 해리의 옛 애인 애나를 찾아간 마틴스는 연정을 느끼고, 위조 여권이 발각돼 곤경에 빠진 그녀를 도와주려 하다가 죽었다던 해리를 우연히 목격하고 만나게 된다. 스토리 구성이 탄탄하고 지하 하수도의 추적 장면은 현재의 영화들과 비교해도 차이가 없을 만큼 현실감을 느끼게 한다.

있다. 이러한 관점의 대부분은 종속이론—부유한 나라가 가난한 나라에 선의의 지원을 한다고 하더라도, 자율성과 독립성이 결여된다는 생각—과 연결되어 있다. 예를 들어 세계평화재단*과 같은 단체들이 캄보디아에서 작업을 계속하지 말아야 한다고 암시하지 않더라도, 이 논지에는 공정하지 않은 어떤 문제가 있을 듯하다. 활동가들이 비판을 감수할 수 있는 활동이 되려면 타국에 이념과 심의를 부과하거나 뜻하지 않게 종속을 조장할 수 있다는 점을 인식할 필요가 있다. 그렇게 되면 가난한 나라가 자신의 국가 문제를 해결할 수 있는 능력을 약화시키게 된다. 더나아가 가난한 나라가 도움을 받더라도, 이러한 지원적 접근은 자기 나라뿐만 아니라 다른 모든 나라에 해당되기 때문에 애국심을 지닐 수 없다고 주장하는 사람들도 있다.

종속의 문제점과 관련된—하지만 이것과 구분되는—비판은 엄청난 패배를 당한 후에 재건해야 했던 나라에서 평화교육이 번창하는 경향이 있다는 것이다. 제2차 세계대전 후의 독일은 평화교육의 좋은 사례를 보여준다(Duczek, 1984). 독일에서 이 활동은 때때로 교육이나 다른 탈나치화 프로그램과 관련이 있다. 현재 독일의 대외정책은 유럽연합 내의 주도적 지위를 이용해 경제적으로 공격적인 행동(아마도 특히 그리스를 향해)을 했다고 느끼는 일부 사람들에게 비판받고 있지만, 평화를 고수하는 자세는 여전히 매우 강한 듯하다. 2016년 5월, 독일(중국·영국과 함께)은 국제앰네스티의 여론조사에서 1위를 차지하면서 이주민들을 환영하는 접근방식을 표명했다. 국제앰네스티는 국민과 정부 사이의 분열을 의미한다고 생각했지만, 여전히 강력한 인도주의적 자극이 있다고 주장할 수

* https://www.globalpeace.org/about-us

있다.*

평화교육은 일본에서 매우 분명하게 나타났다. 아베넬(Avenell, 2015)
은 전쟁 직후, 특히 1951년까지 미군이 점령한 기간에 희생자 문화가 나
타났다고 주장한다. 달리 말하면 전쟁의 패자들은 교훈을 얻어야 한다.
그러나 개발도상국 경제와 국가, 그리고 결정적으로 국제적 참여의 맥락
에서 매우 다른 접근법이 시도되었다. 베트남전쟁 반대는 관점의 변화를
가져온 요인 중 하나일 뿐이며, 일본이 힘을 통한 평화를 주장하는 데 기
여했다. 아베넬은 1960년대 이후 시민운동의 초국가주의가 현대 일본
시민사회의 출현을 설명하는 데서 핵심 변수로 고려되어야 한다고 주장
한다(Avenell, 2015, p.380). 그런데 이것을 너무 확정적인 것처럼 말할 수
는 없다. 아베 총리의 지위를 공고히 다진 2016년 일본 선거는 군사적 능
력 개발에는 도움이 됐지만, 남중국해 영토분쟁의 맥락에서 보면 평화와
평화교육에 대한 전망을 낙관할 수 없을 것이다.

여기서 고려해야 할 마지막 비판은 평화교육이 엄격하지 않다는 사실
이다. 이런 노선을 취하는 것으로 가장 잘 알려진 비판자는 콕스와 스크
루튼(Cox & Scruton, 1984)이다. 이들은 매우 신랄하게 비판하면서 평화
교육이 단지 정치적 입장을 위한 변명에 불과하다고 주장했다. 전쟁과
평화라는 이슈가 왜 다른 이슈보다 지성적으로 덜 까다로운 문제로 간주
되어야 하는지는 분명하지 않다. 아마도 관료적으로 확립된 단일 학문
분야에 대한 애착은 학제간 연구가 과소평가된다는 것을 뜻한다. 평화교
육자들은 정치적 의도를 비판받을 가능성도 크다. 스크루튼은 다른 글
(Pike & Selby, 1986)에서 글로벌 교육을 공격했으며, 교육과 교화를 열정

---

* https://www.amnesty.org/en/latest/news/2016/05/refugees-welcome-index-shows-
  government-refugee-policies-out-of-touch/

적으로 비판한 글을 썼다. 물론 평화나 어떤 종류의 교육을 학습자의 세계관에 영향을 끼치는 데 관여하는 시도로 간주하는 것은 모든 사람에게 가능한 일이다. 예를 들어 특정 정치적 견해와 정당에 몹시 적극적인 역사가들이 부적절한 방식으로 수행하는 평화교육의 증거가 더 있는지 여부는 아직도 논란의 여지가 있다.

이러한 쟁점과 접근방식, 논의를 살펴봄으로써 드러나는 것은 세계시민성이 본래 평화교육과 연결되어 있다는 사실이다. 세계 전역에서 평화가 분명해지고 달성되게 보장하려면 이 연결의 명확한 본질을 꾸준히 탐구할 필요가 있다.

참고문헌과 간략한 해설

Avenell, S. (2015). Transnationalism and the evolution of post-national citizenship in Japan. *Asian Studies Review* 39(3), 375-94.

일본은 아웃사이더는 물론이고 일본인에 의해 문화적으로 동질적이며, 항상 다른 나라와 분리된 민족의 실체로서 잘못 대표되었다. 이 논문은 일본의 운동가들이 국가와 산업의 억압으로 인한 희생자 지위에서 좀 더 자신감 있고 외향적인 자아의식으로 전환했다는 초국적 노동의 영향을 다룬다.

린 데이비스Lynn Davies의 저서 중 다음 세 권을 특별히 살펴볼 필요가 있다.

Davies, L. (2004). *Conflict and Education: Complexity and Chaos.* London: Routledge.

Davies, L. (2008). *Educating against Extremism.* Stoke-on-Trent: Trentham: books.

Davies, L. (2014). *Unsafe Gods, Security Secularism and Schooling.* Stoke-on-Trent : IOEPress/Trenthan books.

이 책들에서 데이비스는 평화와 갈등에 관련된 많은 쟁점을 탐구하고 여성주의 토론을 잘 활용한다. 또한 다양한 공동체의 권리와 정체성 문제의 공정하고 정의로운 해결을 위한 투쟁을 언급한다.

Peace Education Foundation. http://www.peace-ed.org/

이 평화교육재단Peace Education Foundation은 미국에 기반을 두고 국제주의적으로 조망하는 조직이다. 일부 자료는 영어는 물론이고 스페인어·프랑스어로 제공한다. 일련의 연구 논문에서 다룬 아이디어와 쟁점에 대한 토의뿐만 아니라 실용적인 자료도 들어 있다.

Pike, G. & Selby, D. (1988). *Global Teacher, Global Learner*.
London: Hodder and Stoughton.

이 책은 약간 오래됐지만 훌륭한 자료이다. 교육적 가치가 크고, 실제로 효과가 있는 아주 좋은 교육활동으로 가득 차 있다. 또한 글로벌 교육 목표의 개요를 훌륭하게 설명하고 있다. 이 목표들 중 상당수는 평화교육의 목표와 직접적으로 연관되어 있다. 몇 가지 주요 영역-시스템과 관점을 대하는 의식, 지구 건강에 대한 자각, 참여의식과 준비성 그리고 과정에 임하는 마음자세-이 있다. 상상할 수 있듯이, 이 책은 세계교육과 평화교육 반대자들에게 격렬한 비판을 받아왔다. 어쩌면 이 책은 학문적으로 빈약하며 정치적 동기도 있는 것 같다. 그렇지만 읽을 가치가 충분하며, 활동을 시도할 수 있는 기회는 가치 있는 전문적 작업일 뿐만 아니라 큰 재미로 이끈다.

Tint, B. S. & Koteswara Prasad, G. (2007). Peace education in India: academics, politics and peace. *The Canadian Journal of Peace and Conflict Studies* 39, (1-2), 23-37.

어떤 면에서 인도는 평화교육에 중점적으로 관심을 기울인다고 생각할 수 있다. 간디의 활동은 인도에 중요한 역할을 했지만 간디가 모두에게 긍정적으로 받아들여지는 것은 아니다. 이 논문은 평화교육을 둘러싼 활동의 결핍을 지적한다. 그러나 2003년, 인도 마드라스대학에 평화와 갈등 해결 연구센터[CPCRS]가 설립되었다.

활동

1. 어린이와 어른이 함께 참여할 수 있는 다양한 우화가 있는데, 수준 높은 토론으로 이어질 수 있는 이솝 우화가 접근하기 쉽다. 한 예는 http://www.taleswith morals.com/aesop-fable-the-town-mouse-and-the-country-mouse.htm에서 볼 수 있다. 이 이야기에서 도시 쥐는 시골 쥐를 식사에 초대한다. 도시 쥐는 좋

은 음식을 먹을 수 있다. 그런데 식사하는 동안 개들이 짖어대자 시골 쥐는 달아나면서 말한다. "공포 속의 호의호식보다는 평화 속의 검소함이 낫다네." 이에 대한 논의는 평화와 관련된 다른 유형의 문제들(갈등 회피, 기본적이며 선호하는 생활수준 달성, 관용의 제한, 공격자에게 취할 수 있는 행동 등)을 다루어야 한다.

2. 다음의 활동은 대담하지만, 실제 상황에서 허용된다면 매우 흥미롭고 가치 있는 일이 되어야 한다. 우리는 윤리적 문제에 세심한 주의를 기울인다. 물론 여러분은 누구를 곤란하게 만드는 어떤 일도 하고 싶지 않을 것이다. 학회가 여러분의 행동이 적절한지 점검하기 위해 사용하는 윤리적 절차를 검토할 수 있다. 세계 각지에서 갈등의 통찰력을 개발하는 것은 학생들에게 갈등의 본질과 특정한 차이점들이 해결할 수 있는 방법을 이해하는 기회를 제공한다. 기존 연락처와 자신의 특정 상황에 맞는 한정된 지식을 바탕으로 두 나라의 사람들과 연락한다. 이들에게 각각 세 가지 일을 요청한다. ① 현재의 공적 갈등을 묘사하라(정부 정책에 대한 의견 불일치, 다른 나라와의 논쟁, 유명인의 사생활 침해 이야기와 그 외 다른 문제). ② 합의에 도달할 수 있는 세 가지 가능한 방법에 중점을 두라. ③ 이 세 가지 방법 중 하나를 선택하고, 선택한 이유를 설명하라. 이제 분쟁이 있는 나라 출신이 아닌 사람들은 각각 다음의 두 가지 일을 할 수 있다. 사태를 명료하게 파악할 수 있는 질문을 하고 분쟁을 해결할 수 있는 방안을 제시하라. 첫째, 분쟁국의 사람은 질문과 제안에 대한 답변을 내놓아야 한다. 둘째, 모든 참가자는 이제 공통으로 합의된 나아갈 길을 찾아야 한다.

15

다양성교육
Diversity Education

2015년 1월 7일, 프랑스 파리에서 예멘의 알카에다 지부 소속으로 밝혀진 두 사람에 의해 12명이 사망했다. 희생자 중 11명은 풍자잡지 〈샤를리 에브도 Charlie Hebdo〉에서 일하는 기자들이었다. 〈샤를리 에브도〉의 일부 필자들은 예언자 무함마드를 풍자하는 만화와 이슬람에 관한 농담을 반복해서 발표했다(Brooks, 2015). 사람들은 "내가 샤를리다 Je suis Charlie/I am Charlie"라는 슬로건을 통해 희생자들과 '표현의 자유'에 대한 지지를 표명했다. 프랑스 헌법(인간과 시민의 권리선언) 11조는 "사상과 의견의 자유로운 소통은 인간의 가장 소중한 권리 중 하나이다"라고 명시하고 있다. 이런 점에서 〈샤를리 에브도〉에 대한 공격은 언론인에 대한 공격일 뿐만 아니라, 프랑스 공동체가 가장 소중히 여기는 권리 중 하나를 거부하는 공격으로 간주되었다. 하지만 "내가 샤를리다"라는 슬로건은 즉시 "내가 샤를리가 아니다"라는 다른 슬로건이 뒤따랐다. 폭력적 행동을 비난하는 동시에 〈샤를리 에브도〉를 비판하는 사람들도 나타났다. 예를 들어 미국의 칼럼리스트 록산 게이Roxane Gay는 "살인은 어떤 경우라도 받아들일 수 없습니다. 그러나 〈샤를리 에브도〉가 믿음, 인간성, 젠더, 성지향, 인종 또는 민족성처럼 여러분이 소중히 여기는 어떤 것을 풍자하는 방식으로 불쾌감을 표현하는 것은 표현의 자유를 지나치게 행사하는 것이기도 합니다"라고 썼다.[*]

이 두 가지 다른 반응은 시민성과 다양성을 둘러싼 논쟁의 일부를 보여준다. 다양성의 문제는 기본적으로 어떻게 서로 다른 공동체를 배제하지 않고 각각의 공동체가 함께 살 수 있는지, 그리고 개인이 자신의 가치와 권리가 반대에 부딪칠 때 어쩔 수 없이 다른 공동체의 구성원이 되기 위해 어떻게 고군분투하는지에 관한 물음이다.

다양성과 다양성의 유형

학자들은 종종 다양성이라는 개념에 세 가지 주요 의미를 부여한다

---

[*] 알카에다의 후원을 받은 무슬림 테러리스트들에게 직원 11명을 잃은 프랑스 시사풍자잡지 〈샤를리 에브도〉가 최신판을 냈다. 최신판 표지는 이슬람 선지자 무함마드가 눈물을 흘리며 "내가 샤를리"라는 팻말을 들고 있는 그림이다. 이 표지 그림에 반대하며 "나는 샤를리가 아니다Je ne suis pas Charlie/I am not Charlie"라는 구호가 등장했다. 이후 표현의 자유 한계를 놓고 논의가 활발해지고 있다. 표현의 자유와 동의어가 돼버린 "내가 샤를리다"라는 구호가 나오는가하면, 다른 종교를 모욕하는 자유까지는 허용할 수 없다는 뜻을 담은 "나는 샤를리가 아니다"라는 구호도 등장했다. 이슬람 히잡을 한 파리 디드로대학의 한 여학생은 "표현의 자유는 절대적인 것이 아니며 규제돼야 한다"면서 "신성한 영역을 건드리면 상처를 주게 된다"는 등 표현의 자유에도 분명히 한계가 있다는 주장이 쏟아졌다. 특히 테러를 비난하지만 〈샤를리 에브도〉의 무한한 표현의 자유에는 찬성하지 않는다는 내용이 대부분을 차지했다. 프란치스코 교황도 기자회견에서 "표현의 자유에도 한계가 있다. 특히 타인의 종교를 모욕하거나 조롱하면 안 된다"고 말했다.

(Cooper, 2004; Taylor, 2012). 첫째, 다양성은 공동체가 공존하면서 동시에 개인이 하나 이상의 공동체에 속하는 복잡한 사회 현실을 설명한다. 둘째, 다양성의 개념은 다수자와 소수자 사이의 관계를 포함하되, 이에 국한되지 않는 집단 간의 관계와 평등, 정의, 차별 및 권력 관계에 대한 이들 관련성의 결과를 논의한다. 셋째, 다양성은 이러한 현실과 관계가 어떻게 중시되고, 평가되고, 관리될 수 있는지에 주목한다(Taylor, 2012, p. 1). 이런 측면에서 다양성 교육은 교육정책과 실천이 이같은 사회적 복잡성과 그 결과에 어떻게 영향을 끼치는지에 초점을 둔다.

다양성 — 집단 사이의 관계로 이해되는 — 을 둘러싼 논의는 복잡하기 때문에 맥락화할 필요가 있다. 지배하는 집단과 지배받는 집단, 즉 다수자 집단과 소수자 집단은 상황에 따라 다를 수 있다. 예컨대 무슬림 시민은 덴마크에서 소수자이고 피지배집단이지만, 알제리에서는 다수자이고 지배집단이다. 그런데 무슬림 공동체 안에는 많은 다양성이 존재한다. 예를 들어 알제리 무슬림 공동체에서는 시아파가 1%만 차지한다. 다양성은 다중적이며 때에 따라 중첩될 수 있다. 각 맥락에서 제도적 권력을 결정하는데 어떤 비지배적 소수자 공동체가 특정한 권리를 부여받기 위해 특별히 고려될 필요가 있다. 예를 들면 남아프리카공화국 헌법은 성적 지향과 관련된 다양성을 구체적으로 인정한 최초의 헌법이었다. 더 넓은 차원에서 보편적 인권선언은 인종, 피부색, 젠더, 언어, 종교, 정치적 의견이나 다른 의견—국가적 또는 사회적 기원, 재산, 출생 또는 다른 지위—을 명시적으로 언급한다.

다양성과 시민성

다양성과 시민성 논의에서 가장 중요한 것은 시민이 공동체라는 존재 자체에 도전하지도 않고, 억압적 상황에서 적절하게 행동하지도 않으면서 동시에 다른 공동체의 일부가 될 수 있는지에 관한 논쟁이다. 여기에는 개인이 소수자 문화집단(종교·민족·언어)의 성원임을 포기하지 않으면서 국가 공동체에 어떻게 통합될 수 있는지에 대한 논의도 포함된다. 킴리카(Kymlicka, 2011)가 주장하듯, 하나의 공통된 시민성 감정은 국가공동체의 사회적 결속에 필수적이다. 공동체가 존재하기 위해서는 최소한의 공통된/공유된 측면—최소한의 보편주의(Olssen, 2004)—을 요구하지만, 이 '최소한'은 논쟁적이다. 한편으로, 공동체들이 한 공동체 내의 각 집단이 자신의 권리와 가치를 유지할 수 있게 허용하면 더 큰 공동체의 생존에 문제가 생긴다. 개인은 다른 구성원과 어떤 것을 공유할 수 없다고 생각하기 때문에 더 큰 공동체와 자신을 구별하지 못할 수 있다. 이것은 사회적 일체성에 위협이 될 수 있으며, 극단적으로는 공동체 자체를 무너뜨릴 수 있다. 이와 반대로, 공동체의 권리와 가치를 공유하기 위해 그 공동체가 개인에게 다른 전통이나 가치, 정체성을 포기하라고 요구한다면 지배적 가치가 강요될 수 있으며 억압이 일어날 수 있다. 킴리카(Kymlicka, 1998)는 '양방향 과정'으로 통합을 강조하는데, 그것은 지배적 사회가 소수자에 맞게 조정되고 더욱 개방적이고 정의로워지는 것이다.

　서로 다른 철학적·정치적 전통은 공유-비공유의 균형을 유지하는 방법에 대한 이해가 다르다. 다음에서는 교육과 세계시민교육에 미치는 영향을 고려하여 이 논의에 대한 네 가지 주요 접근방식을 검토한다.

- 분리주의 접근(Joppke, 2007) 또는 차별적 배제(Banks, 2008)는 다양성에 접근하기 위해 지역사회의 민족적 이해를 끌어들인다. 이 접근방식의 기본 생각은 시민성이 생물학적 유산과 연관되어 있다는 가정이다. 공동체에 포함되거나 포함되지 않는 것 사이의 경계는 한 사람이 태어날 때 확립되기 때문에 그 공동체에 다른 사람을 포함시킬 수 있는 여지가 거의 없다. 이런 관점을 비판하는 사람들은 인종분리와 제도적 형태의 인종주의, 종족 중심주의, 극단적 민족주의, 종교 근본주의 사이의 한계가 모호하다고 주장한다.

  교육에 대한 차별주의적 견해는 같은 국가 안에서도 각자의 공동체를 위해 각각 다른 학교와 교육과정, 정책을 설립할 것을 주장한다. 예를 들어 남아프리카공화국의 인종차별Apartheid 정책의 경우, 같은 나라에 4개 인종 집단(백인, 흑인, 인디언, 유색인)마다 각각 다른 학교체제가 공존한다. 다양성에 대한 인종분리적 접근에 동의하는 사람은 세계시민성을 위한 교육을 지지하지 않을 듯하다. 우리는 이 사람들이 기껏해야 원초적 공동체의 구성원만이 환영받는 배타적 형태의 세계시민성만 장려할 것이라고 추측한다.

- 자유-동화주의 접근은 시민성이 법률 아래에서 동등하게 대우받기를 기대하는 개인과 국가 사이의 관계를 거론한다(Kymlicka & Norman, 1994). 개인은 이 접근을 통해 국가공동체에 완전히 통합되기 위해 국가적인 것과 모순되는 가치라든가 견해·전통을 포기할 것으로 기대된다. 비록 시민성에 대한 대안적 견해를 지닌 사람들에게는 이 점이 항상 문제가 되었다. '인정적 정의recognition justice'에 관한 쟁점(10장 참고)을 인식하는 다양한 형태의 사회적 다양성(예컨대

계급과 젠더)에 대한 고려와 대부분의 현대사회에서 문화적 다양성의 증가는 동화주의적 접근방식과 관련된 논쟁들 중에서 일부를 더욱 부각시켰다. 교육에서 자유-동화주의 접근을 따르는 정책은 학생을 국가적 형태의 시민성으로 통합하려고 시도하는데, 여기에는 자국어와 국가적 가치에 대한 몰입도 포함된다. 영국 교육부는 테러 대책의 일환으로 학교에서 '영국의 가치'를 홍보하기로 결정했다. '민주주의, 다른 신앙과 신념에 대한 관용, 개인의 자유와 법의 역할'이라고 명시적으로 묘사되는 영국의 가치는 종종 이슬람 사회에 속한 학생들을 자유주의적 세속주의로 '동화'하려는 시도처럼 인식된다(Arthur, 2015). 아흐메드(Ahmed, 2012)가 설명했듯이, 실제로 자유주의자들에게 어려움은 개인의 자율성이 '자명하고' 보편적인 것으로 생각한 진리에 의존한다는 것이다. 자유주의는 이성이 도그마에 도전해야 한다고 주장하는 반면, 많은 비서구의 사람들은 독단적이고 억압적인 비타협적 자유주의 진리에 도전한다(Ahmed, 2012, p. 728).

자유-동화주의 접근은 일부 인문학적 형태의 세계시민성과 유사점이 있다. 이러한 형태의 세계시민성의 기초는 두 가지 다른 가정을 내포한다. 첫째, 글로벌 공동체는 공동체로서 구성되며, 시민의 소속감과 참여를 위해 일련의 공유된 측면(최소의 보편주의)을 요구한다. 둘째, 권리, 의무, 공유된 해석과 지식(예를 들면 인권과 국제어)을 포함한 공유된 측면을 수용하고 통합하는 사람만이 세계시민으로 인정된다. 이 접근방식을 비판하는 사람들은 이러한 공유된 측면의 헌법이 권리·문화·전통을 통해 '글로벌'에 적합한 사람과 그렇지 않은 사람 사이에서 권력관계를 형성하거나 강화한다는 사실에 이의를 제시한다.

- 다문화주의는 개인은 물론이고 집단이 권리를 누릴 자격이 있음을 강조하는 자유평등주의와 공동체주의 철학을 이끌어낸다. 자유-동화주의 접근과 대조를 보이는 다문화주의자들은 법률이나 최소의 시민성(몇 가지 공유된 측면)이 억압의 상황을 피할 수 있는 유일한 길이라고 생각한다. 시민은 주로 그들과 가까운 공동체들의 구성원이 되며, 더 넓은 공동체와의 연계(즉 국가)는 개인으로서의 권리/의무 관계와 그들의 집단적 권리를 통해서다. 이 학파의 철학자 영Marion Iris Young 은 소수자나 억압된 집단의 구성원들이 자신들의 지위를 인정받는다면 더 넓은 공동체에 포함될 것이라고 주장한다. 영이 주장하는 '차별화한 시민권'은 필요하다. 이런 측면에서 세 가지 유형의 집단적 권리—특별한 대표권, 자치권, 다문화 권리—가 고려되어야 한다(Kymlicka & Norman, 1994). 특히 교육과 관련된 다문화 권리는 학교에서 이루어지는 비지배 언어교육과 민족 연구를 위한 공적 지원을 포함한다. 다문화주의는 세계시민성에 대한 문화적 접근과 밀접한 연계성이 있다. 다양성은 큰 가치가 있으며, 모든 공동체를 존중하고 환영하려는 시도가 있다. 그런데 이러한 형태에 대한 일부 비판자들은 서구적 권리(인권)가 어떻게 다른 모든 곳에서 부과되는 필수적인 공통의 측면으로 남아 있는지를 중시한다. 그래서 다른 비판자들은 이 접근에 기반하는 최소의 시민성이 전 지구적 공동체를 이야기하는 데 필수적인 전 지구적 연대를 창출할 것 같지 않다고 역설한다. 이 비판자들은 다양성에 접근하는 다문화주의 방법 때문에 서로 다른 공동체들이 고립되어 있으며, 더 큰 공동체에 기여하기보다는 양립하고 있다고 주장한다.

• 로버트 달Robert Dahl을 비롯한 다원주의 이론가들은 사회의 권력이 경쟁하고 있는 수많은 집단에 배분된다고 주장한다. 이들에게 있어서 다수자와 소수자의 균형은 계속 움직이고 있다. 예를 들어 우리가 누군가의 경제적 지위를 고려했을 때, 그는 권력자일 수도 있지만 억압받는 종교적 소수자일 수도 있다. 이런 측면에서 다수자와 소수자의 지배적 가치와 비지배적 가치, 권리와 이해는 더 큰 공동체 안에서 구성된다(아마도 경쟁할 것이다). 다원주의를 비판하는 사람들은 때때로 다원주의자들이 권력 배분을 너무 낙관적으로 바라본다고 지적한다. 이들은 권력이 종종 어떤 사람에게 집중되어 있으며, 경제력 같은 일부 형태의 권력은 다른 권력보다 훨씬 집중 편향이 심하다고 비판한다.

다원주의 접근 중에서 다음의 서로 다른 두 접근이 두드러진다. 롤스·하버마스·아렌트Hannah Arendt의 저서에 근거를 둔 자유 다원주의liberal pluralism는 서로 다른 공동체가 공유된 가치와 이해의 집합을 정의하는 숙의 과정에 참여할 수 있으며, 따라서 더 조화로운 공동체에 참여할 수 있다고 본다. 이와 달리 무폐Chantal Mouffe와 같은 쟁의적 다원주의자들agonistic pluralists은 다원주의가 갈등과 분리될 수 없으며, 따라서 공동체는 이 갈등이 발생하는 공간과 제도를 제공해야 한다고 주장한다.

세계시민성과 관련하여 두 경우 모두 전 세계적으로 논의될 필요가 있다. 다원주의의 두 형태는 교육분야에서 서로 다른 공동체 출신의 학생들이 함께 배우는 교육환경(예를 들면 학교)을 지지하는데, 이런 형태의 다원주의는 다양성교육과 세계시민교육에 접근하고 있다. 파커(Parker, 2008)가 묘사하듯 자유 다원주의자들에게 다양성교육은 민주적 교육으로 이해될 수 있다. 이것은 학생들이 논쟁적 이슈를 확인하고 해결하기 위해 노력하는 숙의 과정을 거쳐 이루어진다. 그러나 쟁의적 다원주의*는 학생들이 논쟁적 이슈를 해결하는 방법을 배우는 것이 아니라, 오히려 이 논쟁과 함께 사는 방법을 배워야 한다고 주장한다. 쟁의적 다원주의자들에게 다양성교육은 학생들이 자신의 요구를 위해 싸우는 동시에 적대자를 존중하는 방법을 배우는 정치교육과 관련이 있다(Ruitenberg, 2009).

결론: 다양한 '글로벌' 공동체

글로벌 공동체를 둘러싼 논의는 이 지구적 공동체에서 다양성을 어떻게 다루어야 하는지에 대한 논의를 포함한다. 글로벌 공동체는 최소의 보편주의를 필요로 한다. 글로벌 공동체는 전체 공동체를 하나로 묶는 최소의 보편주의를 요구하지만, 이 최소한이 무엇이고 무엇이어야 하는지는 매우 치열하게 논의되고 있다. 세계시민성에 대한 인문주의적이고 비판적인 이해를 지지하는 사람들은 이 최소의 보편주의가 글로벌 사회정의, 평등, 환경, 건강과 평화 등의 부문에서 글로벌 공동체를 위협하는 것에 대한 우려로 구성되어야 한다고 주장한다(Banks, 2008). 세계시민성을 위한 교육은 지속가능한 발전, 평화교육, 사회정의교육을 통해 글로벌

---

* '쟁의적 다원주의'는 기본적으로 갈등을 처리하는 행위로서, '적의'를 '쟁의'로 바꾸는 민주적 행위라고 할 수 있다. 적의가 아닌 쟁의적 갈등을 결합하는 것은 민주주의를 유지하는 데 필수불가결한 요소이다. 논란이 많은 사안에 관한 경쟁적 토론 없는 민주주의란 있을 수 없다. 따라서 쟁의적 다원주의는 민주적 공론화를 활성화하기 위해 이견과 부동의에 초점을 맞춘다. 상충하는 의견과 신념을 대화의 광장으로 끌어내 공론화하는 과정은 중요한 의미가 있다.

공동체를 강화하는 데 기여해야 한다. 그러나 이 모든 개념은 앞에서 강조한 것처럼 논쟁적이다. 이러한 아이디어에 대한 다양한 견해가 최소의 보편주의 안에서 서로 통합되면 공유된 가치를 약화시킬 위험이 있다. 하지만 일부 견해는 인권이 특권화하면 비지배적 공동체에 대한 지배적 이해(예를 들면 서구적 이해)를 강요할 위험을 드러낼 수 있다.

세계시민성을 다문화주의로 이해하는 이론가들은 더욱 최소화한 형태의 시민성을 옹호한다. 이 이론의 난제는 글로벌 공동체에 기여할 것인지, 아니면 전 지구에서 공동체의 공존에만 기여할 것인지이다. 학생들이 다른 사람들과 '함께'하는 연대와 존중보다 자신들을 '위한' 연대와 존중을 느끼도록 배울 경우, 이에 대처하는 길은 공동의 책임을 받아들이고 지구적 참여를 통해 함께 기여하는 것이다(Osler & Starkey, 2003). 억압과 불평등 상황을 무시함으로써 기존 권력관계에 기여할 위험이 있기 때문이다(Andreotti, 2011).

다양성에 대한 다원주의적 견해는 세계시민성의 비판적 형태와 세계시민교육에 대한 주체화 접근과도 연관된다. 또한 지구상 모든 공동체의 기여를 바탕으로 글로벌 공동체가 구성되어야 한다. 이런 점에서 교육환경은 공동체의 기여가 타협되거나 논쟁이 이루어지는 공간으로 간주된다. 자유 다원주의자들은 학생들이 합의를 배우기를 기대하는 반면, 경쟁적 다원주의자들은 더 많은 논쟁을 기대한다. 전자는 서로 다른 공동체를 함께 만족시키는 합의가 과제이고, 후자는 즉각적 결정(예를 들면 글로벌 경고)을 요구하는 문제에 대해 끝없는 논의에 빠져들지 말아야 하는 것이 과제이다.

참고문헌과 간략한 해설

Banks, J. A. (2008). Diversity, group identity, and citizenship education in a global age. *Educational Researcher,* 37(3), 129-39.

뱅크스는 이 논문에서 다양성 교육을 대하는 현대의 다양한 방법을 분석한다. 그는 이러한 형태의 다양성교육과 접근방식이 다른 시민성교육 사이의 명확한 연관성을 입증한다. 우리는 세계화와 다양성교육 토론에서 특히 흥미로운 점을 발견할 수 있다. 세계화가 형식교육에 미치는 영향(예를 들면 이주)과 다양성 교육이 세계시민성과 세계시민교육을 둘러싼 논의의 실마리를 제공해줄 수 있는 방안을 검토한다.

Edmunds, J. (2013). Human rights, Islam and the failure of cosmopolitanism. *Ethnicities,* 13(6), 671-88.

이 논문에서 에드먼즈June Edmunds는 현재의 세계주의cosmopolitanism가 어떻게 비서구 문화를 수용할 수 있는지를 검토한다. 에드먼즈는 특히 무슬림 공동체가 유럽 세계시민주의 담론과 정책에 어떻게 포함/배제되는지에 초점을 맞춘다. 그리고 독일·이탈리아·벨기에·프랑스·영국을 포함한 유럽의 사례를 제시한 뒤, 세속적 세계주의가 유럽 무슬림을 배제하는 경향이 있다고 결론짓는다. 에드먼즈는 시민성의 세계적 형식이 더 포괄적일 수 있는 방법을 알아내기 위해 이슬람 세계주의 형식을 살펴볼 필요가 있다고 주장한다.

Soysal, Y. & Wong, S. (2013). Diversity from within and without: comparative notes from France and Japan. *Multicultural Education Review,* 2(1), 77-92.

이 논문은 다양성교육의 렌즈를 통해 국가정책이 어떻게 검토될 수 있는지 좋은 예를 보여준다. 저자는 일본·프랑스의 역사와 시민교육 교육과정, 교과서에서 접하는 다양성교육을 비교한다. 이 사례들은 프랑스가 포스트식민주의 시민성,

국가적 시민성, 유럽적 시민성 사이의 복잡한 역학관계 맥락에서 다양성을 다루는 방식, 그리고 일본이 글로벌 맥락과 정도가 덜한 국가적 맥락에서 다양성을 이해하는 방식이라는 서로 다른 두 접근방식을 보여준다.

UNESCO(no date) Cultural Diversity. http://unesco.org/new/en/education/themes/leading-the-international-agenda/education-for-sustainable-development/cultural-diversity/(15 March 2016)

유네스코는 이 웹사이트에서 전 세계의 문화적 다양성과 관련된 다양한 자료를 제공한다. 여기에서는 다양성교육에 대한 유네스코의 접근방식을 설명하고 소수 언어에 관한 정보를 포함한 유네스코 보고서에 대한 다양한 링크, 문화적 다양성과 생물 다양성을 연결하는 링크를 제공한다. 또한 다양성에 대한 서로 다른 접근방식을 검토하고 고찰할 수 있는 전 세계의 사례 연구를 확인하는 데 특히 유용하다.

활동

우리는 다른 나라들이 학교 환경에서 종교적 다양성에 직면하는 방식을 분석할 것을 제안한다. 가장 논란의 여지가 큰 사례는 아마도 프랑스일 텐데, 2004년에 프랑스는 모든 공립학교에서 종교(무슬림 히잡을 포함하여)를 나타내는 행위를 금지했다. 그러나 다른 나라들은 종교적 다양성에 대해 다양한 접근방식을 취했다. 이런 점에서 우리는 다음에 소개하는 스미스(Smith, 2007)의 논문을 읽고 프랑스·터키·영국·우즈베키스탄이 취한 접근방식을 검토할 것을 권장한다. 좀 더 정확히 말하자면, 다음 사항을 고려하기를 권장한다.

• 이 논문은 어떠한 유형의 다양성을 고려하는가?
• 각 나라에서 적절하다고 생각하는 최소의 공통점은 무엇인가?
• 각 나라는 다양성교육에 어떤 접근방식을 취하는가?

• 각 나라는 어떤 방식으로 세계시민교육에 관한 논의를 연관시키는가?

Smith, R. K. M. (2007). Religion and edcuation: a human rights dilemma illustrated by the recent 'headscarf cases'. *Globalisation, Societies and Education*, 5(3), 303-14.

16

지속가능발전교육
Education for Sustainable Development

오늘날 많은 젊은이들이 11장에서 언급한 새천년개발목표 학습을 통해 지속가능한 발전의 아이디어를 소개받았다. 2000년 유엔 밀레니엄 선언의 일환으로 개발한 이 목표들은 이른바 개발도상국의 빈곤을 줄이기 위해 2015년까지 기한을 정했다. 최근 지속가능발전목표가 새천년개발목표를 대체했으며, 이를 모든 국가에 적용했다. 지속가능발전목표의 네 번째 목표는 양질의 교육에 초점을 두고 있다. 하위 목표인 4.7에는 세계시민교육과 함께 지속가능발전교육을 담고 있는데, 지속가능성과 지속가능발전은 세계시민성을 토대로 실현할 수 있다.

2030년까지 모든 학습자가 지속가능한 발전, 삶의 양식, 인권, 성평등, 평화문화와 비폭력의 촉진, 세계시민성과 문화적 다양성의 존중에 문화적으로 기여하기 위한 교육을 받을 수 있게 한다. 그리고 무엇보다도 지속가능한 발전을 촉진하는 데 필요한 지식과 기술을 습득하도록 보장한다.

'지속가능발전교육'은 오늘날 어디에서나 볼 수 있다. 이 교육은 비정부기구와 시민사회단체에서 시작하여 다국적기업에 이르기까지 많은 조직에서 시행되었다. 이 장에서는 유엔의 활동에 초점을 맞추었다. 이와 관련된 기구는 지속가능한 발전과 교육에 대한 담론을 형성했으며, 그것은 오늘날의 밍성에 영향을 주었다. 이 장은 여러 개의 하위 절로 나뉜다. 첫째는 '지속가능한 발전'이 어떻게 '지속가능발전교육'과 연계되며, 지속가능발전교육은 어떻게 국제적 담론과 논의의 영역으로 발전해왔는지를 살펴본다. 다음으로, 환경교육과의 융합 및 토착적 관점의 역할을 포함하여 지속가능한 발전 분야에서 나타나는 긴장을 구체적으로 살핀다. 끝으로, 우리는 지속가능발전교육이 세계시민교육과 어떻게 관련되는지를 고찰한다.

지속가능성과 지속가능발전교육: 역사와 논쟁

지속가능성의 가장 공통된 정의는 1992년 브룬틀란 보고서Brundtland Report*—미래 세대의 자원을 훼손하지 않으면서 현재의 필요를 충족시키는 개발(세계환경개발위원회, 1992, p. 41)—에 등장한다. 보고서는 이른바 저개발국가들이 빈곤과 환경파괴를 경험했다는 사실을 다룬다. 지속가능한 발전과 교육이라는 개념은 11장에서 검토한 국제개발, 발전을 위한 교육과 개발교육에 대한 서로 다른 접근방식과 비평에 깊이 연관되어 있다.

브룬틀란 보고서의 지속가능성 개념에서 만들어진 '지속가능한 발전'
이라는 용어는 교육 체계가 새로운 지속가능한 발전 과제에 대응하고 준
비할 수 있게 하는 일련의 과정, 교육, 실천을 언급한다(Mochizuki &
Bryan, 2015, p. 5). 유엔은 '2005-14년 유엔의 지속가능발전 10년 교육'을
선언했다. 이 선언의 목적은 '지속가능한 발전에 내재하는 가치를 학습
의 모든 부문에 통합하여 모든 사람을 위한 더욱 지속가능하고 정의로운
사회를 만들도록 행동의 변화를 이끄는 것'(UNESCO, 2006, p. 4)이었다.
이 장에서 우리는 유엔의 프로세스를 통한 지속가능한 발전과 교육의 진
전에서 몇 가지 주요 이정표와 과제를 검토할 수 있는 간단한 일정을 제
공한다. 우리는 유엔의 지속가능발전교육에 기여한 직접적인 참여에 근
거해 홉킨스(Hopkins, 2012)의 성찰을 끌어낼 것이다. 또한 우리는 지속
가능발전교육에 내재하는 비판과 지속적인 긴장상태를 살펴볼 것이다.

• 1972: 스톡홀름에서 열린 인간환경에 관한 세계회의

1972년 스톡홀름에서 열린 인간환경에 관한 세계회의는 환경오염과
악화를 다룬 첫 번째 국제회의였다. 세계회의가 개최된 건물 밖에서는
원주민의 존재 문제를 포함하여 환경오염, 시민권 등 다양한 문제에 대
한 조치를 요구하는 NGO와 시민사회단체의 시위가 벌어졌다. 스톡홀

---

* 1992년 브라질 리우데자네이루에서 열린 첫 번째 지구 정상회의에서 150여 개국 대표가 서명한 27
개의 인간 행동강령으로 '환경과 개발에 관한 리우 선언The Rio Declaration on Environment and
Development'이 발표되었다. 국가 간 협업, 환경을 고려한 개발, 개발에서 여성의 역할 등의 내용을
담았는데, 특히 조항 3에 '세대 간generation to generation'의 발전된 개념을 언급하고 있다. 이때 유엔
세계환경개발위원회의 의장이 그로 할렘 브룬틀란Gro Harlem Brundtland이었다.

름에서 열린 세계회의는 중요한 대화를 시작했고, 일부 정부는 환경보호에 관한 몇몇 정책을 세웠으며, 환경장관을 두기도 했다. 그런데 홉킨스(Hopkins, 2012)에 따르면, 그 후 10년 동안 환경 관련 법률에서는 이렇다 할 진전이 없었다고 한다. 그 이유는 다국적기업이 개발도상국에 진출하여 그들의 사업을 확장함에 따라 환경 규제에 대한 민간 부문의 반발이 있었기 때문이다. 지구 북반구에 거주하는 세계 인구의 20%와 이른바 개발도상국의 80% 사이에 평능의 균열이 갈수록 커짐에 따라, 유엔은 할렘 브룬틀란(당시 노르웨이 수상)의 주도 아래 유엔의 여러 지역을 대표하는 전문가 위원회를 발족할 것을 약속했다.

• 1987: 브룬틀란 보고서 제출, 우리 공동의 미래 : 핵심 개념으로 사용된 지속가능한 발전

위원회는 지속가능한 발전이라는 용어를 사용함으로써 시간이 흘러도 지속되고 미래 세대를 위태롭게 하지 않는 경제발전을 요청했다.

대부분의 개발도상국이 경제적·사회적·환경적 재앙을 피하려면, 글로벌 경제성장이 활성화되는 것이 필수적이다. 실용적인 측면에서 볼 때 이것은 산업국과 개발도상국 모두에서 더 빠른 경제성장, 개발도상국 제품을 더 자유롭게 거래할 수 있는 시장 접근, 더 낮은 이자율, 더 큰 기술 이전 그리고 이권과 상업에서 훨씬 큰 자본의 흐름을 뜻한다(세계환경개발위원회, 1987, p.89).

11장에서 검토한 자유자본주의 패러다임 비판은 경제성장이 상황을 개선하는 주요하고 유일한 방법으로 자리 잡은 이 발췌문에서 발전의 틀

을 짜는 방식에 적용될 수 있다. 유엔은 200여 개국에 가까운 세계 정상들의 수용을 토대로 브룬틀란 보고서 권고안을 채택하는 글로벌 이행 계획을 제안했다(Hopkins, 2012).

- 1992: 브라질 리우 환경회의
- 주요 성과 보고서: '어젠다 21-21세기를 위한 행동 계획'(United Nations, 1992)에는 지속가능한 발전의 원칙뿐만 아니라 생물종 다양성, 기후변화, 임업 그리고 사막화를 다루는 구체적인 협약이 포함되었다. 또한 36장(교육, 공공의식 그리고 훈련)에는 지속가능발전교육이 포함됐다.
- 지구헌장의 초안 작성은 리우회의를 앞두고 사전 작업의 일부로 기획된 보편적 선언으로 시작됐으며 그 후에도 계속되었다.

지속가능한 발전이라는 용어는 지구정상회의라고 불리는 1992년 리우회의에서 국제적으로 받아들여졌다. 세계 거의 모든 국가가 리우회의에 참석했으며, 21조(United Nations, 1992)는 국제개발을 위한 새로운 진로를 설정했다. 그러나 비판자들은 회의의 기초로 '지속가능한 발전'이라는 용어를 사용했지만, 신자유주의적 의제가 부상하는 것에 대한 의문을 제기하는 것 이외에는 새롭고 지속적인 어떤 것도 제시하지 않았다고 지적한다(Castro, 2004). 무역자유화는 급증하는 기업화와 환경파괴 사이의 관계를 완전히 해결하지 않고, 약간의 환경보호 조치와 함께 추진되었을 뿐이다. 회의의 핵심 생각은 지구 남반구 국가들이 지속가능한 발전을 이루려면 사람들을 훈련하기 위한 도움이 필요하다는 것이었다. 따라서 문제의 근본적인 가정은 소외된 국가나 주변부 국가의 사람들을 결핍된 사람들이라고 규정했다. 선진국은 기술원조를 제공하고, 원주민과 지역사회는 지속가능한 발전을 위해 훈련되어야 한다(Castro, 2004, p. 199).

무엇보다 지구헌장은 지속가능한 발전 작업의 틀을 마련하는 보편적 선언을 위해 세계환경개발위원회의 권고안을 다루려는 시도였다. 헌장의 초안과 채택은 리우회의에서 이루어지지 않고, 회의가 끝난 뒤 시민사회의 창안으로 재설계되었다. 전 세계가 참여한 협의 과정을 거쳐, 2000년에 지구헌장이 작성, 출판되었다. 지구헌장은 지속가능한 발전의 세 가지 핵심—사회적·환경적·경제적 복지—을 천명하며 시민사회운동으로서 이어지고 있다. 그러나 보편적 선언으로 공식 채택되지는 않았다.

교육은 21조에 걸쳐 언급되었지만 36장이 주요 초점이었다. 홉킨스는 리우회의 개최에 앞서 지속가능발전교육이 누적적 주제가 아닌 체계적 접근방식이라는 중요한 결정이 내려졌다고 지적한다. 그는 이 회의가 표방한 지속가능발전교육이라는 관점의 주요 결함이 지속가능성 이슈와 연계된 다른 사회적·정치적 요인을 배제하면서 환경문제에 대한 과학적 이해에 주로 초점을 맞춘 것이라고 생각한다. 결과적으로 환경교육자들은 문제를 다루는 데 필요한 광범위한 교육 분야와 과목에도 불구하고, 결국 36장을 따르는 주요 지지자와 지도자가 되었다. 그는 교육부 장관의 참여가 부족하다고 지적하면서, 예산 삭감, 대규모 모니터링 시스템의 인기 상승 그리고 이미 폭발적으로 증가한 교육과정의 내용 때문에 형식교육 체제가 지속가능발전교육에 등을 돌렸다고 한탄한다.

- 2002: 요하네스버그에서 열린 지속가능한 발전을 위한 세계회의는 '2005-14 유엔의 지속가능 발전 10년 교육'을 결정하며 끝난다.
- 2009: 본Bonn에서 지속가능발전교육의 형식교육 체제에 초점을 맞

춘 지속가능발전교육 세계회의가 열린다.

- 2012: 리우에서 열린 지속가능한 발전을 위한 유엔회의는 목표 4.7
에 포함된 지속가능발전교육을 통해 확립된 지속가능발전목표의
틀을 구축한다.
- 2014: 나고야에서 열린 지속가능발전교육을 위한 유네스코 세계회
의는 구체적인 행동을 확대하고 지속가능발전목표에 기여하기 위
해 전 지구적 행동계획을 설정한다.

21세기에 들어선 이래 지속가능발전교육은 '2005-2014 유엔 지속가
능발전 10년 교육'이 선포됨으로써 유엔의 중점 사업이 되었다. 따라서
지속가능한 발전의 아이디어를 개념화하고 교육에 적용하는 데 있어 이
점과 한계를 숙고하는 것이 중요하다.

안드라데(Andrade, 2011)는 2009년 본에서 열린 회의와 동시에 진행된
유네스코 청년포럼에 참여한 데 대해 성찰하는 글을 썼다. 브라질 대표로
참여한 그는 몇 가지 중요한 모순을 발견했다. 그는 지구 북반구의 부와
소비주의 문화를 향한 비판 없이, 지구 남반구 개발도상국들의 빈곤 감소
에 너무 많이 집중한다고 지적했다. 그의 성찰은 유네스코 사업(2006)의
혁신적 의도에도 불구하고 이러한 긴장이 지속되었음을 강조한다. 따라
서 지속가능한 발전이라는 용어의 사용과 적용에 주요한 과제는, 지속가
능성 문제의 근본을 실제로 다룰 수 있는 행동의 정치적 경향성을 피하면
서 변화를 제시하는 것이다. 헤이워드^{Bronwyn Hayward}는 그 중요성을 이렇
게 지적한다. "지속가능성 위기는 우리가 독립적으로 해결할 수 없는 복
잡하고 다면적이며 역동적인 문제들이다. 이런 의미에서 우리의 지속가

능성 위기는 또한 깊은 정치적 위기이기도 하다"(Hayward, 2010, p.9). 지속가능발전목표가 최근에야 채택됐기 때문에, 변화에 책임이 있는 모든 국가에 초점을 맞추는 것이 이 비판을 해결할 수 있을지는 시간만이 말해줄 것이다.

허클과 월스(Huckle & Wals, 2015)도 '유엔의 지속가능발전 10년 교육'을 지원하기 위해 제작된 자료를 검토했다. 그들은 변화를 크게 강조하며 증대하는 글로벌 문제에 관한 인식에 주목한다. 그런데 "사회의 지배적인 형태 속에서 가치와 생활양식, 정책의 변화는 글로벌 사회를 지속가능한 길로 이끌기에 충분하다고 여겨졌다"(Huckle & Wals, 2015, p. 491). 이들은 사회의 긍정적인 혁신을 통해 지속가능한 미래에 기여할 기회를 제공하는 교육에 모든 이들이 접근할 수 있어야 한다는 전망에 긍정적인 정신이 있다는 것을 발견했다. 그러나 사회를 다시 변화시키고 지속가능성을 가능하게 하기 위해 정치와 권력이 어떻게 해야 하는지에 대한 분석은 부족했다.

래첼과 우젤(Rathzel & Uzzell, 2009)은 지속가능한 발전이라는 개념이 경제성장을 가능하게 하고 환경보호를 인식하는 방법에 대한 우려가 있는 경우에 사용되는 정책적 협상 용어라고 경고한다. 이들은 특히 꾸준하고 체계적인 변화를 촉진하는 것이 목표라면, 지속가능한 발전의 개념을 교육에 중립적으로 적용하지 말라고 경고한다. 그들은 지속가능한 발전이라는 본래 정책 중심의 사고가 경제발전을 촉진하는 정책을 펴기 위해 지역사회의 첨예한 가치 갈등을 은폐하고 있음을 시사한다. 그래서 이들은 지속가능발전교육이 진정한 혁신적 학습에 역행하는 경향이 있다고 말한다.

또 다른 주요 긴장은 지속가능발전교육을 위한 단기적 지표 그리고 장기적 잠재력과 관련이 있다. 바레와 스콧(Vare & Scott, 2007)은 지속가능발전교육의 개념이 상충할 경우, 적어도 서로 다른 두 가지 접근방식이 있다고 주장한다. 하나는 단기적 목표를 달성하는 정보에 입각한 숙련된 행동과 사고방식을 장려하는 반면, 다른 하나는 연구에 비판적으로 참여하고 지속가능한 생활의 모순과 도전을 탐구할 수 있는 역량을 구축하는 것이다. 바레와 스콧은 후자와 분리해서 전자에 초점을 맞추는 경향이 있다고 경고한다.

지속가능발전교육과 환경교육

홉킨스(Hopkins, 2012)가 1992년 리우 선언 이전과 이후의 과정을 비판적으로 성찰하며 지적했듯이, 지속가능발전교육은 주로 환경교육자들—과학과 지리학에 기반한—에 의해 처음으로 채택되었다. 1996년에 중요한 개념이 제기됐는데, 이때 워커네이걸과 리스Mathis Wackernagel & William Rees가 제조, 유통, 소비 그리고 폐기와 관련하여 한정된 인구에 필요한 물리적 공간의 양을 그래픽으로 설명하는 도구를 홍보했다(Hayward, 2012, p. 143-4). '생태 발자국'*이라는 개념은 생태계가 물질적 소비와 에너지 사용 비율을 따라잡지 못하는 상태를 보여주는 좋은 방법으로 이해되었다. 또한 의식을 효과적으로 고양하고, 인간의 소비를 측정

---

* '생태 발자국ecological footprint'이란 개인과 단체의 생활을 위해 소비되는 토지의 총 면적을 계산하는 방법이다. 생태 발자국은 인간이 지구에서 삶을 영위하는 데 필요한 의식주 등을 제공하기 위한 자원의 생산과 폐기에 드는 비용을 토지로 환산한 지수를 말한다. 인간이 자연에 남긴 영향을 발자국으로 표현했다. 1996년 캐나다 경제학자 마티스 워커네이걸과 윌리엄 리스가 창안한 개념이다.

하는 다른 방법(예를 들면 탄소 발자국이나 물 발자국*)에 대한 논의를 가능하게 했다.

생태 발자국은 다른 교육 개념 - 생태 손자국 - 에 영감을 주었다. 발자국이 환경에 부정적 영향을 주었다면, 손자국은 개인이 자신의 발자국을 변화시킬 수 있다는 데 초점을 맞춘다. 이런 사례는 지속가능발전교육에 내재한 교육적 요인을 대표하는 경우이다. 헤이워드(Hayward, 2012)는 손자국이 학생들을 지역사회에 참여시켜 재활용 증가와 같은 중요한 행동 변화를 확실히 촉진할 수 있다고 지적한다. 그러면서도 헤이워드는 "개인의 행동은 사회제도·경제제도·문화규범을 포함한 더 넓은 맥락에 의해 제약되고 중재되는데, 이를 간과하고 지역적 행동의 힘을 무비판적으로 칭송할 위험이 있다"(Hayward, 2012, p. 146)고 경고했다. 헤이워드는 다양한 수준의 지역적·자연적·국제적 의사결정을 하기 위해 여러 가지 방법을 사용하도록 청소년들을 길러내는 것이 더 효과적일 수 있다고 제안한다.

지구환경 변화의 시대에 효과적이고 집단적인 시민행동은 문제를 해결하는 것은 고사하고, 단순히 문제를 바꾸거나 모호하게 하는 것이 아니라는 점을 확실히 하기 위해 우리가 손을 사용하여 변화를 일으키는 방법에 대해 세심하게 생각해야 할 것이다. 손자국을 급하게 남기기에 앞서

---

* '탄소 발자국'은 우리가 일상적으로 쓰는 연료, 전기용품, 식품 등 모든 것이 생겨날 때부터 버려질 때까지 직간접적으로 발생하는 이산화탄소의 양을 말한다. 온실효과를 유발하는 온실 기체의 총량(이산화탄소 배출량)이다. 원료 채취부터 생산, 유통, 사용, 폐기 등 제품 생산의 전 과정에서 발생하는 이산화탄소 배출량을 제품에 표시하는 제도이다. '물 발자국'은 인간이 사용하는 물의 양을 나타낸 지표이다. '물 발자국'은 단위 제품과 단위 서비스 생산의 전 과정에서 직간접적으로 사용되는 물의 총량을 뜻하며 우리가 일상생활에서 사용하는 제품을 생산·소비하는 데 얼마나 많은 양의 물이 필요한지 나타낸다.

어린이를 포함한 모든 사람의 목소리를 주의 깊게 경청하면서 우리의 행동이 미칠 결과를 성찰할 시간이 필요하다(Hayward, 2012, pp. 147-8).

헤이워드(Hayward, 2012)는 환경교육과 시민교육의 기본 원칙을 서로 결합하는 것이 중요하다고 주장한다. 이렇게 함으로써 환경 문제에 대해 배우는 것과 변화를 촉진하기 위해 학생들 자신의 맥락 안에서 행동하는 것 사이의 연관성을 촉구한다. 또한 헤이워드는 젊은이들이 지속가능성의 비전을 만드는 중심에 있어야 한다고 주장한다. 말은 쉽지만 이를 이행하기는 정말 어렵다. 영어권 민주주의 국가들은 대부분 어린이나 청소년들의 관점에서 생태학, 민주주의 또는 시민교육에 대해 생각을 재고해 보기는커녕, 아예 생각하려 들지 않는다(Hayward, 2012, p. 13). 때때로 환경교육과 시민교육은 '별개의 저장고'라고 할 수 있다. 그러나 이를 하나로 묶는 것은 "시민성이 합법적으로 정의된 정치공동체의 구성원일 뿐만 아니라, 국경을 넘어 확장하면서 인간을 넘어선 세계의 내재적 가치를 인지할 수 있는 공동체에 소속되고, 소속감을 느끼고, 참여하는 상태임"(Hayward, 2012, p. 13)을 인지하게 한다.

지속가능발전교육과 토착적 관점

지속가능한 발전과 지속가능발전교육에 대한 또 다른 중요한 비판은 지속가능한 발전이라는 개념의 근원을 근거로 서구 중심의 관점을 우려하는 다양한 토착적 관점에서 나왔다. 4장은 탈식민주의 과정과 그 틀의 중요성에 관해 더 많은 정보를 제공한다. 4장의 'Schooling the world' 에서 제시한 자료는 형식적 학교교육이 본래 식민주의와 연관되어 있는 방식을 설명한다. 역설적으로 전 세계에는 아이들이 학교에 가기 위해 자연과 지속가능한 관계를 유지하는 학습을 할 수 있는 환경에서 제외되는 사례들이 많다. 아이들이 자연과 지속가능한 관계를 맺도록 가르칠 올바른 교육과정을 결정하는 노력을 기울이고 있지만, 이를 실행하기가 점점 더 어려워지고 있다. 따라서 지속가능발전교육에서 중요한 연구 분야는 토착적 지식과 형식교육 그리고 비공식 교육환경에서 존재하는 방법을 재중심화하는 것이다. 이 장에서는 많은 사례 중에서 두 가지를 고찰한다.

먼저, 모쿠쿠(Mokuku, 2012)는 지속가능발전교육과 관련해 중요한 구상이 있었던 레소토에서의 작업을 개략적으로 설명한다. 이 구상은 환경에 대한 전체론적 관점―환경교육의 목표로서의 행동능력, 각각의 과목에 걸친 환경 문제의 통합과 유입, 교육과 학교 환경정책에 대한 주제별 접근법, 야외학습(Mokuku, 2012, p. 160)―을 포함하여 공식 교육과정에 지속가능발전교육 개념과 이론을 추가한다. 또 다른 중요한 구상에는 교사 교육자들 사이에서 지속가능발전교육을 논의한 의미에 대해 비판적 성찰을 촉구하는 것이 포함되었다(Mokuku, 2012, p. 160). 모쿠쿠는 레소토에서 지속가능발전교육의 맥락화한 의미를 진전시킬 수 있는 능력이 제한적이라고 애석해하면서, 아프리카 중심의 토착 세계관에 더 중점을 둘 것을 요구한다. 그러한 접근방식은 상호연결, 조화, 균형, 전체론을 더욱 강조하고 토착 지식을 드러낸다. 지속가능발전교육 담론에서 이러한 개념을 주류화한다면, 개발되지 않은 잠재력을 극대화하고 새로운 의식과 지속가능한 미래를 만들 수 있는 예상치 못한 방법을 찾을 수 있을 것이다(Mokuku, 2012, p. 170).

두 번째 예로 전통적·생태학적 지식을 지속가능발전교육에 포함시키는 방법을 둘러싼 지속적인 논쟁을 들 수 있다. 리드·티미·딜런(Reid, Teamey & Dillon, 2002)은 서구 중심적 편견을 인지하고 지속가능발전교육에서 전통적·생태적 지식TEK의 중요성에 주목한다. 그들은 이따금 지속가능발전교육을 개념화하는 사람은 아웃사이더라고 적시하면서 전통적·생태적 지식을 추가하는 방법을 제시한다. "전통적·생태적 지식이 지역 환경의 생물물리학·사회경제학·문화역사학 부문에 토착적 지역 사회가 보유하고 있는 다양한 지식과 혁신, 실천과 연관되는 경향이 있지만, 종종 서구적인 근대적·과학적 지식의 개념과 반대로 정의되기도 한다"(Reid, Teamey & Dillon, 2002, p. 113).

이들은 자신을 원주민으로 인식하지 못하는 교육자는 전통적·생태적 지식에 대한 일관된 정의가 없다는 관점에서 출발함으로써 지속가능발전교육에 대한 이해에서 전통적·생태적 지식을 고려할 수 있다고 제안했다. 이것은 무지의 교육학으로 이어진다. "우리는 환경교육에서 생태적 지식과 지속가능성에 관한 용어, 사고, 가정 외에 무엇이 있는지, 더 중요하게는 왜 그리고 어디에 있는지를 묻는다"(Reid, Teamey & Dillon, 2002, p. 130).

이것은 지속가능발전교육에 토착적 관점을 포함하지 않거나, 단지 참신성이나 지역적 신비주의의 한 유형으로 그것을 포함하는 경향에서 벗어나는 중요한 지점이다(O'Donoghue & Russo, 2004). 전반적으로 신자유주의와 서양 중심적 접근의 탈중심화와 토착적 존재방식 그리고 앎의 방식의 재중심화를 통해, 지속가능발전교육을 탈식민화하는 일반 프로젝트로서 중요성이 커지는 연구 영역이다. 땅에 관한 교육을 다룬 2014년 〈환경교육연구〉 학회지의 특별 이슈에서 연구자들은 "땅과 사람들의 지속적인 식민지화가 사실상 교육자와 연구자의 실천 그리고 전 세계 (환경)

교육의 기초에 내재한다"는 다양한 주장을 피력하고 있다(Tuck, McKenzie & McCoy, 2014, p. 1).

지속가능발전교육과 시민교육: 세계시민교육과의 연계

지속가능발전교육의 혁신적 잠재력을 충족시키지 못하고 있다는 비판이 쌓이면서 시민교육과의 결합을 강조해야 한다는 압박이 가해졌다. 환경교육과 시민교육의 결합은, 시민성이 합법적으로 정의된 정치공동체의 구성원일 뿐만 아니라 국경을 넘어 확장하면서 인간을 넘어선 세계의 내재적 가치를 인지할 수 있는 공동체에 소속되고, 소속감을 느끼고, 참여하는 상태로 이해된다(Hayward, 2012, p. 13).

비슷한 맥락에서 '유엔 지속가능발전 10년 교육'의 검토에 근거하여 허클과 월스(Huckle & Wals, 2015)는 세계시민교육이 지속가능발전교육의 중심이 되어야 한다고 제안한다. 이들은 다음과 같은 네 가지 차원을 통해 지속가능한 시민성을 위한 글로벌 교육을 촉구한다.

- 규모 차원은 개인과 집단의 행동이 멀리 있는 사람과 비인간인 대상에게 어떤 영향을 끼치는지에 중점을 둔다. 학생들은 순전히 개인의 가치와 생활양식에만 중점을 두는 것이 매우 정치적인 공공의 이슈를 탈정치화하고 민영화하는 역할을 함으로써 현재 상태의 재생산에 기여한다는 점을 인식해야 한다(p. 494).
- 윤리 차원은 학생들이 정의/불의, 옳음/그름, 권리/의무, 지속가능

성/달성 불가능 이슈와 관련하여 자신의 행동과 다른 사람들의 행동을 비교하도록 권장한다(p. 495). 이것은 도덕성 발달을 포함하고, 인권과 평화의 문화에 기여하는 다양한 방법을 살펴본다.

- 관계적 차원은 지속가능성이나 시민성과 같은 아이디어가 어떻게 다양한 가치와 이해관계를 대표하는지를 고찰한다. 미디어 교육은 지속가능성 문제를 우리의 삶에서 실현하는 길을 찾는 방식에 대한 의식을 고취한다. 소셜미디어를 통한 세계 다른 지역의 사회운동 및 학생들과의 연계는, 그러한 운동의 영향으로 지속가능성과 시민성 개념이 어떻게 변화하고 있으며 공간을 넘어서는 대화가 어떻게 전 세계적 연대를 이끌어낼 수 있는지를 이해해야 한다(p. 495).

- 정치적 차원은 학생들이 환경과 발전 문제의 구조적 원인을 조사하도록 권장한다. 또한 이를 통해 정부와 비정부기구, 시민사회의 다양한 활동을 연구하고 참여할 때 변화를 위한 혁신과 급진적 접근 방식을 고려할 수 있다.

지속가능발전교육과 세계시민교육 사이에 벌어진 논쟁의 역사와 현재 사이에는 강한 연관성이 있다. 양자의 중심에는 누가 발전됐는지 아니면 개발도상인지, 도움을 주는 사람으로 볼지 아니면 도움을 받는 사람으로 볼지, 그리고 우리 지구의 지속가능성 위기의 핵심에 자리한 상호의존성 개념을 촉진하기 위해 이런 이분법에 도전하는 방식을 둘러싸고 핵심적 긴장이 존재한다.

http://earthcharter.org/discover/the-earth-charter/

지구헌장은 21세기에 걸맞은 정의롭고 지속가능하며 평화로운 글로벌 사회를 위한 윤리적 틀이다. 이것은 유엔 발안으로서 시작됐으며, 이후 시민사회 발안으로 이어졌다. 초안은 전 세계 사람들의 자문을 받아 만들어졌다. 지구헌장의 웹사이트에서는 초안이 만들어진 역사와 함께, 지구헌장에서 영감을 받아 진행한 전 세계의 여러 프로그램을 소개하고 있다.

https://www.viacampesina.org/en/

국제적인 농민운동을 하는 라비아캄페시나La Via Campesina의 웹사이트는 농민, 소농, 소작농, 여성 농민, 원주민, 전 세계에서 들어온 이주민과 농업노동자를 하나로 묶은 시민사회운동의 사례를 보여준다. 웹사이트에는 운동의 개요와 기업 주도 농업에 반대하는 운동의 사명이 게시되어 있다. 또한 회원들과 컨퍼런스, 출판물의 뉴스 업데이트 자료를 제공한다.

Environmental Education Research, Volume 21, Issue 3

환경교육이 신자유주의의 정치적·문화적·경제적 논리에 따라 만들어진 과정을 탐구하는 특별 이슈를 다루고 있다. 논문은 생태관광을 비롯해 도시계획, 지역사회 조직화, 고등교육 그리고 비판적 환경교육까지 다양한 주제를 다룬다. 지속가능발전교육의 정치적 측면에 초점을 두고 북반구 세계와 남반구 세계의 관점을 동시에 다룸으로써 환경과 정의로운 공동체 건설 사이의 연계를 가능하게 하는 대안적 방식을 제시한다. 따라서 신자유주의적 경제 성장 개념과 초개인주의가 치열하게 맞서고 있다.

Hayward, B. (2012). *Children, Citizenship and Environment: Nurturing a*

Democratic Imagination in a Changing World. Cornwall, UK: Routledge.

이 책에서 헤이워드는 빈곤과 사회적 불평등, 치명적인 지진 때문에 삶이 송두리째 망가진 젊은이들의 경험을 언급한다. 헤이워드는 SEEDS(Social agency, Environmental education, Embedded justice, Decentred deliberation and Self-transcendence: 사회적 행위자, 환경교육, 내재된 정의, 탈중심적 숙고, 자기초월)를 통해 환경교육과 시민성의 연계를 주장하는 이들과 함께한 자신의 연구 자료를 사용한다. 이 책은 강한 이론적 비판과 통찰력 있는 연구를 결합하고, 교육에 관한 구체적인 아이디어를 일깨운다.

활동

1. 지속가능발전교육은 11장에서 논의한 발전에 대한 비판을 어떤 방식으로 계승 또는 도전했는가? 이 장에서 검토한 지속가능한 발전과 지속가능발전교육의 진전에서 이론적 패러다임(자유자본주의, 마르크스주의, 자유평등주의, 탈식민주의, 급진주의)과 그 비판을 핵심 이정표와 토의에 연결하는 마인드맵을 만든다.

2. 남비아르와 사라바이(Nambiar & Sarabhai, 2015)는 '유엔의 지속가능발전 10년 교육'을 다룬 특별 이슈에서 편집자 말을 통해 지속가능발전교육의 혁신적 잠재력을 충족시키기 위해 세계시민교육으로 전환할 것을 촉구한다.

   세계시민성 접근방식은 형식교육과 비형식교육의 시스템과 모든 개념 체계에서 지속가능한 개발에 필수적인 기술·가치·접근방식을 식별함으로써 지속가능발전교육에 대한 통일적이고 차별적인 원칙을 제공하는 데 기여했다. 세계시민교육에 필요한 고도의 기술을 이용해 글로벌 노선을 따라 사람들을 재정치화하려는 노력은, 지속가능발전교육에 내재된 급진적 변화 의제를 보편적인 방식으로 가져올 수 있다(Nambiar & Sarabhai, 2015, p. 2).

남비아르와 사라바이(Nambiar & Sarabhai, 2015)의 요구를 참조해 '지속가능발전목표 4.7'을 비판적으로 고찰하라. 지속가능발전교육과 세계시민성은 교육 의제로서 어느 정도까지 서로 강화하거나 구별되는가? 이 장에서 요약한 지속가능발전교육의 역사와 긴장/비판에 상응해서 발전의 하나 또는 두 사례를 선택하여 세계시민성 접근법이 지속가능발전교육에 내포된 급진적 변화 의제에 어느 정도 기여하는지를 고찰하라.

3부

세계시민성에 관한 교수-학습의 연구와 실천

*Key Issues in Research and Practice
in Teaching and Learning about
and for Global Citizenship*

3부는 연구, 교육과정, 지역사회행동, 교수-학습방법, 평가의 5개 장으로 구성되었다. 3부에서는 실천에 좀 더 관심을 기울이고(물론 이 책의 모든 장에는 여러 전문가들이 수행한 실천이 담겨 있기는 하지만 말이다) 연구와 학술 기반에 관한 우리의 지식을 탐색해볼 것이다. 예를 들면 전문적 참여의 구조로 무엇이 활용되고 있는지, 어떤 구체적인 교수법이 활용될 수 있는지, 양질의 교육을 실현하는 판단을 할 수 있을지 등의 질문에 답하게 될 것이다. 3부가 마무리될 때쯤이면 세계시민교육이 개발되고 검토되는 방식과 관련해 어떤 주요 의견들이 있는지, 어떻게 성찰되고 있는지 이해할 수 있을 것이다.

17

연구
Research

우리는 이 장에서 세계시민성과 세계시민교육을 다룬 몇몇 연구를 살펴볼 것이다. 지금 이 부분을 작성하면서 우리는 '세계시민성'과 '교육'이라는 단어(영어, 프랑스어, 스페인어)로 검색되는 관련 연구들을 찾아보았다. 안타깝게도 세 개 언어 이외의 다른 언어로 수행된 연구는 찾아볼 수 없었다. 결과적으로 우리는 총 3만 958개의 연구를 목록화했으며, 그중 2010년부터 이루어진 1만 6,860개의 연구를 추려냈다. 만약 여기에 '세계주의 cosmopolitanism'나 '세계시민성 world citizenship' 또는 '지구시민성 planetary citizenship' 등의 단어를 추가해서 검색했다면 훨씬 더 많은 연구결과를 얻었을지 모른다. 그러나 그렇게 많은 연구결과를 얻었다고 해도 이 장의 분량과 내용을 고려하면 다 검토하지 못했을 것이다. 대신 우리는 이 연구들 중 100개의 논문만 선택해 검토하는 쪽을 택했다. 즉 2005~2017년에 학술저널에 발표된 논문만 검토하되, 실증연구로 이루어진 논문만 선별했다. 특별히 정책 문서나 초중등·대학교의 형식교육 맥락에서 세계시민교육을 연구한 논문에 초점을 맞춰 검토했다. 마지막으로, 우리는 이 연구들을 분석해 우리가 검토해온 연구분야의 전체적인 그림을 그려내고자 노력했다.

세계시민교육에 관한 정책, 교육과정, 보고서 연구

우선 서로 다른 나라들에서 세계시민교육을 둘러싼 논의가 국가교육과정에 어떻게 포함되었는지를 검토한 연구가 진행되었다. 케네디(Kennedy, 2012)는 2009년 38개 국가가 참여한 국제시민교육연구ICCS 자료를 활용한 연구에서, 각 국가의 시민교과 교육에 전 지구적인 관점보다는 개별 국가의 관점이 관철되고 있음을 확인했다. 유럽 국가들의 교육정책을 검토한 필리포, 키팅, 오틀로프(Philippou, Keating & Ortloff, 2009)는 시민교육에 대한 개별 국가들의 접근에 비해 세계시민교육이 2차적이거나 부차적인 관심사에 지나지 않는다고 결론짓는다. 미국에서도 이와 비슷한 상황이 발생하고 있는 듯하다. 예를 들어 버지니아주 표준교육과정에는 그 어떤 세계주의적 영향에 관한 내용이 포함되어 있지 않다(Journell, 2010). 콜롬비아를 비롯한 중남미 지역 몇몇 국가에서는 국가 시민성과 함께 세계시민교육을 강조하는 반면, 쿠바를 포함한 다른 국가들은 세계시민교육에 관한 논의를 의도적으로 피하고 있는 듯하다(Sant & Gonzalez, 2017). 체(Kwan-choi Tse, 2007)는 홍콩의 사례를 들어 전 지구적·국가적·지역적·전 식민지적 담론이 교육과정에서 우위를 차지하기 위해 경쟁하는 상황을 보여준다.

　연구자들은 교육과정 연구에서 세계시민성이 논의되는 방식을 검토하고 있다. 세계시민성은 근본적으로 사회정의 원칙 또는 전 지구적 자본주의와 관련해 제시되고 있다. 몇몇 사례를 통해 이러한 담론들이 통합되고 있는데, 필리핀과 영국을 사례로 한 연구에서 살펴볼 수 있다(Camicia & Franklin, 2011; Marshalll, 2009; Oxley & Morris, 2013). 다른 사례들에서는 세계시민성이 종종 국가안보라든가 전 지구적 자본주의와 중요하게 연관되어 있다(Philippou, Keating & Ortloff, 2009). 싱가포르에서는 이와 유사하게 세계시민성이 매개가 되어 싱가포르가 전세계의 교육 허브 역할을 담당하고 있다(Daquila, 2013). 그러나 이와 대조적으로 홍콩과 에콰도르에서는 세계시민성이 부조리, 차별, 배제, 불평등에 맞서 도전하는 담론을 통해 구성되고 있다(Chong, 2015; Sant & Gonzalez, 2017).

　세계시민성이 교과서에 어떻게 반영되고 있는지에 대해서도 연구가 진행되었다. 500여 개에 이르는 세계 여러 나라의 교과서들을 검토·분석한 결과, 버크너와 러셀(Buckner & Russell, 2013)은 교과서에서 세계시민교육을 다루는 방식에 큰 유사점이 있음을 발견했다. 그들의 주장에 따르면 전 세계의 교과서에는 인권, 국제행사, 국가 간 연결성을 강조하는 내용이 대체로 언급되어 있다. 그러나 영국·독일·스웨덴 세 나라의 교과서를 비교 분석한 연구(Wermke, Pettersson & Forsberg, 2015)에서는 이와 대조적으로 각 국가마다 세계시민성이 서로 다른 방식으로 다뤄지고 있다고 결론짓는다. 예를 들어 독일 교과서에서는 세계시민성을 일종의 위협이라고 제시하는데 반해, 영국 교과서에서는 세계시민성이 다문화성과 관련되었다고 언급하고 있다(Wermke et al., 2015).

초중등학교에서의
세계시민교육에 관한 연구

실제 초중등학교에서 세계시민교육과 관련하여 무슨 일이 일어나고 있는지를 보여주는 연구는 그리 많지 않다(Myers, 2010). 북아일랜드·영국·카탈루냐·미국에서 진행된 연구에 따르면 학생들은 대체로 자신을 세계시민이라 인식하지 않는 경향이 있는 것으로 조사되었다. 오히려 이 학생들은 자기가 속한 국가와 문화적 정체성을 특권으로 인식하는 경향이 강했다(Myers & Zaman 2009; Reilly & Niens, 2014; Sant et al., 2016). 일례로 미국에서 중등학생 65명을 대상으로 한 사례 연구에 따르면, 학생의 3분의 1이 시민성의 이러한 양태를 갈등지역에서의 시민성 정도로 인식하는 듯했다(Myers, 2010). 게다가 학생들은 세계시민성을 본래 도덕적인 세계시민성으로 이해했는데, 말하자면 이들은 세계시민성이 세계를 더 좋아지게 만들기 위한 도덕적 헌신이라고 여겼다. 이와 대조적으로 스페인에서 이루어진 연구에서는 대부분의 초등학교 학생들이 세계시민성을 환경문제와 관련하여 이해하고 있었다(Benedito-Vidagany et al., 2016).

몇몇 연구자들은 다른 나라에서 공부하는 학생들이 세계시민성을 어떻게 이해하는지에 특별한 관심을 두고 조사했다. 마이어와 자만(Myers & Zaman, 2009)은 이민 배경의 학생과 주류문화에 속한 학생들 사이에 자기 정체성, 즉 특정 국가적 정체성과 세계적 정체성 중 어느 것이 강하게 나타나는지 비교했다. 조사 결과, 이민 배경이 있는 학생들은 보편적인 입장을 선호하는 반면, 주류문화에 속한 학생들은 국가적 정체성을 강조하는 경향이 있었다. 그런데 이와 반대로 호주의 사례를 다룬 연구에서는 국적이 다른 학생들이 국가적 정체성을 더 강조하는 경향이 있었다(Matthews & Sidhu, 2005). 국제학생이 더 세계적이라고 느껴지는 않지만, 좀 더 '유연한 시민성flexible citizenship'을 보이고 있었다. 즉 국제학생들은 "선택을 통해 경제적이고 민족적이며 지정학적 힘의 역학이 구성되는 환경에서, 물질적이고 상징적인 자원을 활용하여 스스로 누릴 수 있는 이점을 극대화할 수 있는 위치에 있다"(Matthews & Sidhu, 2005, p. 60). 연구자들이 주장하듯, 이것이 가능한 이유는 중등교육 단계의 국제학생들은 대체로 학교 인근의 학생들과는 동떨어져 있다고 느끼며, 실제로 이들 사이의 의사소통이 제한되어 있기 때문이다.

세계시민성이 학교에서 실제 어떻게 구현되는지를 살펴본 연구는 상대적으로 적은 편이다. 미국의 사례를 다룬 파커(Parker, 2011)의 연구에서는, '국제교육'을 채택하고 있는 공립학교들이 종종 세계시민성에 상충하는 방식으로 접근하고 있음을 보여준다. 전문적 맥락에서 국가안보 담론이 우위를 차지하기는 하지만, 전 지구적 관점이라든가, 세계주의, 국제학생단체 등의 담론이 서로 논쟁을 벌이고 있다(Parker, 2011). 영국의 학교에서는 교육과정 의제, 학교 동아리, 수상 내용, 학교위원회 등 교육과정에 (세계시민교육을 포함한) 전 지구적 차원이 광범위하게 도입되었다(Bourn&Hunt, 2011). 캐나다의 서스캐처원주Saskatchewan Province에서는 교사들이 세계시민교육과 관련된 다양한 개념, 예를 들어 세계화와 다문화성을 교육과정에 포함시키고 있는 듯하다. 흥미롭게도 이 교사들은 자신들이 다루는 주제를 군이 세계시민교육과 필연적으로 연관시키고 있지는 않았다(SCIC, 2016).

교사들이 세계시민교육을 어떻게 인식하는지를 탐색하는 연구는 꽤 많다. 교사가 세계시민성을 이해하는 방식은 각 국가별로 서로 다른 양상을 보이는 듯하다. 미국과 영국에서는 교사들이 세계시민성을 문화적 다양성 개념과 연관시킨다(Osler, 2011; Watson, 2015). 이와 달리 네덜란드와 독일에서는 교사들이 세계시민성을 보편적 윤리성으로 이해한다(Ortloff, 2011; Veugelers, 2011). 다른 연구자들에 따르면 중국·캐나다·영국·북아일랜드의 교사들은 세계시민교육을 가르치는 데 열정적이지만(Larsen & Faden, 2008; Lee & Leung, 2006; Osler, 2011; Rielly & Niens, 2014; Yamashita, 2006), 미국의 교사들은 다른 나라 교사들에 비해 그다지 열성을 보이지 않는 듯했다(Rappoport, 2010).

학교에서 세계시민교육을 가르치려는 교사들은 많은 문제에 맞닥뜨린다. 미국·중국·북아일랜드·캐나다 교사들은 세계시민교육을 가르칠 수 있는 개념적·교수방법적 지식이 부족하다고 보고한다(Larsen & Faden, 2008; Lee & Leung, 2006; Rappoport, 2010; Rielly & Niens, 2014; Yamashita, 2006). 예를 들어 미국 교사들은 세계시민교육과 연관된 익숙하지 않은 개념들을 자신에게 좀 더 익숙한 개념으로 바꿔 가르치는 경향이 있으며(Rappoport, 2010), 캐나다의 온타리오주Ontario Province 교사들은 세계시민성에 대한 자신의 교수방법을 정당화하기 위해 처방된 교육과정을 상상력을 동원해 해석해야만 했다. 물론 이들이 담당하는 시민교육 교과와 해당 교수-학습 표준은 세계시민교육 친화적으로 구성되었는데도 말이다(Schweisfurth, 2006). 중국의 교사들은 시험과 입시 중심의 교육과정이 실제 학교현장에서 세계시민교육의 포함을 어떻게 제약하고 있는지 토로한다(Lee & Leung, 2006). 캐나다와 북아일랜드의 교사들은 학교에서 세계시민성을 실제 교수-학습에 포함하는 데 시간과 자원이 부족하다고 보고하고 있다(Larsen & Faden, 2008; Rielly & Niens, 2014).

대학교에서의
세계시민교육에 관한 연구

고등교육기관, 즉 대학교에서 세계시민교육을 어떻게 수행하고 있는지 관심을 기울인 연구들 또한 많다. 그러나 대부분의 고등교육 관련 연구들은 영어를 사용하는 나라에서 이루어졌다는 점을 강조할 필요가 있다. 고등교육에서의 세계시민교육에 관한 기존 연구와 정책을 검토한 헤이그(Haigh, 2002)는, 고등교육 국제화에 관심이 높아진 데에는 다음 두 가지 요인이 크다고 강조한다. 첫째는 국제학생으로 인해 생기는 경제적 효과, 둘째는 대학 졸업생의 세계적 경쟁력을 높이려는 노력. 영국의 경우에는 각 대학의 전략이 해당 강좌를 세계시민교육과 연계하려는 정도에 강한 영향을 끼치고 있다(Lunn, 2008). 학술적 관점을 탐색하는 연구에서도 아일랜드·호주·뉴질랜드·네덜란드·남아프리카공화국·미국의 대학에서 특정 강좌에 세계시민교육이 포함되는 방식은 어떤 학문 영역에 속했는지와 더불어 특정 고등교육기관의 헌신 정도에 달려 있다(Clifford & Montgomery, 2014; Lunn, 2008; Sawir, 2011; Trahar, 2011).

앞서 다룬 연구에서 헤이그(Haigh, 2002)는 대학들이 세계시민성을 증진하기 위해 어떤 전략을 사용하는지 광범위하게 살펴보고 있다. 여기에는 외국어 수업 개설, 해외 경험 진작, 타국 직원 채용, 교육과정에 전 지구적 관점 포함하기, 소수집단과 연계된 신설 강좌 개설(이를테면 흑인연구와 같이), 국제학생과 자국 학생의 교류 공간 확대 등이 포함된다. 이러한 전략들 중, 해외경험(교환학생 프로그램이나 해외 봉사활동, 해외 취업교육 등)이 학생들의 세계시민성 이해와 지식에 끼치는 영향은 이 분야 연구 중에서 가장 폭넓게 조사, 분석되었을 것이다. 해외 활동 경험이 있는 홍콩의 학생들은 세계시민교육에 긍정적인 태도를 보인다(Chui & Leung, 2014). 이와 달리 미국에서 교육받은 한국 학생들은 한국에서 교육받은 한국 학생들보다 국가 정체성 수준이 더 높았다(Cho & Chi, 2015). 미국에서 진행된 연구에 따르면, 해외 경험이 있다고 해서 반드시 학생들의 상호문화적 역량이 더 개발된다고는 볼 수 없었다(Dolby, 2007; Root & Ngampornchai, 2012). 해외에서 공부한 학생들의 해외 체류 시간이 세계시민성에 관한 학습과 이해 수준에 미치는 영향과 관련해서는 상반된 결과가 공존하긴 하지만(Horn & Fry, 2012), 미국과 영국 학생의 경우 해외 수학 경험이 체계적인 경우, 그리고 체험보다는 학술적인 것에 초점에 맞춰진 경우에 영향력이 더 큰 것으로 나타났다(Horn & Fry, 2012; Tarrant, 2010; Tarrant, Rubin & Stoner, 2014).

선행연구들에서도 국지적 환경에서 세계시민교육의 기회가 어떠한지 검토하고 있다. 몇몇 연구는 서로 다른 나라의 학생들 사이에 온라인 협력이 어떻게 이루어지는지 탐색한 바 있다(Harshman & Augustin, 2013; Patterson, Carrillo & Salinas, 2011). 연구자들의 주장에 따르면, 이런 협력은 세계시민교육의 기회를 더 높게 제공한다(Harshman & Augustin, 2013; Patterson, Carrillo & Salinas, 2011). 이렇게 낙관적인 전망은 미국 연구자인 몽고메리와 맥다월(Montgomery & McDowell, 2009)의 연구에서도 확인된다. 이들에 따르면, 다른 나라에 있는 또래들과의 접촉이 세계시민교육을 증진시킨다. 이와 달리 영국의 한 연구는, 영국 학생들이 다른 나라 학생들과 그다지 교류하지 않으며 따라서 이 둘에게 기대되는 잠재적 이점은 나타나지 않는다고 결론짓는다(Peacock & Harrison, 2009). 이 점에 있어 2개의 소규모 연구를 살펴보는 것이 의미 있을 것이다. 하나는 영국에서(Spiro, 2014), 다른 하나는 미국에서(Coryell, Spencer

& Sehin, 2013) 연구되었다. 이 연구들은 서로 배경이 다른 학생 간의 접촉을 구조화하고, 비슷한 교수-학습 목표를 공유한 상황에서 학습활동의 협력적 공동체로 연계되어야 한다는 점을 강조한다. 영국에서 이뤄진 또 다른 소규모 연구(Caruana, 2014; Woolley, 2008)에서는 세계시민성을 재개념화하는 방법으로 문화적 자서전과 이야기 구성(Caruana, 2014), 자신의 영성 탐색(Woolley, 2008)을 활용해 학생들의 정체성을 탐색할 것을 제안한다. 밀러(Miller, 2013)와 밤버·핸킹(Bamber & Hanking, 2011)이 영국을 배경으로 한 두 가지의 사례 연구에서는 대학생들이 강좌 내용과 관련된 체계적 활동과 해외 지역사회에서 수행한 봉사활동을 통해 세계시민성에 대한 이해를 어떻게 증진해나가는지를 강조해서 보여준다.

대학교육과정의 변화가 가져오는 효과를 분석한 연구들도 있다. 영국(Brookes & Becket, 2010; Jones & Killick, 2013)과 호주(Breit, Obijiofor & Fitzgerald, 2013)에서 진행된 연구에서는 대학교육과정에 세계시민교육을 포함하기 위해 직원의 역량개발이 필요하다고 강조한다. 브레이트(Breit et al., 2013)는 교육과정의 탈서구화를 경험한 이후의 세계시민성 접근은 단지 새로운 내용을 혼합하는 것을 넘어 교수-학습 경험을 완전히 재개념화해야 할 필요가 있다고 주장한다.

대학생들이 세계시민성을 어떻게 인식하는지에 대해 질적인 연구방법으로 탐색하려는 연구들도 있다. 파멘터(Parmenter, 2011)는 세계 여러 나라 대학생 642명이 세계시민성을 어떻게 이해하는지를 탐색했다. 이 연구에서 학생들은 세계시민성을 자기변혁이나 국제사회에 참여하기, 연결됨, 인간됨과 연관짓고 있다. 또한 환경문제에 더 큰 관심을 기울이고 있는 학생들은 자기를 세계시민으로 지칭하는 경우가 더 많았다. 홍콩의 대학생들은 세계시민성을 경제적인 차원으로 인식하는 경향이 강하게 나타났다(Chui & Leung, 2014). 이와 대조적으로 영국 맨체스터 지역의 대학생들은 세계시민성을 경제적 차원과 관련된 것으로 이해하긴 하지만, 원칙적으로는 다양성·정체성·상호연결·이동 등의 개념을 포함하는 문화적 차원과 관련된 것으로 이해한다(Prowse, 2013).

다른 부류의 연구에서는 예비교사들이 세계시민성을 어떻게 이해하며 자신이 교사가 될 경우 세계시민교육을 수업에 포함할 의지가 있는지를 탐색적으로 다룬다. 스페인의 예비교사들은 세계시민성을 인권·형평성과 관련된 것으로 이해하며(Colomer Rubio, Campo Pais & Santana Martin, 2016), 영국의 수습 교사들은 세계시민성을 문화, 전 지구적인 것, 관용, 다양성과 관련짓는다(Davies & Fulop, 2010). 이와 달리 헝가리의 예비교사들은 세계시민성을 유럽연합, 외국인, 이민이라는 개념과 연관짓는다(Davies & Fulop, 2010).

터키·잉글랜드·웨일즈·아일랜드에서 이루어진 연구에서는 예비교사들이 앞으로 자신들의 수업에 세계시민교육을 포함시키는 데 관심을 보였다(Berna & Aytac, 2012; Holden & Hicks, 2007; McCormack & O'Flaherty, 2010; Robbins & Francis & Elliott, 2003). 터키 사범대생의 경우, 이들이 향후 세계시민교육을 수업에서 다루려는 의지는 외국어 구사 여부와 함께 매일 인터넷을 사용하는지 여부에 따라 달라지는 경향을 보였다(Berna & Aytac, 2012). 잉글랜드와 웨일즈 수습 교사들의 경우에는 이들이 가르치는 주 교과목이 세계시민교육에 대한 태도와 관련되어 있었다(Holden & Hicks, 2007; McCormack & O'Flaherty, 2010; Robbins & Francis & Elliott, 2003). 이 연구를 통해 알 수 있듯이 예비교사들은 세계시민성을 가르치겠다는 의지를 강하게 피력하기는 했지만, 정작 학교현장에서 세계시민교육을 포함시키는 데 자신감을 드러내지 않고 있으며 교육과정에서 세계시민교육이 우선시되어야 한다고 보지 않았다 (Holden & Hicks, 2007; McCormack & O'Flaherty, 2010; Robbins & Francis & Elliott, 2003).

결론: 세계시민교육 연구영역에서 아직 다루지 않은 부분

이 장을 쓰면서 우리는 세계시민교육에 관해 상당한 연구가 축적되고 있음을 느꼈다. 경제적 관심에 기초해 고등교육기관에서 이루어지는 세계시민교육을 분석하려는 연구들은 정말 어마어마하게 많았다. 우리가 검토한 내용에 따르면 (세계시민교육) 연구자들은 서로 다른 형태의 세계시민성(주로 신자유주의적인 형태이든 인간주의적 형태이든)을 서로 다른 교수법적 전략을 통해 어떻게 증진할 수 있는지에 깊은 관심을 기울이고 있었다. 그러나 우리가 보기에 이런 연구들은, 대부분 빠른 결과를 만들어내기 위해 어떤 교수법 또는 어떤 교수 전략을 택할지에 관한 논의가 주를 이루고 있었다. 이와 반대로, 세계시민성에 관한 학생들의 이해와 지식이 좀 더 오랜 기간에 걸친 교육활동에 의해 어떻게 영향을 받는지 또는 받지 않는지를 관찰한 종단연구는 없었다. 이러한 측면의 가능한 변화와 지속성을 이해하기 위해서는 좀 더 민족지적이고 혼합방법적인 연구가 수행되어야 할 것이다.

대부분의 초중등학교에서 정책결정자와 —아마도 이들의 영향 때문이겠지만— 연구자들은 시민교육에 대한 전 지구적 접근보다는 국가적 접근을 강조해 왔다. 세계시민교육을 주제로 한 초중등학교를 대상으로

한 연구에서는, 세계시민교육이 종종 글로벌 교육이나 시민교육의 광범위한 접근에 필요한 부수적인 개념 정도로 다루어진다. 따라서 전 세계적으로 초중등학교 학생들이 세계시민성을 어떻게 이해하는지, 세계시민교육을 공부하는 학교 교실에서는 도대체 무슨 일이 일어나고 있는지, 교실의 실질적 교수-학습활동이 좀 더 사회정의적 관점의 세계시민성을 향상하는데 어떻게 기여하는지 등의 질문에는 제대로 된 답변도, 연구도 미진한 상황이다. 더욱이 세계시민교육이 학교교육에 포함되면서 예비교사뿐만 아니라 현직교사들이 어떻게 훈련되고 또 지원받는지, 그래서 교사의 구체적인 수업에서 세계시민교육이 어떻게 실현되는지 살펴볼 필요가 있다.

지금까지 검토된 대부분의 연구는 미국과 영국에서 이루어졌다. 물론 연구자들의 언어적 한계와 자료 접근성이라는 문제 때문이기는 하다. 그러나 어떤 국가나 지역에서는 세계시민성이 적어도 이 개념 자체로 교육연구에만 국한되었을 가능성이 있다. 만약 그렇다면, 윤리적인 문제를 제기하지 않을 수 없다. 즉 이런 상황에서 연구를 진행하는 연구자들은 해당 국가나 지역 차원에서 일어나는 일만 연구하고 싶어 할 것이기 때문이다. 만약 우리가 중요하게 관심두는 것들이 전 지구적인 프로젝트 범주에 포함되지 않는다면, 세계시민교육이라는 주제에 대해 얼마만큼 이야기할 수 있을지 의문이다. 연구자들은 (아마도 동료 연구자들과 협력하여) 그 밖의 다른 곳에서 벌어지는 일에 대해 연구할 것인지를 결정할 수 있다. 그러나 연구자의 이러한 접근과 결정은 어떤 생각을 '강요'하는 것으로 비쳐질 수 있다. 이런 딜레마를 넘어서기 위해서 우리는, 연구자들이 동일하거나 유사한 생각이 서로 다른 개념을 사용해 연구되는지 또는 세계시민교육에 관한 생각 그 자체가 특정 이해방식에 따라 틀지워진 것은 아닌지 진지하게 탐구해내기를 바란다. 이런 점에서 우리는 서로 다른 이해방식들이 번역 때문에 사장되어 없어지지 않도록 국제공동연구팀을 구성하는 것이 필수적이라고 생각한다. '글로벌'하기 위해—포괄적인 용어로 '글로벌'을 이해한다면—세계시민교육 연구는 접점을 검토해야 할 뿐만 아니라 전 지구적으로 학생·교사·정책결정자들이 세계를 이해하고, 그 속에서 자신의 역할을 수행하는 방식과 다양한 방식 간의 긴장, 갈등, 충돌하는 지점에 대해서도 연구해야 할 필요가 있다.

Ethical Internationalism in Higher Education Research Project. http://
eihe.blogspot.co.uk/

핀란드 학술원의 지원을 받아 수행되는 연구 프로젝트 '고등교육연구의 윤리적
국제주의Ethical Internationalism in Higher Education Research (EIHE)'의 공식 온라인 사이트
이다. 여기에서는 연구자들이 사용하는 연구방법론에 대한 개괄, 윤리학에 관한
질문, 연구 결과와 참여한 연구협력자들 등의 자료를 찾아볼 수 있다. 연구자들
은 이 웹 사이트를 'EIHE 프로젝트에 관련된 공개 자료창고이자 연구협력진, 자
문진, 잠재적 협력자들과의 소통창구'라고 규정한다. 여기에 더해 우리는 이 웹
사이트는 아주 강력한 교육적 기능을 담당하고 있다고 본다. 만약 당신이 아주
다른 관점에 바탕을 둔 세계시민교육 연구 프로젝트를 살펴보고 싶다면, 이 웹
사이트는 당신의 호기심과 관심을 다양한 방식으로 해소할 수 있는 기회를 제공
할 것이다.

Hahn, C. L. (2016). Pedagogy in Citizenship Education Research:
A Comparative Perspective. *Citizenship Teaching & Learning*,
11(2), 121-37.

이 논문은 캐럴 한Carole Hahn이 발표한 연구로, 시민교육에 관한 비교교육 연구
를 아주 포괄적으로 검토하고 있다. 이 논문을 통해 시민교육, 특히 영어 사용 국
가들에서 시민교육 연구가 어떤 내용으로 전개되고 있는지 명료하게 확인해볼
수 있다. 또한 시민교육이 국가와 세계적 차원에서 어떻게 서로 연계되는지 이
해하는 데 도움이 될 뿐만 아니라 세계시민교육의 사례로 향후 더 탐색해야 할
연구분야가 어떤 것인지 확인할 수 있다.

활동

이 장에서 검토, 논의한 연구 가운데 적어도 하나를 읽어보기를 바란다. 물론 당신의 관심사나 수강한 강좌, 자료 접근 가능성 또는 다른 어떤 기준에 따라 연구물을 선정할 수 있다. 특별히 다음의 질문 목록을 염두에 두면서 선택한 연구물을 숙독하기를 바란다.

① 연구자는 세계시민성에 대해 어떤 접근을 채택하고 있는가?

② 연구자는 세계시민교육에 대해 어떤 접근을 채택하고 있는가?

③ 이 연구의 맥락은 무엇인가? 또 어떤 사람들이 연구 참여자들인가?

④ 자료를 수집하고 분석하는 데 어떤 방법(론)이 활용되었는가?

⑤ 이 연구의 결론은 무엇인가?

⑥ 이 연구의 결과를 다른 환경/맥락에 보편적으로 적용할 수 있는가? 그렇다면 어느 정도로 적용할 수 있다고 생각하는가?

⑦ 세계시민교육과 관련한 당신의 질문에 이 연구는 어떤 방식으로 답변을 제시하는가?

18

교육과정

Curriculum

학생들의 수업시간표에서 세계시민성이라는 과목을 발견하기란 쉽지 않다. 하기야 통상적으로 특정한 과목을 '세계시민성'으로 분명하게 이름짓지는 않을 것이다. 그러나 세계시민교육의 형식은 늘 존재한다. 만약 이를 부인하는 누군가가 있다면, 그는 학교나 교육기관에서 무슨 일이 일어나는지 전혀 알지 못하는 사람이거나 학교교육을 가치중립적인 무언가로 보고 싶어 하는 정직하지 않은 인물이리라. 교육과정이 중요해지는 상황에서 세계시민교육은 정책결정자와 다양한 그룹에게 꾸준히 지대한 관심을 받고 있다(DfID, 2005; OECD, 2016). 교육, 특히 학교교육은 권력과 사회정의(즉 희소한 자원에 누가 무엇을 어떻게 얻는지)에 관련된 개념으로 인식되기 때문에, 세계시민교육의 형식을 따져보지 않을 수 없다. 여기서 핵심은 우리가 교육이 전문적으로 안내되어야 한다고 바라는지 또는 교육을 있는 그대로 두고 선택할 수 있게 해야 하는지를 결정하는 것이다(후자의 경우는 이미 권력을 쥐고 있는 사람들이 자신의 관점을 당연한 상식처럼 제시하도록 허용한다는 의미를 포함하고 있다).

만약 세계시민교육에 교육과정을 연계할 수 있으려면 우선 교육과정이 무엇을 뜻하는지 개념을 정리할 필요가 있다. 아래의 개념은 좀 오래되긴 했지만, 그럼에도 여전히 유용한 개념이다.

학교 교육과정은 학생의 지적·인격적·사회적·신체적 발달을 증진하도록 조직적인 틀 내에서 구성되고 고무되는 모든 형태의 활동으로 구성된다. 여기에는 공식적인 수업 프로그램뿐만 아니라 이른바 교과 외 활동도 포함된다. 물론 학교의 특질을 형성해내는 품격 있는 관계, 평등한 기회 제공, 가치 등 학교가 책무로 정하고 조직화하여 경영하면서 모범이라 내세우는 것들도 여기에 해당한다. 가르치고 배우는 방식은 교육과정에 아주 강력한 영향력을 행사하며, 교육과정이 실천되는 현장에서 이 둘은 서로 분리되지 않는다(DES, 1985).

위에서 분명하게 밝히고 있듯 교육과정은 단지 교육내용에만 한정되지 않는 어떤 것을 말한다. 많은 교육과정 전문가에 따르면 교육과정은 근본적인 이유(왜 특정 교육내용을 배우는지), 이행 계획(어떻게 하려고 하는지), 결과 평가(그래서 무엇을 성취했는지)를 동반하는 것으로 여겨진다. 이러한 것들은 이른바 감추어진 교육과정으로 알려진 것에 적절한 관심을 기울이게 하는 교육 내용과 방식 면에서 볼 수 있다(Jackson, 1968). 즉 학습이라는 것이 조직되고 경험되는 방식에 따라 우리의 학습이 강한 영향을 받는다. 이 모든 것이 우리가 세계시민교육을 해야 할지 말지를 판단하는 방식에 영향을 끼친다.

스미스(Smith, 1996/2000)는 전수(어떤 내용이 들어 있는가), 산출물(무엇이 성취되었는가), 과정(학습을 진작하기 위해 어떤 교수방법이 동원되었는가), 프락시스(praxis, 해방을 향한 과정모델을 어떻게 개발할 것인가)의 관점으로 교육과정을 논의하고자 했다. 스미스의 논의에서 흥미를 끄는 부분은 교육과정에 접근하는 서로 다른 측면의 배후에 깔린 거대 사고체계나 목적을 다룬다는 점이다. 스미스는 대체로 4개의 핵심 그룹이 교육과정에 관련하여 주도적인 관점을 제시하고 있다고 본다. 각 그룹은 (이 책의 2장에서 논의했듯이) 교육과정을 아주 자연스럽게 교육의 서로 다른 목적에 연결 짓는다.

먼저, 자유주의자들은 자신의 편의대로 지식에 가치를 부여한다. 자유주의자들에게 최선의 교육은 학생들이 지금까지 연구되고 실천된 것 중 최고의 것을 배우는 것이다. 이들이 주로 내세우는 대표적인 사례는 고전을 배우는 것이다. 이런 (문화적 또는 다른 측면의) 전수는 대체로 자유주의적 관점과 연관되며 이성을 가장 높은 지위로 인식하는 견해를 옹호한다. 이를 극명하게 잘 보여주는 형태의 교육과정은 비싼 등록금을 내야 하는 사립학교 또는 명문(사립)대학에서 볼 수 있다. 이들 학교는 순수이성을 육성하는 데 헌신한다는 점을 특권으로 내세우고 이를 위해 특정한 형식의 지식이 더 가치 있다는 입장을 견지한다(어떤 이는 고대언어를 배우는 것이 소수 학생에게 제한적으로 제공되는 수준 높은 지식 프레임의 좋은 사례라고 말하기도 한다). 너무도 분명하게 문화적 엘리트주의를 표방한다는 비판을 받으면서도, 전수는 종종 가치중립적일 뿐만 아니라 지적으로 엄밀함이 요구되는 과정이라고 제시된다.

플라톤, 특히 그의 《국가론》은 특정 유형의 학습자들에게 이런 접근이 필요하다고 명시하고 있어 자주 인용된다. 플라톤에 따르면, 금 계층의 사람들은 불을 직접 볼 수 있지만 다른 계층의 사람들은 동굴 벽에 비치는 (불의) 그림자만 볼 수 있다. 스미스(Smith, 1996/2000)는 과학적 교육과정 설계자를 두 번째 유형으로 제시한다. 이 경우 사회에 필요한 것이 무엇이냐는 질문은 아주 중요하다. 훈련의 형식에서는 이런 질문을 던지는 것이 별로 중요하게 여겨지지 않을지 몰라도, 이런 질문은 (각 직업이 전문직인지 아니면 급여가 낮은 소상공인인지를 따지는) 관리자적 접근과 직업교육에 관련되어 있다. 교육과 경제의 관련성은 대개 과학적 접근에 의해 분명해지는 경향이 있다. 스미스가 제시한 세 번째 그룹은 발전주의자들이다. 이 그룹은 아동의 필요에 집중한다. 오랫동안 이 관점은 루소의《에밀》을 언급하는 것으로 강조됐지만 최근 홀트(John Holt, 1964/1977)와 다른 여러 사람들이 근대적 진보주의자들로 언급되고 있다. 마지막으로 스미스는 사회개선주의자들을 언급하는데, 이들은 학교를 사회변화의 핵심 동력으로 본다. 이 부류의 사람들은 교육을 사람들이 사회를 이해하게끔 돕고, 사회정의를 실현할 수 있도록 기술을 갈고 닦는 것으로 인식한다.

이 4개 그룹 모두 세계시민성과 직접적인 관련성이 있다는 점은 의심의 여지가 없다. 이런 방식으로 교육과정 모델을 바라보는 데서 생기는 강점은 목적이 내용을 결정한다는 것이다. 즉 이러한 접근을 통해 우리는 (교육내용으로서) 글로벌이 포함되는지 또는 세계시민성이 달성됐는지 아닌지를 따지는 데 그치지 않고, 궁극적으로 어떤 종류의 세계시민성(엘리트주의적, 경제성장주의적, 아동중심적 또는 정치적)이 달성되기를 바라는지를 묻는 도전적인 질문에 직면하게 된다. 어느 누구도 세계시민교육에서 이 네 가지 중 어느 하나가 완전히 배제되어야 한다고 할 것 같지는 않다(고전공부를 배제하자고 하는 사람은 거의 없을 테고, 경제성장을 무시하자거나 아동의 권리를 거부하자는 사람이 없을 터이며 학교와 사회가 아무런 관계가 없다는 태도를 취할 사람도 거의 없을 것이다). 그러나 각 개인은 자기 선호에 따라 어떤 입장을 선택할 것이고, 그에 따라 (정책결정자, 학부모, 시험 출제위원, 학생 그리고 그 밖의 교육주체들의 압력 아래에서) 진작되고 실행되어야 할 세계시민교육의 성격이 정해질 것이다.

논쟁

앞에서 제기된 다른 관점을 가정한다면, 교육과정을 둘러싼 논쟁이 당연하다는 점을 인정할 것이다. 이런 부동의의 몇몇 사례를 살펴보면 사람들이 무엇을 두고 논쟁하는지 바로 알아챌 수 있다. 이 사례들을 통해 우리는 도대체 무엇을 가르쳐야 하는지, 목적이나 의도가 명료하게 제시되지 않은 상황에서 실제로 무엇을 가르치는지를 알 수 있다.

다양한 방식이 세계시민성에 적합하다고 보는 교육과정과 관련하여, 사회경제적 지위를 보여주는 여러 지표들이 있다. 현대적 자료를 사용해보자면, 사회집단과 관련하여 의도된 목적은 아마도 감추어져 있을 것이다. 물론 이 점이 늘 분명하지는 않다. 학교교육을 통해 부여되는 불평등의 사례로서 아래에 제시한 19세기의 정책은 흥미로운 생각거리를 던져줄 것이다.

우리는 이것들을 차례로 3등급 교육, 2등급 교육, 1등급 교육이라고 불러야겠다. …… 이러한 구분이 정확하다고 할 수는 없지만 사회의 등급에 대체로 부응한다는 점은 의심의 여지가 없다.

1등급 교육: 영국 교육의 최전선에서 고전의 지위를 현재대로 유지할 것이다.

2등급 교육: 만약 라틴어 공부가 중요한 근대적 교과목에 대한 총체적 지식을 제외하지 않는 조건이라면 학부모들은 지금 라틴어 공부가 차지하고 있는 높은 위상을 굳이 거둬들이지 않을 것이다. 그러나 그리스어 공부에는 그다지 중요한 위상을 부여하지 않을 것이다.

3등급 교육: 계층구성에서 특별히 낮은 단계의 계급에 속한다. 이 계급에게 필요한 교육은 '잘 읽고, 잘 쓰고, 셈을 잘하는 것'이다.

(Schools Inquiry Royal Commission, Taunton Report, 1868, pp. 15-21)

우리는 세계시민교육에서 이루어지는 일이 모두에게 적절하기를 바란다. 그리고 차이가 생긴 경우라면 차별 없이 평등하게 실현되기를 바란다.

경제학을 둘러싼 논쟁에서 국가 정책결정자들은 종종 부의 창출에 지나치리만큼 집착하곤 한다(이것이 부의 불균등한 배분을 뜻한다고 할지라도 말이다). 이를 보여주는 분명한 사례가 있다. 영국 교육부 장관이었던 고브 Michael Gove 가 2011년에 영국 국가교육과정 연구를 시작하면서 했던 아래의 연설 내용을 살펴보자.

영국은 국제적으로 경쟁력 있는 국가군에서 추락하고 있으며, 국가교육과정은 국제적 수준에 미치지 못하고 있다. 경제와 기술 변화의 속도는 점차 빨라지는데 우리 아이들은 뒤처지고 있다. 과거의 교육과정은 미래를 준비하게 하는 데 실패했다. 우리는 길을 바꿔야만 한다. 지금 하려는 이 연구는 전 세계 최고의 교육시스템을 탐색할 것이며 세계적인 수준의 교육과정을 만들 것이다. 그럼으로써 교사, 학부모, 학생들이 해당 시기에 무엇을 배워야 하는지 알게 될 것이다(Gove, 2011).

세계시민교육을 촉진하려는 사람들은 세계시민교육의 정당성이 부의 창출에 있다고 생각하지 않는다. 세계시민교육 옹호자들은 진취적이고 창의적인 사람들이며, 경제적·문화적 다양성은 도전적이고 가치 있는 목표이다.

학교교육의 목적을 둘러싸고 벌어지는 가장 충격석인 논생은 아마도 도덕과 선이라는 문제와 관련된 것이리라. 물론 이 문제는 세계시민성과 직접적이면서 즉각적으로 관련된 것이기도 하다. 이에 따르면 어떤 교과목이든 어떤 지식의 형식이든 다음에서 드러나듯이 논쟁적으로 보인다.

- 사례 1: 테네시주는 1925년 주정부에서 지원하는 어떤 교육기관에서든 진화론을 가르치는 것이 법에 위배된다는 법안을 통과시켰다. 고등학교 교사 존 스콥스John Scopes는 미국시민자유연합American Civil Liberties Union의 재정 지원을 받아 의도적으로 이 법을 위반했다. 이 사건을 다룬 첫 재판에서 배심원은 스콥스에게 유죄 평결을 내렸다. 이어진 재심에서 스콥스는 결국 법적으로 무죄 판결을 받았지만, 이 법은 계속 유지되다가 1967년에서야 철회되었다. 1968년에 미국 대법원은 이런 법률이 불법이라고 규정했지만, 논쟁은 여전히 이어지고 있다.

- 사례 2: 진화론과 함께 창조론을 가르쳐야 한다고 주장하는 사람들이 논쟁을 이어왔다. 왕립학회의 교육부장이자 영국 성공회 신부 라이스Michael Reiss 교수는 2008년 이 진화론과 창조론을 함께 가르쳐

야 한다는 생각을 개진했다는 이유로 자리에서 물러나야 했다.

• 사례 3: 1960~70년대에 새로운 수학 또는 '근대 수학'을 도입하려는
시도가 있었다. 1972년 2월, 프랑스의 대학교수였던 아폐리^{Roger Apéry}
는 다음과 같이 주장했다―포르노, 마약, 프랑스어 해체, 수학교육
의 격랑, 이 모든 것은 하나의 과정과 관련되어 있다. 즉 자유주의 사
회의 핵심이 공격당하고 있다(《렉스프레스^{L'Express}》, 1972년 2월 6일).

교육과정에서 세계시민성은
어떻게 표현될 수 있을까?

세계시민성을 어떻게 발현시킬지 생각해보려면 교육과정을 개발할 때
사용하는 참조틀에 대해 논의해야 한다. 지금 말하려는 핵심과 이 책에
서 글로벌 교육을 다룬 내용은 관련성이 크다. 우리는 교육과정 설계에
서 통상적으로 강조되는 다섯 가지 측면을 제시할 것이다. 그리고 각각의
측면이 세계시민성에 적용될 때 어떤 의미를 지니는지 보여줄 것이다.

• 지식: 글로벌 교과 내용은 강조되어야 하는가? 개념이 규정하는 틀
인가? 만약 그렇다면 어떤 종류의 틀인가? 일반적으로 교육자들은
교과 내용(예컨대 역사 수업에서 교사는 혁명이나 전쟁 등의 개념에 초점을
맞춘다)과 긴밀하게 조율된 실질적 개념과, 교과를 가르치고 학습하
는 방법을 보여주는 과정적 개념(다시 역사교과를 예로 들면, 교사는 증
거·인과·연대기·해석 등의 개념에 초점을 맞추려 한다)을 언급하려 한다.

세계시민성을 위한 교과 내용과 개념의 선택은 웨스트하이머와 카네(Westheimer & Kahne, 2004), 옥슬리와 모리스(Oxley & Morris, 2013) 등이 쓴 글에서 찾을 수 있다.

• 균형: 균형 잡힌 세계시민성 프로그램은 어떤 모습일까? 우리는 경제학과 정치학, 문화와 도덕의 균형을 잡을 수 있을까? 아니면 또 다른 틀이 있을까?

• 범위: 우리의 교육과정은 얼마나 넓게 틀을 지을 수 있을까? 우리가 생각할 수 있는 모든 관점과 중요한 교과목을 전부 포괄하는 것이 좋을까? 앞에서 언급했던 각각의 분야에서 다룬 것들을 모두 언급해야 할까? 물론 불가능하다. 그렇다면 앞에서 언급했던 자유주의자·과학자·발전주의자·사회개선주의자의 관점으로 돌아가야 할까?

• 일관성: 앞에서 던진 질문에 일단 결정을 내렸다면 이제 이 모든 것을 어떻게 조합할 것인가? 솔직하게 정치적인 목적으로 무언가 선택했다고 당당하게 내세우면 수용할 수 있는가? (물론 제한된 방식이긴 하지만) 모든 가능한 관점들을 다 포함한다면 일관되다고 할 수 있는가? 일관성을 유지하는 데 최선의 접근을 형성하게 하는 것이 교과라고 생각하면 적절한가? 아니면 세계시민성에 맞닿아 있는 지식의 영역이라는 것이 있는가? 오랫동안 우리는 전통적 교과들(예를 들어 역사, 수학, 과학 등)은 경험 영역(인격적·사회적·감성적 발달, 언어와 문해, 수학적 발달, 세계에 대한 지식과 이해, 신체 발달, 창의성 발달)에 관련된 접근과 대비된다고 여겨왔다. 교과보다 경험 영역 측면에서 내용

을 틀 지으면 교육과정이 좀 더 일관되는 것일까? 이럴 경우 세계시민교육이 편재하는 것일까?

- 지속과 전진: 연령대가 다르고 저마다 능력이 다른 학습자들에게 적합하도록 학습자료를 어떻게 틀 지을 것인가? 어떤 것은 다른 것보다 어렵다는 생각을 하는 것이 나은가? 일상적인 것보다 추상적인 것이 정말 더 어려울까? 아주 어린 아이들은 추상적인 것에 의존하고 있을 상상력에 더 흥미를 느낄지도 모른다. 우리는 어떤 질문(개방형, 선택형)을 할지, 학습자료의 접근성(언어 구사 수준 등)을 고려할지, 질문의 목적(이해 또는 분석)을 틀 지을지 미리 생각해야 하는가? (세계시민교육을 통해 길러지리라) 기대하는 능력은 전수가 가능해야 하는가? 그게 아니라면 이런 능력들은 연구 중인 내용과 본래 서로 엉켜 있는 것인가(예를 들어 역사를 이해하는 것은 과학을 이해하는 것과 완전히 다른 것이지 않은가)?

국가교육과정은 세계시민성을 지원하는가?

국가교육과정을 두고 세계시민교육을 함양하겠다는 것은 짐짓 배치되는 일처럼 보일 수 있다. 국민-국가의 경계와 관심사는 넓은 세계와 더 많이 연결되는 것보다 핵심적인 문제가 되기 때문이리라. 교육과정이라고 하면 으레 국가의 역사, 민족문학 등과 같은 내용에 초점을 두고 만들어졌다고 생각하는 이유도 여기에 있다. 그러나 국가교육과정을 만들면서 종종 내세우는 당위성을 돌아볼 필요가 있다. 대체로 다음과 같은 야심 찬 목표, 즉 모든 학생에게 자격을 부여하는 것, 목표를 세우고 수행한 활동을 평가하는 데 필요한 표준을 제시하는 것, 지속성과 일관성을 증진하는 것, 학교 활동을 통해 대중의 이해와 자신감을 증진하는 것.[*] 이 네 가지 목표는 1980년대 말 영국에서 1차 국가교육과정을 수립하면서 내세웠던 논거들로, 나중에 호주에서도 이를 도입하였다.[**] 물론 당시에는 국가교육과정에 거센 비판이 제기되기도 했으며, 이러한 비판을 토대로 국가교육과정이 세계시민교육을 배제한다는 주장도 있었다. 국가가 지식을 통제하는 것은 교사가 단순 기능인으로 전락하고 더불어 유연한 전문가주의가 사라지는 것을 뜻했다. 게다가 거대한 관료주의와 경쟁사회가 도래해 대부분 학생에게 실패자라는 낙인이 찍힐 터였다. 그러나 여기서 판단해야 할 핵심사항은 어떤 지리적 조건에서 세계시민교육에 헌신하고 있는지 아닌지에 관한 것이었다. 교육과정을 수립해온 구조가 어떤지, 즉 국가가 나서서 교육과정의 틀을 마련하는지 아니면 미국처럼 연방국가에 의존해 마련하는지, 그것도 아니라면 핀란드처럼 지방정부의 결정이 완전히 존중되는 구조인지의 판단은 그다지 중요하지 않다. 어떤 이들은 단일 국가와 세계주의가 빚어내는 대비를 보면서 국가교육과정이 모든 문제의 근원이라고 생각하며, 또 다른 이들은 세계주의에 대한 헌신이 특정 국가의 교육과정을 구성하는 토대의 일부이므로 개별 국가의 정책결정에서는 다중적 토대를 모두 고려해야 한다고 본다.

---

* http://www.nc.uk.net
** www.australiancurriculum.edu.au 참조.

누가 핵심 이해관계자인가?

국가교육과정과 세계시민교육의 연계 또는 잠재적 분리에 관한 앞의 논의는 교육과정의 특성과 목적에 대해 고려해야 할 점과 함께 가르치고 학습되는 교과 내용을 누가 통제해야 하는가 하는 문제와 연결된다. 이와 관련해서는 본래 세 가지의 논쟁이 있는데, 아래에서 명료한 개념으로 보여주고자 한다. 이 세 가지 논쟁은 실제로는 잘못된 이분법이긴 하지만, 이런 설명이 교육과정에 관한 논의를 이해하고 숙의하는 데 유용하기를 바란다.

첫 번째 논쟁은 대체로 일반 대중에게 반하는 전문가주의로 보인다. 전문가주의의 특징은 맥락 의존성을 이동시킨다. 영국 총리였던 캐머런David Cameron은 2015년 8월 한 연설에서 "저는 교육의 권력이 관료보다는 교장과 교사의 손에 있기를 바랍니다"라고 했다. 교육부 장관이었던 마이클 고브는 "이 나라에는 충분한 전문가가 항상 있었습니다"(Mance, 2016)라고 했다. 이 두 인용문에서 '전문가/전문가적 식견'은 서로 다른 뜻을 의미한다. 전자가 전문적 식견을 둘러싸고 벌어지는 경쟁을 나름 인정하는 것이라면, 후자는 좀 이상하게도 모든 전문가적 식견을 부인하는 듯하다.

어쨌든 모든 유형의 전문성과 모든 전문가에 대한 회의는 두 번째 영역의 논의 또는 논쟁으로 이어진다. 즉 전문성에 의심을 품는 부류는 정치·사회적 의견을 전달하려는 동기에 관심을 기울인다. 이는 실제 효과를 가져오는 것에 대해 상식적 태도라 여겨지는 것에 반대 입장을 취한다. 이 논쟁은 미디어에서 벌어지는 것을 포함하여 토론이 어떻게 진행되는지에 관해 흥미로운 생각거리를 던져준다. 균형을 잡으려 노력한다면, 전문적 식견이나 사회정치적 동기가 어떠하든 간에 모든 사람(적어도 특정한 논쟁 상황에서 정당하게 자기 의견을 내놓을 것으로 기대되는 사람들)은 어렵고 복잡한 문제 해결 상황에서 동일한 발언 기회를 부여받는다. 이것은 공공정책 문제에서 해결하기가 몹시 어려운 신기한 균형으로 이끈다. (미디어처럼) 기성 조직이 기여하는 데 분명한 권한을 가졌다고 인정하는 사람들은 실제 대표자가 아니며, 심지어 해당 사안을 해결할 만큼 아는 것도 많지 않다. 마지막으로 교육과정을 둘러싼 논쟁의 본질은 아동의 특성에 대한 생각과 특징 짓기의 핵심으로 향한다. 평생학습을 둘러싼 논쟁이 있긴 하지만, 학교에 다니는 사람은 대부분 나이 어린 아이들이다. 그렇다면 개념적으로 경험이 적은 사람들은 보호받아야만 하는가? 이 경우 이들을 위해 누가 대신 의사결정을 해야 하는가? 또는 학교 학생들은 아직 시민으로 인정받지 못하는 처지인데, 지금 바로 권력을 갖는 시민이 되어야 하는가?

평가

평가는 복잡하고 다면적인 주제이다. 이 책의 이 부분을 통해 교육과정이 평가에서 분리된 것이 아니라는 점을 강조하는 것으로 평가의 중요성을 적시하는 정도에 머무르기를 바란다. 그러나 교수, 학습, 평가를 가로질러 고려되어야 할 통합적 접근이 있다. 세계시민교육을 담당하는 교사는, 서로 다르지만 가능한 교육과정의 목표가 제시하는 주어진 선택지에서 이루어져야 한다고 생각할 것이다. 여기에는 네 가지 역동적인 관계가 있다는 점을 알아야 한다.

첫째, 총괄평가(최종 성적)는 형성평가와 구분되어야 한다. 형성평가는 단일한 테스트가 아니다. 형성평가의 주목적은 학습을 촉진하고 돕는 것이다. 그러나 사회에서 평가자료를 활용하는 방식을 완전히 무시하지 않는 한 형성평가와 총괄평가 사이에는 중첩되는 부분이 있음을 인정해야 한다. 세계시민교육을 촉진할 때 우리는 다양한 평가가 드러내는 이런 차이와 중첩되는 부분을 통해서 어떻게 학습이 일어나는지 검토하는 법을 유용하게 만들 수 있다.

둘째, 전통적으로 평가는 개인을 평가하는 데 초점을 맞춰왔지만, 집합적으로 생산되는 일을 평가하는 데 중점을 두려는 경향이 늘고 있다. 때때로 아주 단순하게 세계시민교육은 너무도 분명히 집합적 활동이라고 여겨진다. 그러나 행동의 다양성이 얼마나 광범위한지 새롭게 인식할 필요가 있다.

셋째, 세계시민교육을 함양하려 할 때 활용되는 구성틀이 무엇인지 성찰하는 것이 중요한데, 여기에는 주요한 세 가지 접근방법이 있다. 규준(학생들을 서로 비교하는 기준이 됨), 준거(명시적으로 제시된 목표로, 학생은 이에 얼마나 잘 부합하는지에 따라 판단됨), 내적척도(학생 자신이 성취한 수준으로 스스로의 성취정도를 비교하는 기준이 된다). 이 세 가지 구성틀 중 하나만 사용해서 누군가를 독립적으로 평가할 수는 없을 것이다. 세계시민교육에서는 이 구성틀이 모두 긍정적으로 활용될 수 있다.

마지막으로, 아주 광범위하고 다양한 기술(자기 평가, 공동 평가, 또는 교사의 평가 결과)이 학생평가에 사용되어야 하며, 상이한 독자들(부모, 후견인, 동료 전문가 등)과 효과적이고 포용적으로 소통하기 위해서 충분한 수준의 이중언어 활용이 이루어져야 한다.

Davy, I. (2011). Learners without Borders: a Curriculum for Global Citizenship. International Baccalaureate.

데이비는 이 논문에서 세계시민교육 교육과정을 개발하는 데 필요한 핵심 원칙과 고려사항을 잘 소개하고 있다. 이 논문은 국제 바칼로레아 International Baccalaureate 에서 발간한 것으로, 국제학교와 일반 공립학교의 수업계획 개발에서 고려해야 할 주요 문제를 다룬다.

Smith, M. K. (1996, 2000). 'Curriculum Theory and Practice': *the encyclopaedia of informal education*, www.infed.org/biblio/b-curric.htm.

스미스는 이 글에서 교육과정의 상이한 형태와 목적을 아주 분명하게 진술하고 있다. 위에서 다룬 생각거리들은 이 책에서 발췌한 것이다. 자유주의적·과학적·발달론적·사회개선적 시각에 관한 스미스의 논평은 고려해볼 만한 가치가 충분하다.

활동

1. 9학년 학생(14~15세)을 위한 시간표를 짜보라. 학생들은 월요일부터 금요일까지 등교하며, 수업은 오전 9시에 시작해서 오후 3시 30분에 끝날 것이다. 점심시간은 40분이 주어지고, 오전에 20분의 휴식시간이 있을 것이다. 완성된 시간표에 대해서 어떤 목적이 투영됐는지, 교수-학습과 평가가 어떻게 성공적으로 이루어질 수 있다고 생각하는지, 누구의 전문적 조언을 참고했는지의 질문에 답해보라.
2. 이 장의 내용은 대부분 교육과정 개발에 관련된 것이다. 물론 세계시민교육이

교수-학습되는 방식을 고민해보는 것 또한 매우 중요하다. 이 책의 여러 부분에는 교수-학습에 관한 내용을 다루는 자료들이 많다. 어쩌면 당신은 (이 문제에서) 좀 더 진보적인 것과 함께 차별적인 것에 관해 다음 질문을 던지고 싶어 할지 모르겠다. 진보의 의미는 학습자에게 적절한 도전을 부여하기 위해 어떤 것을 점차 복잡하게 만드는 것이다. 차별화는 학습자의 특성이 어떠하건 간에 모든 학습자에게 적합한 자료를 제공해야 한다는 것을 뜻한다.

다음 두 질문에 대해 생각해보라. ① 학생에게 도전을 유발하는 자료에는 무엇이 들어가야 하는가? ② 광범위하고 다양한 학습양태를 보이는 학생들에게 접근 가능하게 하려면 자료를 어떻게 만들어야 하는가? 학습해야 할 자료의 양, 목표하는 능력의 형태(이해·분석·평가 등), 활용될 자료의 형태(예를 들면 높거나 낮은 언어 수준 또는 통계, 사진 등), 물어봐야 할 질문의 형태(폐쇄형 또는 개방형 등)를 떠올려보라. 모든 학생에게 같은 과제를 부여하고 다양한 수준의 성취가 모두 인정되게 하는 방식이 가능한지도 생각해보라. 아니면 교사가 보기에 학습자별로 서로 다른 과제를 부여해 서로 다른 수준의 성취를 보이게 하는 것이 좋은지도 생각해보라. 세계시민성에 관한 어떤 교재에서라도 활동 하나를 선택해 그 활동을 좀 더 어렵게 만들어보라. 또는 좀 더 쉽게 만들어보라. 교사로서 당신이 수행한 것을 검토하고 당신의 접근이 공정했는지 자문해보길 바란다. 세계시민교육의 목표가 모든 학생이 동일한 성과를 내는 데 있다고 보는가? 아니면 서로 다른 수준의 성취도 인정될 수 있다고 보는가? 정말 단순한 접근이 적절하다고 보기는 어려울 것이다. 그러나 일반적으로 교실에서 사회정의를 추구하는 데 적합하려면 진보적인 것과 차별적인 것을 어떻게 제공해야 하는가?

19

지역사회행동
Community Action

2011년 2월 페이스북에 'DemocraciaRealYa(참 민주주의, 바로 지금)'라는 그룹이 등장했다. 이 그룹은 스페인의 정치·경제 상황을 비판하면서 지방선거에 참여해 변화를 만들어내자고 주장하는 몇몇 작은 단체가 지원하고 있었다. 이들은 트위터에 '#democraciarealya'라는 해시태그를 달았다. 이 해시태그는 며칠 만에 스페인뿐만 아니라 브라질, 인도네시아, 멕시코, 미국 등에서 60만을 넘는 트윗을 기록했다. 스페인혁명으로 불리며 국제적으로 알려진 이 운동은 전 세계의 '점령하라Occupy' 운동에 직접적인 영향을 미쳤다. 미국의 'Occupy Wall Street', 중국의 'Occupy Central', 호주의 'Occupy Melbourne', 영국의 'Occupy Nigeria', 콜롬비아의 'Occupy Bogota'는 몇몇 예에 불과하다. '점령하라' 운동은 전 세계의 사회경제적 불평등을 줄이자는 캠페인으로 확산되었다. 이 사례들은 전 세계의 시민들이 벌여온 지역사회행동의 형태가 얼마나 복잡한지 잘 묘사하고 있다. 즉 지역적 요구가 얼마나 쉽게 전 지구적 요구로 변화하는지, 디지털 세계에서의 의견 표명과 행동이 물리적인 실제 세상의 지역사회행동을 결정 짓는지, 전통적이고 새로운 정치참여 방식이 공동체와 행동의 복잡한 역동성과 어떻게 교섭하는지 보여준다. 이 장에서는 전지구적차원에서 그리고 지역사회 차원에서 벌어질 수 있는 행동을 논의함으로써 이런 복잡함을 조명하고자 한다.

우리는 9장에서 크릭 보고서(DfE/QCA, 1998)에 제시된 시민교육의 세 차원, 즉 정치적 문해, 사회적 책임감, 도덕적 책임감을 포괄하여 지역사회 참여가 이루어져야 한다고 논의했다. 이번 장에서는 지역사회행동이라는 말의 의미를 개괄적으로 검토하고 지역사회행동의 유형, 도전과제, 가능성을 논의하고자 한다.

시민성과 참여

시민성과 시민교육을 논의하다 보면 결국 참여 문제를 거론하게 된다. 여기서 주의해야 할 것이 있는데, 관련 저술들을 보면 지역사회행동이 참여participation, 관여engagement 등의 용어와 거의 구분없이 사용되고 있다는 점이다. 여기에서는 스웨덴의 정치학자인 에크만과 암노Ekman & Amná 가 만든 구성틀에 따라 개인적이고 집합적인 형식을 포함하는 넓은 의미로, 주의(개입)와 행동(관여)을 참여의 형식으로 볼 것이다.

우리가 이해하기에, 참여는 참여의 형식 때문이 아니라 참여하는 목적 때문에 '전 지구화'되었다. 예를 들어 환경문제에 참여하는 것은 금방 '전 지구적'이라고 여겨질 수 있지만, 도시청소년위원회 임원이 되는 것이 '전 지구적 참여'인지 아닌지는 그다지 분명하지 않아 논쟁이 필요할지도 모르겠다. 이와 유사하게, 난민 네트워크에서 봉사활동을 하는 것은 세계시민교육이라고 인정받을 수 있을 테지만, 어떤 인종주의 시위를 두고 세계시민성이 추구하는 목적을 향한 것이라고 이해하거나 상상하기는 어렵다.

참여와 시민성의 연계는 일반적으로 토론과 논쟁의 문제이다. 참여는 시민의 권리이자 의무, 시민의 덕목, 또는 이 모든 것의 조합으로 여겨질 수 있다. 참여는 대표자 또는 민주적인 정부의 직접적인 형태와 관련되어 있다. 또한 참여는 (이를테면 숙의 과정을 거쳐) 동의를 만들어내는 방식으로, 또는 (이를테면 정부에 특정한 사안을 요구하는 시위자가 되어) 갈등을 조장하는 방식으로도 이해된다. 여기에는 어떤 형태의 행동이나 비행동이 '지역사회행동'으로 여겨지냐는 질문이 따라붙는다(Ekman & Amnå, 2012 참조). 어떤 사람에게는 투표를 하거나 정당에 가입해 대표로 선출되는 것 등 전통적인 대의제와 정부기구에 참여하는 것이 진정한 의미의 참여가 된다. 그러나 다른 사람들에게는 가두시위, 온라인 캠페인, 건물 점거 등 직접적인 행동, 비정부기구 활동, 심지어 반정부적이고 불법적인 행동까지 포괄하는 광범위한 의미의 행동이 참여로 인식된다. 또 어떤 사람들은 투표 거부 등의 사례에서 볼 수 있듯 비참여라는 형태가 어쩌면 정치적으로 급진적인 형태의 참여가 되는 것은 아닌지 문제를 제기한다.

이어지는 내용에서는 다양한 유형의 지역사회활동을 모아 각 유형의 도전과 가능성에 대해 논의한다.

• 공식적인 정치참여: 선거 활동은 현대 서구 사회에서 가장 전통적인

형태의 정치참여일 것이다. 선거 활동에는 대체로 대의민주주의와 관련된 형태의 참여가 포함된다. 여기에는 정당 가입, 투표, 정치적 대표로 선출되는 것 등이 포함된다. 국지적인 형태의 시민교육에서 선거 활동의 범위는 아동·청소년 위원회에 참여 또는 직업 정치인 들과의 대화 등을 포함한다. 몇몇 국가의 경우, 정당민주주의는 민 주주의를 실현하는 데 부족하다고 전제하며 공식적인 정치참여에 문제를 제기하기도 한다. 게다가 전 지구적인 차원에서 선거 활동이 타당한지는 늘 의문스럽다. 즉 세계시민권을 가진 사람들에 의해 선 출된 전 지구적 대의정부기구 따위는 없지 않은가? 유엔으로 대표 되는 국제기구 정도가 우리가 생각해볼 수 있는 이른바 전 지구적 인 기구에 가장 가까운 형태일 수는 있지만, 전 지구적 공동체를 대 표하는 대의적 참여는 그저 모호할 뿐이다. 시민이 유엔의 대의원을 투표로 직접 선출하지는 않는다. 대신 대의원들은 개별 정부에 의해 선발되는데, 그 방법은 아주 다양하다. 비록 전 지구적 정부기구나 정치적 세계시민성을 옹호하는 사람일지라도 현재의 국제기구는 민주주의를 실현하는 데 한계가 분명하다는 점을 잘 알고 있다 (Held, 2005). 세계시민교육의 특정 사례로는 예컨대 모의 유엔총회 (Kirkwood-Tucker, 2004)나 유네스코 청소년포럼 참여[*]가 핵심적인 활동으로 거론된다.

• 시민 참여: 시민 참여는 시민사회 내에서 이루어지는 활동으로, 제 도화한 운영체제와 별 연계 없이 이루어지는 것을 뜻한다. 여기에도

---

[*] http://en.unesco.org/9th-unesco-youth-forum

다양한 형태가 존재한다.

- 사회적 관여는 정치·사회적인 문제에 주목하거나 관심을 기울이
는 것으로 이해된다. 전 지구적 맥락에서 사회적 관여는 전 지구
적 공동체에 소속감을 느낀다든지, 국가 간 또는 전 지구적 정치
와 관련된 뉴스에 관심을 기울인다든지, 전 지구적인 문제를 다루
는 것이 중요하다는 인식을 지니는 것 등이 포함된다. 사회적으로
관여한나는 것은 항후 참여행동을 전제하는 것으로 보이지만, 관
여 그 자체로는 파급효과를 내지 못한다는 점에서 한계가 있다.
- 시민 개입은 자선 기부라든지 봉사학습활동을 포함한다. 특별히
세계시민교육과 관련성을 찾아보면 해외봉사활동이 여기에 해당
한다. 봉사활동은 참가자가 인도주의적이거나 생태환경적 목적
의 봉사를 위해 국경을 넘는 해외봉사활동을 포함한다. 해외봉사
활동을 대하는 관점의 스펙트럼은 꽤 넓은데, 이것은 세계시민성
을 대하는 관점의 차이에 따른 것이라고 보인다(Hartman & Kiely,
2014). 앞서 11장에서 다룬 논의를 돌아보면, 몇몇 해외봉사활동은
변혁적이고 사회정의적인 접근을 취한다. 이에 반해 종속적인 후
원관계를 전제하거나 자선적 관점 또는 새로운 형태의 식민주의
에 기반한 접근이 이루어지기도 한다. 일반적으로 시민 개입에서
는 참가자가 봉사활동을 통해 부정의를 재생산해내는 사회구조
에 문제를 제기하는 등의 도전이 이루어지지 않는다는 점이 한계
로 지적된다. 우수한 교사가 부족한 해외의 어떤 지역에서 단기
교사로 해외봉사활동을 하는 것은 단기적이고 즉각적인 필요를
채워줄 뿐, 본래 그 문제를 양산하는 쟁점에는 손도 대지 않는다
고 볼 수 있다.

• 적극적 행동주의: 행동주의는 통치제도와 주류 생활양식에 도전하는 것을 목표로 하는 (합법적·불법적) 시위를 포함한다. 행동주의는 지역이나 국가, 전 지구적인 차원에 상관없이 가두시위, 시민불복종, 파업, 보이콧, 건물 점거 등의 활동을 포함한다. 뿐만 아니라 행동주의는 연합체, 포럼, 협동조합, 노동조합과 그 밖의 여러 조직을 통해 참가가 이루어진다. 전 지구적 차원에서 이루어지는 행동주의의 예로는 100만 명의 마스크 행진The Million Mask March, 그린피스Greenpeace 가입, '점령하라' 운동, 세계사회포럼The World Social Forum*, 전 지구적 협동조합(민주적 협동조합, 미소금융조합, 지역먹거리생산조합 등) 참여 등이 있다. 예컨대 우리는 교사와 학생이 함께 교육정책의 변화를 요구하는 가두시위에 참여하는 것처럼, 시민교육의 맥락에서 활용할 수 있는 행동주의적 참여형태가 그리 많지 않다는 사실을 잘 알고 있다(Sant, 2015; Ross & Vinson, 2014). 행동주의와 교육의 관계를 이해하는 데서 어떤 이들은 행동주의가 교육적이라고 보는가 하면, 어떤 이들은 학생들이 교사에 의해 지도되거나 배울 수 있는 정도가 제한적이라며 회의적인 태도를 취한다. 게다가 행동주의가 직접 취하는 행동의 범위가 비합법적이거나 불법적인 것을 포함한다는 점에서(Ekman & Amnå, 2012), 행동주의를 세계시민교육과 관련짓는 것은 극히 재고되어야 한다고 여겨진다. 세계시민교육은 온전히 윤리적이어야 한다고 생각하기 때문이다.

디지털 행동주의는 행동주의의 특정 형태이다. 인터넷, 좀 더 정확히 말

* http://fsm2016.org/

해 소셜미디어SNS는 국경을 넘나드는 참여적 잠재성으로 각광받아왔다. 이런 행동주의의 사례로는 온라인 청원을 게시하거나 청원에 서명하는 것, (예를 들어 아랍의 봄 시위가 전개되는 동안) 트위터나 유사한 블로그를 이용하는 것, 미디어나 소셜미디어에 파급효과가 클 만한 이미지를 게시하는 것(이를테면 쿠르디Aylan Kurdi의 사진을 게시, 확산하거나 #refugeeswelcome 등의 트위터 해시태그를 연이어 확산하는 것 등)이 있다. 그러나 이러한 의사소통 활동의 민주적 특성과 관련해서는 논란이 이어지고 있다(Loader, Bromen & Xenos, 2014). 소셜미디어와 인터넷을 활용하는 것은 모든 이에게 참여의 기회를 높인다고 여겨진다. 트위터나 change.org 같은 소셜미디어는 사용료를 내지 않는 무료 플랫폼이며 이를 통해 대부분의 사람들은 글로벌 캠페인을 벌일 수 있는 기회를 갖는다. 그럼으로써 전 지구적 대의명분에 기여하기도 하고 그런 명분을 지닌 전 지구적 해시태그를 트윗할 수도 있다. 이 장을 시작할 때 몇몇 사례를 통해 보여준 것처럼 인터넷은 가상공간에서의 참여, 통상적·비통상적 참여의 기회를 모두 제공할 수 있다. 그러나 이런 의사소통 활동이 미치는 파급효과가 미진하다고 판단하는 사람들도 있다. 이들에게 인터넷을 매개로 하는 참여는 개입의 '가벼운' 형식일 뿐이다. 인터넷에서 이루어지는 의사소통 캠페인은 일반적으로 간단해서 그 효과의 한계가 분명하다고 보는 것이다. 또한 인터넷이라는 기술자원에 접속할 수 있는 기회가 균등하지 않다는 점, 혹자가 디지털 격차digital divide라고 묘사한 문제를 제기하기도 한다. 여러 요인 중 연령, 사회경제적 지위, 출신 국가, 거주지는 새로운 기술세계에 접속할 수 있는 사람과 그러지 못하는 사람을 조건 짓는 요인이 되며 결국 이에 따라 참여적 가능성이 결정된다.

봉사학습: 지역사회행동과 교육

대부분의 시민교육과 세계시민교육 프로젝트에서 학생들은 교육을 통해 지역사회에 더 많이 참여할 것이라 기대된다. 참여 방법에 관해서는 바로 앞에서 설명했다. 시민교육은 통상적으로 학생이 거주하는 지역사회와 학교 안팎 또는 교육적 환경에 참여할 것을 독려한다. 교육이론과 실제에서 지역사회행동은 지역사회봉사나 봉사학습활동이라는 우산 아래에서 조직, 통합된다. 웨이드(Wade, 2008)에 따르면, 지역사회봉사에서는 배울 만한 것이 적거나 아예 없다고 한다. 이와 대조적으로 봉사학습 프로젝트에서는 수행되는 행위와 연관된 배움이 있을 것이라 기대한다. 예를 들어 지역봉사활동에 참여하는 학생들은 주변을 깨끗하게 청소하는 일에 자원할 수 있지만, 봉사학습에 참여하는 학생들은 자원활동과 함께 뭔가 배울 것이라 기대된다. 이를테면 지구온난화와 같은 전 지구적인 문제에 대한 학습이 이루어질 수 있는 것이다. 세계시민교육의 맥락에서 볼 때, 지역사회행동은 웨이드가 논의한 바와 같이 봉사학습활동을 포함하는 것이 좋다고 생각한다.

그러나 봉사학습활동, 특히 해외봉사학습에 대한 비판이 거세다. 자원봉사활동의 사례를 개괄적으로 보여준 앞의 기술에서 볼 수 있듯, 해외봉사학습은 학생들의 기존 권력관계와 고정관념이 반영될 수밖에 없다.

1990년대 이후, 봉사학습이 지역사회에 도움이 되는가 하는 문제가 제기되면서 봉사학습활동 안팎에서 이에 대한 거센 비판이 일고 있다. 최악의 상황을 예로 들자면, 비평가들은 빈곤한 지역사회가 학생 교육을 위한 무상의 자원으로 이용당한다고 본다. 또는 '자선'모델을 따르는 봉사학습은 부정적인 선입견을 강화하고, 가난한 지역은 도움을 줘도 소용없다는 인식을 학생들에게 심어줄 수 있다는 점이 지적되기도 한다(Stoecker & Tyron, 2009, p. 3).

실제 봉사학습활동은 서로 다른 형식의 세계시민교육과 관련을 맺게 된다. 퍼코(Furco, 1994)는 봉사학습활동으로 묶이는 프로그램들을 조사하여 서로 다른 활동은 서로 다른 목적을 추구한다고 주장했다. 그의 이런 주장에도 불구하고, 프로그램을 지원하고 프로그램에 참여하는 학생들은 몇 가지 다른 목적을 동시에 추구한다고 강조하고 싶을지 모르겠다. 퍼코가 이러한 주장을 뒷받침하기 위해 내세운 유형분류법을 소개하는 것이 세계시민교육이라는 관점에서 봉사학습을 이해하는 데 도움이 될 것이다.

- 세계시민교육 자격의 범위에 관련하여
  - 공부 목적: 지역사회활동의 목적은 배움의 역량을 키우는 것이다. 예를 들어 학생들은 유네스코에서 조직하는 세계청소년포럼에 참여함으로써 유네스코에서 하는 일의 진행 과정을 배울 수 있다.
  - 경제적 목적: 몇몇 지역사회활동은 학생이 졸업 이후 취업에 유리하도록 관련 지식과 기술 제공을 목적으로 한다. 이를테면 학생들은 해외봉사학습에 참여함으로써 나중에 좀 더 좋은 직업을 구하는 데 도움을 주는 외국어를 습득할 수 있다. 또는 지역의 자선활동에 참가해서 직업 체험을 할 수 있다.

- 세계시민교육의 사회화 범위에 관련하여
  - 사회적 목적: 몇몇 사례에 따르면 사회통합이 지역사회활동의 목

적이 된다. 지역사회의 다양한 구성원을 모으는 활동을 통해 구성원 간의 소속감을 증진할 수 있다. 예를 들어 해외봉사활동은 종종 전 세계의 서로 다른 국가, 다른 지역에서 온 사람들을 한 곳에 모아 일종의 지구사회 소속감을 형성하도록 시도한다.

- 도덕적 목적: 지역사회활동을 통해 특정 가치와 태도를 함양하려는 경우도 있다. 예를 들어 학교는 국제자선단체들을 위해 식량 기부 캠페인을 조직할 수 있다. 이러한 활동을 통해 학생들이 공감이나 책임감 같은 태도와 가치를 키우는 것이 기대된다.

- 정치적 목적: 지역사회활동은 학생들의 참여를 증진하겠다는 명확한 목표를 제시할 수 있다. 지역사회행동에 참여하는 학생들은 정치에 어떻게 참여하는지 배울 수 있으며, 이로써 미래 정치에 더 능동적으로 참여할 수 있다. 예를 들어 유럽연합은 청소년들의 유럽연합 기관 참여를 독려하기 위해 모의 청소년 유럽연합의회를 조직하고 후원한다.

• 세계시민교육의 주체화 범위에 관련하여

- 개인의 목적: 어떤 지역사회활동은 학생들이 자기성찰과 자아인식에 이르도록 고무한다. 예를 들어 대학 강좌에서는 자원봉사활동을 교육 프로그램에 포함해 제공할 수 있다. 또는 예비교사 교육을 받고 있는 학생들은 학교에서 학위과정을 이수할 수 있다. 이러한 활동을 통해 학생들은 미래의 전문가적 역할을 체험하고 성찰하리라고 기대된다. 몇몇 경우에는 이러한 활동을 통해 세계시민교육에 대한 주체화 관점(예를 들면 자기인식)이 연계되기도 하지만, 다른 경우에는 직업세계에서 중요시하는 기술습득을 통해

자격기능이 더 우선시되기도 한다.

교육의 사회화 기능에 연결해볼 때, 서로 다른 유형의 봉사학습활동을 통해 서로 다른 유형의 시민들이 교육되거나 사회화한다. 웨스트하이머와 카네(Westheimer & Kahne, 2004)는 서로 다른 유형의 지역사회 봉사활동이 서로 다른 유형의 시민들을 대상으로 한 교육에 어떤 영향을 끼치는지 분석하면서 아주 잘 알려진 유형분류법을 발전시켰다. 그들은 지역사회 봉사활동을 세 가지 유형으로 구분했다.

- 개인적으로 책임감 있는 시민성: 공식적으로 정치적 참여와 연계되기도 하고 시민사회 참여활동과 관련되기도 한 지역사회활동의 경우, 자기가 속한 지역사회에서 책임감 있게 행동하는 정직하고 성실하며 절제된 시민이 되도록 교육이 이루어진다. 이러한 활동은 대개 자원 재활용, 식량 기부, 헌혈 등의 내용으로 진행된다. 세계시민교육의 맥락에서 보면, 이러한 활동은 아마도 신자유주의적 지구시민성을 가르치는 데 초점을 두고 있다고 해야 할 것이다. 이는 공민적 참여와 공식적 정치활동에 참여하는 인본주의적 시민성 함양을 목적으로 하는 다른 활동과 비교된다.

- 참여적 시민성: 몇몇 지역사회활동은 학생들이 시민참여활동을 통해 본래 자신이 살고 있는 지역사회에 참여하도록 준비하는 데 목표를 둔다. 이것은 정부와 지역사회의 일이 조직과 참여기술(예를 들어 회합을 어떻게 조직·운영하고 캠페인을 어떻게 조직·전개할지 등)을 증진하는 교육에 맞추어져야 한다는 것을 뜻한다. 이를테면 책임감 있

는 시민은 캠페인에 어떤 기여를 하겠지만, 참여적 시민이라면 오히려 캠페인을 조직할 것이다. 이러한 활동은 아마도 인본주의적 세계시민성을 기르는데 기여할 것이다.

- 사회정의를 지향하는 시민성: 지역사회활동의 세 번째 부류는 특히 사회적·경제적·정치적 부정의를 분석하고 특정한 형태의 행동을 통해 이들에 저항하는 데 초점을 맞춘다. 이러한 활동은 앞서 논의한 특정 형태의 참여와 관련되어 있지만, 적극적 행동주의는 사회정의를 추동하는 시민성을 교육하는 것과 관련이 깊다. 웨스트하이머와 카네가 묘사한 바와 같이, "만약 참여적 시민이 식량기부운동을 조직하고 개인적으로 책임감 있는 시민이 식량을 기부하는 것이라면, 사회정의를 지향하는 시민은 사람들이 왜 굶주리는지 따져 묻고, 굶주림을 야기하는 문제를 해결하고자 노력한다"(2004, p. 241). 전 지구적인 맥락에서 사회정의를 지향하는 시민들은 아마도 다른 관점의 정치적 참여에 관여하는 비판적이고 반식민주의적인 형태의 세계시민성과 조응할 것이다.

결론

우리가 이해하기에 지역사회행동은 어떤 형태건 세계시민교육 프로젝트를 구성하는 근본적인 요소이다. 그러나 교육과정에 내재된 지역사회행동이나 세계시민교육 프로젝트는 서로 다른 문제들을 다루는 데 아주 조심스럽게 접근해야만 한다. 첫째, 서로 다른 유형의 참여는 고민해야 할 서로 다른 가능성과 도전과제를 만들어낸다. 이 장에서 강조한 내용을 넘어, 참여자들의 연령이라든가 진행되는 프로젝트의 맥락이 세밀하게 검토되어야 한다. 둘째, 웨스트하이머와 카네(Westheimer & Kahne, 2004)의 연구에서와 마찬가지로 우리는 서로 다른 봉사학습활동이 서로 다른 유형의 시민을 교육한다고 생각한다. 세계시민교육의 매락에서 볼 때 서로 다른 글로벌 봉사학습활동은 세계시민교육의 서로 다른 기능과 관련되어 있으며, 따라서 서로 다른 유형의 세계시민을 만들어낸다.

--------- **참고문헌과 간략한 해설** ---------

Amnesty International Campaigns. (https://www.amnesty.org/en/latest/campaigns/).

이 웹페이지는 전 세계에서 앰네스티가 벌이는 다양한 캠페인을 모아놓았다. 이 페이지에서는 최신 업데이트된 전 세계의 앰네스티 캠페인을 확인해볼 수 있으며, 이와 관련된 비디오, 캠페인 사례, 사진, 블로그, 편지, 보고서, 각종 논문 같은 내용도 접할 수 있다. 이와 더불어 주제(교육, 아동, 검열, 여성인권 등)와 지역·국가를 검색어로 자료를 찾을 수 있다. 이 웹페이지가 흥미로운 이유는 망명 신청자, 인권, 정치적 행동주의 등의 주제와 관련해 NGO가 제공하는 교육적 자료를 쉽게 살펴볼 수 있기 때문이다.

Hartman, E. & Kiely, R. (2014). A Critical Global Citizeneship. In M. Johnson & P. M. Green (Eds). *Crossing boundaries: tension and transformation in international service-learning*. Sterling, VA: Stylus Publishing.

이 장에서 하트먼과 킬리는 미국 고등교육기관에서 제공하는 세 가지 세계시민 교육 프로젝트를 검토한다. 저자들은 세계시민교육과 국제교류 프로그램의 관계를 검토하고 맥락화하는 연구를 진행하면서 탄자니아·볼리비아·미국에서 수행된 세 가지 프로젝트를 비교 분석하고 있다. 이들의 연구는 서로 다른 형태의 시민참여가 어떻게 세계시민교육에 대한 서로 다른 이해와 서로 다른 접근을 가져오는지 잘 보여준다는 점에서 뛰어나다. 저자들은 웨스트하이머와 카네(Westheimer & Kahne, 2004)가 만든 유형분류법을 이용해 이 논문의 마지막 표에서 세계시민교육에 대한 다른 접근 유형을 아주 쉽게 구분해 보여준다.

Loader, B. V., Vromen, A. & Xenos, M. A. (2014). *The Networked Young Citizens*. New York: Routledge.

이 책은 SNS를 플랫폼으로 삼는 지역사회행동과 청소년들의 정치적 참여가 어떤 관계인지를 검토한다. 책의 서문에서는 정치적 참여와 시민 참여에서 소셜미디어가 어떤 도전과제와 가능성을 지녔는지 검토한다. 이 책은 3부로 구성되었다. 1부에서는 스웨덴·미국 등 여러 나라에서 고려되고 있는 청소년들의 정치 참여 맥락과 거기에 활용되는 소셜미디어의 방식을 다룬다. 2부에서는 호주와 영국의 사례를 통해 소셜미디어가 시민교육의 맥락에서 지역사회행동을 어떻게 강화할 수 있을지 논의하고 있다. 3부에서는 소셜미디어가 미치는 정치적 파급효과를 유럽의 다양한 사례를 통해서 살펴본다.

활동

1. 첫 활동으로 노르웨이의 한 단체가 만들어 Radi-Aid라고 이름 붙여 패러디한 뮤직비디오spoof music video를 보려 한다. 이 비디오는 다음 웹페이지에서 볼 수 있다. https://www.theguardian.com/world/2012/nov/19/radi-aid-charity-single-africa.
비디오를 보고 다음 질문에 대해 논의해보라.

   • 이 비디오는 어떤 유형 또는 어떤 목적의 '전 지구적 참여'를 패러디하고 있는가?
   • 이 비디오가 패러디하는 내용은 '세계시민교육'에 어떤 접근을 취하고 있는가?
   • 이 비디오에 내포된 비판은 무엇인가?
   • 위의 질문에 대해 논의한 다음, 이 비디오가 보여주는 참여적 특성에 대해 어떻게 생각하는지 글로 표현해보라. 이 비디오가 전 지구적 참여를 담고 있다고 생각하는가? 만약 그렇다면, 어떤 유형의 행동인가?

2. 이제 우리는 대학생에게 다른 학생들과 함께 세계시민교육을 증진할 목표를

둔 지역사회행동 캠페인을 디자인해보라고 요청한다. 만약 협력해서 일하는 것이 가능하다면 다른 대학에서 온 학생들과 얼굴을 맞대고, 혹시 불가능하다면 온라인으로라도 함께 작업할 것을 제안한다. 이 활동이 실제 참여의 기회가 된다고 말하고는 있지만, 이 작업에는 서로 다른 수준의 참여, 서로 다른 수준의 자원, 서로 다른 수준의 헌신 정도 등이 있다는 점을 염두에 두어야 할 것이다. 당신은 누구보다 당신에게 더 편안하게 느껴지는 형태의 세계시민성을 증진할 수 있다. 더불어 실제 이행할 수 있는지 여부와 상관없이 당신이 선호하는 유형의 지역사회행동을 디자인할 수 있다. 일단 캠페인 디자인을 완성했다면, 다음 질문에 따라 자신의 캠페인 디자인을 곰곰이 생각해보기 바란다.

- 당신은 어떤 형태의 세계시민성을 증진하고자 했는가?
- 당신이 취한 세계시민교육의 접근은 무엇인가?
- 당신이 택한 행동은 지역봉사활동인가 아니면 봉사학습인가?
- 어떤 유형의 지역사회행동을 디자인했는가?
- 지역사회행동의 목적이 있다면 무엇인가?
- 당신의 캠페인이 지닌 가능성과 도전과제는 무엇인가?
- 당신이 디자인한 유형의 지역사회행동은 당신이 증진하고자 했던 세계시민성 접근과 일관된 것인가?

20

세계시민교육 교수-학습방법

Teaching and Learning Methods in Global Citizenship Education

앞에서 우리는 세계시민교육 프로젝트와 관련된 핵심 질문과 개념, 범위, 분석틀을 논의했다. 그리고 세계시민교육을 주제로 다루는 영역의 주요 연구를 검토했으며, 세계시민교육과 교육과정 그리고 지역사회와의 가능한 연관성을 찾아보려고 노력했다. 그러나 이 프로젝트의 실질적 효용성에 관심이 있는 사람이라면 교육자가 자신의 교육실천에서 어떻게 세계시민교육을 수행할 수 있는지 궁금해 할 수밖에 없다. 달리 말하면, 세계시민성은 어떻게 교수되고 또 학습될 수 있을까?

이 장에서 우리는 세계시민교육의 서로 다른 접근을 개괄하고, 각각의 접근이 취하는 교수-학습 실천 사례들을 통해 교수-학습방법을 정리하려 한다. 특히 이 사례들에는 조심스럽게 접근하고자 하는데, 앞서 강조한 바와 같이 세계시민성을 이해하는 정도는 아주 다양하고 따라서 무엇이 세계시민교육을 구성해야 하는가에 대한 이해와 답변 또한 다양할 수

밖에 없다. 특정한 교수-학습 실천이 어떤 이들에게는 이른바 '좋은 방법'으로 여겨질 수 있는 반면, 다른 이들에게는 도전적이고 문제를 유발하거나 심지어 비윤리적인 것으로 비치기도 한다. 따라서 우리는 세계시민교육 현장에서 어떤 방법이 효과적인지 검토하기보다는, 전 세계적으로 수행되고 있는 서로 다른 세계시민교육 실천과, 이러한 실천이 세계시민성과 세계시민교육의 서로 다른 접근과 어떻게 연계되는지 보여주고자 한다.

전 교과를 아우르는
주제로서의 세계시민교육

세계시민교육은 전인적 접근을 통해 학교 교육과정에 포함될 수 있다. 학교는 특정 가치와 원칙에 입각해 세계시민성을 향상할 수 있다. 학교는 서로 다른 교과 영역(예컨대 학제적 프로젝트)을 아울러 일어나도록 하는 활동과 교과외활동시간(예를 들면 학교동아리, 교외학습, 교류협력활동), 학교 조직 활동(예컨대 학생회), 교원 전문성 개발활동(Think Global[*]과 같은)을 통해 적극적인 시민성과 함께 글로벌 문해력, 정치 문해력, 문화적 인식, '글로벌' 가치와 지구사회 소속감 등을 향상하고자 한다. 우리는 이상의 사례를 통해 세계시민교육에 대한 접근을 보여주고자 한다.

총체적 접근은 시민교육의 행동범위를 강조하곤 한다(Nelson & Kerr, 2006). 가장 잘 알려진 사례는 아마도 학교 학생회나 학교위원회 등 민주

[*] https://globaldimension.org.uk/resources/browse/

적 학교운영체제를 증진하게 하는 활동일 것이다. 학교는 적극적인 세계 시민성을 증진하기 위해 대체로 연대와 사회정의라는 가치를 고무, 격려하겠다고 선택한다. 스페인의 학교에서는 종종 책 기부 캠페인을 조직하는데, 모인 책들은 이 캠페인을 함께하는 NGO가 스페인어권 개발도상국에 보낸다. 아일랜드의 원조단체인 트로카이레(가톨릭 해외원조단체 Trocaire: The Overseas Development Agency of the Catholic Church.)* 는 교육자료와 함께 책을 수납할 수 있는 박스를 전국의 모든 학교에 나눠준다(Bryan, 2013). 다른 나라, 특히 사하라 이남의 아프리카, 남아시아 또는 중남미 지역에 학교를 새로 짓도록 특정 NGO를 후원하거나 직접 모금을 조직하는 학교의 사례는 전 세계적으로 일일이 거명할 수 없을 정도로 많다. 이 과정에서 학교가 내세우는 명시적 목표는 학생들의 연대감을 증진하는 것이긴 하지만 우리가 이 책의 11장에서 논의한 바와 같이 이러한 실천행위는 일종의 선심성 후원으로 보일 수 있다.

그런가 하면 어떤 학교는 적극적 시민성과 정치적 문해의 관련성을 강조하기도 한다. 세계시민성의 사회 비판적 형태라는 맥락에서, 국제앰네스티가 진행하는 '행동하라' 프로젝트 모집은 좋은 사례라고 할 수 있다(Amnesty international UK, 2014).** 이 프로젝트는 학교 단위와 교실 단위 그룹 또는 학교 동아리별로 캠페인에 서명하기, 편지글 모집, 주제 주간 개최 등을 포함하는 다양한 활동을 통해 세계시민교육에 참여할 수 있다. 캐나다의 학교들은 대학의 연구소, NGO 등과 협력하여 세계시민교육을 위한 청소년 세계관 토론회를 개최하기도 한다(National Youth

---

* https://www.trocaire.org/
** https://www.amnesty.org.uk/actions

White Paper on Global Citizenship, 2015).[*] 콜롬비아(그리고 몇몇 다른 나라들)에서는 모의 유엔총회^{Naciones unidas, n.d.}를 개최하거나 유엔 어젠다에 참여하기도 한다. 후자의 사례가 제시하는 목표는 학생들에게 기존의 전 지구적 통치체제의 과정과 구조를 가르치는 데 있다.

또 다른 경우에는, 세계시민교육의 강조점을 문화적 인식, 상호문화적 역량, 전 지구적(다국적) 소속감을 배양하는 데 둔다. 이런 목표를 제시하고 두 학교 이상의 학교가 협력하는 사례는 무수히 많다. 예를 들어 영국 문화원은 전 세계의 학교 간 협력을 적극 지원한다(British Council, 2015).^{**} 유럽연합도 코메니우스^{Comenius} 프로그램을 통해 유럽연합 회원국 학교들 간의 '연계협력^{school twinning}'을 촉진하고 있다.^{***} 학교 간 연계협력의 사례로는 프랑스·그리스·이탈리아·폴란드·루마니아·터키·슬로바키아·영국 등에서 온 학생들이 상호문화적 역량을 개발하도록 디자인한 '무지개촌' 프로그램(Rainbow village, 2015)이나 스페인·루마니아·폴란드 학생들이 참여하는 '지구 살리기' 프로젝트(Rico, Dominguez, Ferreira & Coppens, 2012) 등이 있다. 이러한 활동들은 특정 교육목적을 위해 대체로 (온라인 또는 대면 교류, 학교 교환방문, 회합 등을 통해) 학생들이 함께하는 국제단체를 결성한다. 세계시민성에 관한 다양한 이해를 이러한 활동과 관련짓는 기준은 각 프로젝트와 연계된 교육목적이 무엇인지에 달려 있다. 위에서 언급한 사례들을 살펴보면, '지구 살리기' 프로젝트는 지속가능성을 토대로 세계시민성에 접근하고, '무지개촌' 프로젝트는 세계시민

---

* http://www.takingitglobal.org/images/resources/tool/docs/Global_Citizenship.pdf
** https://schoolsonline.britishcouncil.org/partner-school
*** https://www.etwinning.net/en/pub/index.htm

20 세계시민교육 교수-학습방법 — 295

성의 문화적 형태를 강화하는 것으로 보인다.

다른 과목에 통합된 세계시민교육

세계시민교육은 이른바 주요 교과목에 통합될 수 있다. 많은 국가의 교육부, 고등교육기관, NGO 등은 다양한 교과목을 가르치는 교사들에게 수업에서 세계시민교육을 포함해 가르치도록 장려하는 지침을 발전시켜왔다. 스코틀랜드의 '에듀케이션 스코틀랜드^{Education Scotland}'에서는 전 교육과정을 아울러 세계시민교육을 배울 수 있는 많은 자료를 찾을 수 있다(Education Scotland, n.d)[*]. 호주 정부(Australian Government, n.d.)^{**}, 옥스팜 홍콩(Oxfam, 2016),^{***} 미국 유니세프(UNICEF United States Fund, 2015),^{****} 바르셀로나대학(Gonzalez 2015)^{*****} 도 이와 비슷한 자료를 개발해왔다. 이 모든 자료는 다양한 교과목에서 세계시민교육을 어떻게 가르칠 수 있는지 안내한다. 앞으로 우리는 사회과학, 언어, STEM(수학 · 과학 · 기술 · 공학) 교과 영역에서 세계시민교육을 가르치는 데 기여한 사례들을 요약해 설명하고자 한다.

---

*   https://www.education.gov.scot
**   https://globaleducation.edu.au
***   http://www.oxfam.org.hk/en/
**** http://www.teachunicef.org/teachingmaterials/topic/global-citizenship
***** https://www.ub.edu/web/portal/ca/

사회과학 영역

일반적으로 사회과학(역사 · 지리 · 정치학 · 인류학 등)과 인문학 영역은 세계 시민성과 학문적인 관련성이 상대적으로 더 명료하다고 여겨지는 교과 영역이다. 사회과학이나 사회과 교과목들은 빈곤, 이민, 폭력적 갈등 등 논쟁이 심한 세계 문제에 대해 학생들이 논쟁할 수 있는 학습 환경을 제 공한다. 꽤 오랫동안 이민 문제를 두고 논쟁하는 포르투갈 학생들(Barca, Castro & Amaral, 2010; Gaudelli, 2017), 다양한 시기와 공간에 존재하는 장 벽 · 국경 · 변방 등을 주제로 토론하는 스페인 학생들(Santisteban, Pages & Bravo, 2017), 근대와 고대의 노예에 대해 논쟁을 벌이는 영국 학생들 (Arthur, Davies, Kerr & Wrenn, 2003), 세계무역에 관해 토론하는 호주 학 생들(Oxfam Australia, n.d.)* 이 사례로 연구되었다. 이 장에서 다루는 목 적과 관련하여, 국지적이고 전 지구적으로 논쟁이 되는 문제를 토론하는 온라인 포럼에서 협력하고 있는 전 세계 다양한 곳의 학생과 교사의 사 례도 있다(GTP, n.d.).** 이 모든 사례에서 그들은 비판적 문해, 논쟁적 이 성, 형평성과 사회정의라는 가치에 대한 지지 등을 개발할 목적으로 논 쟁적 문제를 다룬다.

특히 역사교육의 경우에 몇몇 저자는 세계사가 지구 사회의 소속감을 향상한다고 강조한다(Levstik, 2014; Sant et al., 2015). 학생들은 전 지구적 담화를 구성해가면서 '자신들이 미래(어쩌면 현재) 그 자체로 받아들여질, 평화롭고 정의로우며 온전히 민주적인 세상을 향한 지속적인 이야기'로

---

* https://www.oxfam.org.au/get-involved/how-schools-can-get-involved/resources-for-teachers/term-two-features-resource-fairtrade/

** http://www.ict-edu.nl/gtp/

역사를 배울 수 있다. 더불어 학생들은 정확하게 '평화롭고 정의로우며 온전히 민주적인 세상'이 어떤 세상인지, 이를 어떻게 실현할 수 있는지, 언제 이 이야기가 완성될 것인지 판단할 수 있는 인격을 배울 수 있다 (Sant et al., 2015, p. 356). 관련 분야의 다른 저자들은 역사교육이 공감과 평화적 대화를 생성하는 데 도움이 된다고 강조한다. 예를 들면, 평화와 다른 세계적 가치를 고양하기 위해서 같은 역사적 사건을 두고 서로 배치되는 담화를 팔레스타인과 이스라엘 학생들에게 제시했었다 (Adwman, Bar-On & Naveh, 2012). 학생들은 역사공부를 통해 시대와 공간 내에 존재하는 자기 자신을 추적해볼 수도 있다. 브라질에서는 학생들의 혈연적 계보가 어떻게 발전해왔는지 알아보는 활동을 통해 브라질 사회를 구성하는 다양성을 이해할 수 있는 도구로 활용하도록 교육과정에서 제안하고 있다(Sant & Gonzalez, 2017).

지리교육은 사회적 맥락과 물리적 공간이 맺는 관계를 다루는 기존의 관점에 도전하게 하는 힘이 있다(Gaudelli, 2017). 예를 들어 '거꾸로' 된 지도는 우리가 평소 세계를 바라보는 사고의 틀에 문제를 제기하는 데 활용될 수 있다(Segall, 2003). 지리와 과학 교육은 세계시민교육의 생태적 형식이 고양되게 하는 맥락이기도 하다. 논쟁이 되는 사안으로서 생태학적 문제의 활용을 넘어 환경과 인간이 서로 어떻게 작용하는지 검토하는 데 다양한 기술을 활용하는 사례가 많다. 구글 어스 Google Earth는 환경적 문해를 키우는 도구로 활용되어왔다(Environmental Literacy and Inquiry Working Group at Lehigh University Group, 2015).[*]

---

[*] http://www.ei.lehigh.edu/eli/index.html

언어 영역

모국어 또는 외국어 교육을 포함한 언어교육은 종종 다음 세 가지 이유에서 세계시민성 함양에 핵심적이라고 이해된다. 세계시민성의 경제적 속성을 중시하는 사람들에게 언어는 의사소통, 취업, 국가 간 이동을 가능하게 하는 핵심이다. 이에 견주어 문화적인 속성을 강조하는 사람들은 언어교육이 상호문화적 시민성을 생성하고 지구공동체 촉진을 목표로 한다고 주장한다. 그에 반해서 세계시민성의 비판적 속성을 내세우는 사람들은 언어교육이 세계에 대한 해석과 가정을 비판적으로 검토하게 한다고 이해한다.

(모국어) 언어교육의 특수한 경우를 보면, 학생들은 주어진 텍스트를 어떻게 비판적으로 검토할지 배울 것이라 기대된다. 몇몇 학습자료는 프랑스어를 구사하는 학생들이 라디오 담화 분석을 통해 아프리카의 갈등을 이해하도록 돕는다(De Mol, 2007). 학생들이 이민과 난민 위기를 미디어에서 어떻게 다루는지를 살펴볼 수 있는 자료들 또한 많다(Aragon, Bittencourt & Johnson, 2011). 언어교육은 시민으로서 학생이 갖추어야 할 기술을 제대로 쌓게 함으로써 적극적인 세계시민성 함양에 기여한다. 이집트에서는 학생들이 온라인 비디오 자료를 적극적으로 개발하고 공유하도록 장려한다(Gomaa, 2014). 인도와 남아프리카공화국의 사례를 통해 시민으로서의 의견을 표명하거나 시민으로서의 권리를 행사하는 도구로 소셜미디어를 어떻게 활용하는지 확인할 수 있다(Shatel, 2017). 국제앰네스티는 학생들이 제도화한 통치기구인 지역, 국가, 전 지구적 차원의 기관들에 편지를 쓰도록 돕는다. 마지막으로, 학생들은 문학작품을 통해 다른 사람의 처지를 간접 체험함으로써 공감을 학습하기도 한

다. 몇몇 교사들은 세계시민성 토론에 어린이도서를 활용하기도 한다 (Bradbery, 2012). 이와 비슷하게 브라질의 안드레오티(Vanessa Andreotti) 와 드소자Mario De Sousa는 '타인의 눈을 통해 세상을 읽는 학습Learning to read the world through other eyes'이라는 자료를 개발했다(2008).

외국어교육은 세계시민성을 함양하는 교육에서 가장 핵심적인 기능을 담당한다고 이해되어왔다. 학생들은 교류협력을 통해 언어역량을 학습하면서 성제적 세계시민싱을 키워갈 것이라 기대된다. 학생들은 외국어교육에 참여하면서 언어적 역량을 키울 뿐만 아니라 타인에 대해서도 학습하게 된다. 세계시민성의 문화적 측면을 강조하는 사람들은 학생들이 다른 나라에 대해 탐구하도록 독려해야 한다고 주장한다(Perkins & Pearson, 2016). 다른 사례에서는 교사가 소셜미디어를 통해 상호이해와 지구사회에 대한 공감능력을 증진하고자 한다. 교사가 챗chat, 스카이프Skype를 비롯한 여러 온라인 기반 소통 채널을 협력활동의 도구로 활용하고 있다는 연구가 있다(Guth & Halm, 2010; Dooly, 2015). 예를 들어 아르헨티나와 이탈리아의 대학생들은 지역 환경의 특정 상황을 검토, 공유, 비교하기 위한 협력연구에 참여하고 있다(Porto, 2017). 외국어교육은 특정한 언어(예를 들어 영어, 스페인어 등)의 주도적 특성에 문제를 제기하는 데 활용될 수 있다. 이중 언어로 된 책을 읽으면서 학생들은 두 언어가 서로 동등하다는 선입견과 기존 가정을 깨뜨리는 질문을 제기할 수 있다 (Naqvi, Thorne, Pfitscher, Nordstokke & McKeough, 2012).

STEM(과학·기술·공학·수학) 영역

길런(David Geelan, 2017, p. 507)은 STEM 교과목과 세계시민성 간의 관련성을 검토하는 연구에서 "미래에 살아가게 될 아이들이 모든 수준의 교육에서 대면하게 될 공통의 도전 과제가 두 가지 있다. 하나는 과학 또는 기술적 차원의 문제이고, 다른 하나는 국가의 경계라는 것이 별 의미가 없어지리라는 점이다"라고 했다. 또한 그는 과학교육이 미래의 시민들을 "자신이 부닥치는 현실에 대한 노력과 접근을 진지하게 검토하고 또 그 문제를 해결할 수 있도록 준비시켜야 한다"고 주장한다.

(앞서 지리와 관련된 부분에서 언급한) 생태학적 관점뿐만 아니라 현재와 미래의 도전과제들에 학생들이 똑똑히 맞서게 하는 과학교육의 방법은 아주 다양하다. 수학과 과학 교육은 엄청나게 많은 자료를 학생들이 비판적으로 검토하게끔 도와줄 것이다. 예를 들어 영국의 옥스팜은 학생들이 월드컵이 공정한 게임인지 아닌지 분석하는 데 확률을 활용하게 하는 활동을 해왔다(Oxfam UK, n.d.).[*] 이 활동을 통해 얻으려는 목표는 학생들의 과학적 문해력을 키우는 것뿐만 아니라 과학과 가치의 문제가 서로 영향을 주고받는 것임을 깨닫게 하는 데 있다. 과학교육은 학생들이 과학지식을 필요로 하는 문제 해결 능력을 키워주는 데 적절한 맥락을 제공한다. 예를 들어 싱가포르의 어느 학생 그룹은 생태적이고 사회·문화적인 문제 해결을 위한 연구를 진행하는 활동에 참여했다(Lim, 2008). 과학교육은 학생들이 '엉터리 이야기'를 구분해 자신을 방어하도록 도울 수 있을 것이다(Geelan, 2017). 학생들은 질병이 어떻게 확산되는지, 질병

---

[*] http://www.oxfam.org.uk/education/resources/the-world-cup-a-fair-game

의 전염을 막는 데 백신이 왜 중요한지 배울 것이다(British Council, 2016). 마지막으로, 학생들은 기술교과를 통해 언젠가 인간 삶의 질을 향상하는 물건과 기술을 만들어내도록 안내받을 것이다. '실천행동Practical Action'이라는 NGO는 학생들이 기술을 통해 빈곤 문제에 도전할 수 있는 방법을 찾는 교수-학습자료를 제공한다. 이 밖에도 풍력발전이나 수상정원 등의 기술에 관한 자료도 찾아볼 수 있다(Practical action, n.d.).[*]

단일 교과로서의 세계시민교육

이 장을 집필하고 있는 지금, 적어도 우리가 아는 한 전 세계 어느 나라에서도 세계시민교육을 하나의 독립 교과로 명료하게 포함하고 있지 않다. 이와 대조적으로 시민교육은 많은 나라에서 하나의 단독 교과로 제공되고 있다. 2009년에 실시된 ICCS 조사연구(Schulz, Ainley, Fraillon, Kerr & Losito, 2010)는 연구에 참가한 38개국 중 18개국에서 공민 또는 시민교육을 의무적으로 수강해야 하는 특화된 교과로 제공하고 있다고 보고했다. 이 18개국 중 시민교육의 내용에 전 지구적 차원이 포함되지 않은 나라는 러시아뿐이었다.

　시민교육은 대개 정치적 문해, 지역사회 참여, 사회·도덕적 가치 모두를 한데 모아놓은 것으로 이해되어왔다(Davies, Evans & Reid, 2005). 시민교육은 이 모든 속성을 통해 세계시민성을 기르는 데 기여할 수 있을 것이다. 예를 들어 학생들이 지역, 국가, 지구적 차원의 활동에 참여하도록

* http://practicalaction.org/stem

장려하는 학습자료가 많다(Sant & Perez, 2013). 시민교육연합회는 정치적 문해력을 개발하는 자료를 많이 보유하고 있다(Association for Citizenship Teaching, n.d.).[*] 우리는 여러 사례를 통해 시민교육의 다양한 맥락에서 글로벌 교육을 위한 학습자료가 활용되고 있는 것을 확인할 수 있었다. 많은 국제기구와 NGO들이 평화와 형평성(Manos Unidas, n.d.; Equality and Human Rights Commission, n.d.)[**]을 진작하기 위한 학습자료를 보유하고 있는데, 이러한 주제는 시민교육을 위한 교육과정의 일부로 포함되어야 한다고 늘 제안되던 것들이다.

결론: 세계시민교육의 다양한 접근법과 각 접근의 장단점

세계시민교육을 교육과정과 연계하려는 세 가지 서로 다른 접근법(세계시민교육을 전 교육과정을 아우르는 주제로 보는 접근법, 특정 교과에 접목해 통합하려는 접근법, 하나의 독자적인 교과로 보는 접근법)은 각각 장점과 함께 약점이 있다. 이 장에서 다룬 범위를 고려할 때 각 접근법의 장단점을 깊이 논의할 수는 없겠지만, 세계시민교육에 대한 서로 다른 접근법에서 생성되는 의미를 따져보는 것이 적절해 보인다.

　세계시민교육을 전 교육과정을 아우르는 주제로 보는 접근법은 흔히 가장 자연스럽고 또 시민성을 교육하는 데 가장 일관된 방법으로 여겨진

---

[*] http://www.teachingcitizenship.org.uk/democracy-government-politics-economy/political-literacy

[**] https://www.equalityhumanrights.com/en/lesson-plan-ideas

다. 학교구조와 과정, 학교의 특질이 민주적 시민성 형식과 일치한다면, 학생들은 시민성이 무엇인지를 배우기보다는 민주주의를 실천하는 쪽을 택하는 것이 나을 것이다. 그러나 모든 교육과정이 세계시민성을 가르치는 데 배분된 것도 아니고 수업이 다분히 자발적인 방식으로, 또 평가가 이루어지지 않는 방식으로 진행되는 데 따르는 문제가 있다. 즉 세계시민교육의 비중이 줄어들거나 어쩌면 쉽게 없어질 수도 있으며, 더 나아가 세계시민교육이 무엇인지 그 특징을 드러내기가 몹시 부적절한 일이 될 수도 있다. 더욱이 학교 내에서 세계시민교육 프로젝트가 그다지 노련하지 않은 (세계)시민교육 전문가에 의해 운영된다면, 특정한 편견에 사로잡히거나 선심성 후원자의 모습 또는 이와 비슷한 태도를 취하게 할 위험마저 있다.

이와 대조적으로 세계시민교육을 특정 교과에 접목해 통합하려는 접근법에서는, 각 교과 전문가들이 세계시민성을 함양하도록 하기 위한 더욱 노련한 헌신이 요구된다. 이 두 번째 접근법에는 두 가지 위험성이 내재한다. 첫째, 교사가 협력하지 않으면 학생은 세계시민교육 과정이라는 것이 서로 분산되어 있다고 인지할 수밖에 없다. 둘째, 교과전문성을 갖춘 교사는 세계시민교육이나 그와 관련된 내용보다 자신이 가르치는 교과에 더 정통한 지식을 갖추었을 것이다. 역사교과를 예로 들면, 역사 교사는 세계시민교육의 역사보다는 일반적으로 교과서에 나오는 내용의 역사에 더 전문성이 있을 것이다. 따라서 세계시민교육은 뭔가 중요하긴 하지만 정확하게 그게 뭐라고 말하기 어려운 모호한 것으로 그려지는 일화 정도에 그칠 것이다.

만약 세계시민교육이 독자적인 교과이거나 시민성의 전 지구적인 차원이 정식 교과로 강조된다면 이러한 도전과제들이 던지는 문제는 해결할 수 있을 것이다. 이 두 가지 경우에 세계시민교육은 교육과정에 일정한 시간을 반드시 할애하게 되며, 전문적으로 훈련받은 교사가 일관된 세계시민교육 프로젝트를 디자인하고 수행할 것이며, 교과와 관련된 성과 평가를 실시할 것이다. 그러나 시민교육의 지난 경험을 종합해보면, 많은 국가가 세계시민교육에 교과시간을 거의 할애하고 있지 않으며, 이를 전문적으로 가르칠 수 있는 교사도 거의 없는 상황이다. 이러한 현재의 여건은 거의 대부분의 국가가 '세계시민교육'을 단일한 독립 교과로 내세우려 하지 않는다는 사실을 말해준다.

참고문헌과 간략한 해설

Davies, I., Kiwan, D., Ho, L. -C., Peck, C. L., Peterson, A., Waghid, Y. & Sant, E. (Eds) (2017). *The Palgrave Handbook of Global Citizenship and Education*. London: Palgrave Macmillan.

핸드북 형태로 발간된 이 책은 이 장에서 우리가 논의한 많은 쟁점을 자세하게 설명하고 있다. 특별히 '세계시민성에 관한 교수-학습의 핵심 쟁점'에 대한 관련 주제들을 포괄적으로 정리하고 이 주제에 대한 논의가 세계시민교육 함양에 어떻게 기여할 수 있는지 보여준다. 더 정확하게 짚어보자면, 언어·과학·지리·역사·드라마 영역에 기여할 수 있는 것과 아르헨티나·이탈리아·일본·칠레·호주·스페인·미국을 포함한 많은 나라의 다양한 세계시민교육 교수-학습 사례들을 제공하고 있다.

Gaudelli, W. (2016). *Global Citizenship Education: Everyday Transcendence*. New York: Routledge.

이 책은 세계시민교육이 실제 교수-학습 현장에서 어떻게 보일 수 있는지에 관심 있는 독자들에게 훌륭한 자료를 제공할 것이다. 저자인 고들리^{William Gaudelli}는 세계시민성 분야에서 잘 알려진 연구자로, 사회과 교육과 사회과 담당교사 교육 영역에서 활동하고 있다. 이론적이고 실천적인 영역으로서의 세계시민교육에 관한 지식을 통해 저자는 세계시민교육이 어떻게 교수될 수 있으며 또한 교사는 실제 교수-학습 현장에서 어떻게 훈련받아야 하는지 비판적인 지침을 제공한다.

Think Global (n.d.). The global dimension: The world in your classroom. https://globaldimension.org.uk/resources/browse/

Think Global은 영국에 본부를 둔 자선단체로 글로벌 학습^{global learning} 함양을 목적으로 내세우고 있다. 이들은 세계시민교육에 관련된 많은 학습 자료를 제공하며, 특히 초중등학교 교사들에게 유용한 자료들을 보유하고 있다. 교과별·연령별·주제별로 검색할 수 있는 기능도 있다. 또한 사용자가 검색기능을 통해 학습 자료를 직접 찾아낼 수 있는데, 학교에서 학생회라든가 수상, 회계감사 등의 활동을 준비하는 데 필요한 교수-학습자료를 전 교과에서 활용할 수 있다.

활동

일단 당신이 알고 있는 학교를 떠올려보라. 당신이 일하는 학교 또는 일하고 싶어 하는 학교일 수도 있고, 당신이 학생 때 다녔던 학교일 수도 있으며, 어쩌면 당신 자녀가 다니는 학교일 수도 있다. 에라스무스 플러스Erasmus Plus[*]나 영국문화원[**] 또는 글로벌 디멘션global dimension[***]의 웹사이트에서 학습자료로 제공하는 협력 프로젝트 중 하나를 골라보라. 그리고 다음 질문에 답변해보라.

① 당신이 선택한 프로젝트는 어떤 활동(교류, 온라인 협력 또는 그 외)인가?
② 해당 프로젝트는 세계시민교육의 교수-학습에 대해 어떤 접근(전 교육과정을 아우르는 접근, 특정 교과 통합 접근 또는 단일 교과 접근)을 취하고 있는가?
③ 당신이 선택한 프로젝트는 학교가 기능하고 있는 국가나 지방교육과정과 어떤 관련성이 있는가?
④ 프로젝트를 통해 어떤 세계시민교육을 강조하고 있는가?
⑤ 어떤 유형의 세계시민성이 진작되고 있으며, 그 이유는 무엇인가?
⑥ 이 프로젝트를 통해 특정한 유형의 세계시민성이 함양된다고 할 경우, 이 프로젝트의 강점과 약점은 무엇이라고 생각하는가?
⑦ 이 프로젝트에 참여함으로써 얻는 기회는 무엇이며 도전과제는 무엇이라고 생각하는가?

[*] https://www.etwinning.net
[**] https://schoolsonline.britishcouncil.org/partner-school/partner-by-project/
   testimonials
[***] https://globaldimension.org.uk/

21

평가

Evaluation

평가는 광범위하게 수용되고 또 행해지고 있다. 평가는 세계시민교육을 바라보는 다양한 관점과 핵심적으로 관련되어 있다. 물론 평가는 복잡하고 논쟁이 강렬하게 벌어지는 영역이기도 하다. 우리는 이 장에서 평가를 수행하면서 맞닥뜨리는 수많은 도전과제를 논의할 텐데, 이 평가는 우리가 알고 있는 활동을 타당한 세계시민교육의 특성으로 발전시키려는 노력의 일환이 될 것이다.

넓은 의미에서 평가는 단순히 어떤 일의 시작이 뜻하는 바와 함께 그것이 가치 있는지를 따져보는 것을 의미한다. 평가는 사정assessment 과 같은 말이 아니다. 사정은 개별 학생이 도달하는 성취의 수준을 형성평가나 총괄평가를 통해 측정하는 데 사용된다. 세계시민교육의 사정에 관한 논의는 이 책의 '교육과정'을 다룬 부분에서 살펴볼 수 있었을 것이다. 여기에서는 교육시스템이 평가될 때 어떤 일이 일어나는지, 이러한 일이 세계시민교육과 어떻게 관련되는지를 논의할 것이다. 국제(비교)평가가 점점 늘어나고 강조되는 추세는 분명하지만, 아래에서 검토하는 내용처럼 국제평가의 목적과 과정이 우리가 증진하려는 세계시민교육의 이상을 실현하는 작업과 반드시 일치하는 것 같지는 않다. 이 장의 마지막에 있는 '활동'은 당신이 세계시민교육에 조응하는 평가를 한번 디자인해보라고 요청할 것이다.

평가의 목적은 다음과 같다.

- 효과성: 우리는 해를 끼치기보다 선한 일을 한다는 점을 확실히 하고 싶다.
- 효율성: 우리는 희소한 공공자원을 활용해서 효과를 극대화해야 한다.
- 책무성: 무엇이 수행됐으며 왜 그런지의 문제에 투명해야만 한다.
- 신뢰: 정부와 공공 서비스에서 신뢰관계를 확인/회복하기를 바란다.

이러한 일에 적합한 자료는 벌써 준비되어 있다. 국가 단위의 대규모 자료가 비교 가능한 방식으로 제공되고 있으며, 이러한 자료들은 국제적으로 합의된 조사연구방법에 따라 다양한 국제단체들이 수집해왔다. OECD는 연구자료를 수집·분석하는 대표적인 기관인데, PISA는 가장 잘 알려진 자료라고 할 수 있다.

PISA는 15세 아동의 기술과 지식 정도를 검사함으로써 전 세계 교육시스템을 평가하려는 목적으로 3년마다 치러지는 국제비교 조사 프로그램이다.[*]

* https://www.oecd.org/pisa/aboutpisa/

OECD는 다음과 같은 보고 내용을 담은 국가별 교육 소개 Education at a Glance를 발간하기도 한다.

> (국가별 교육 소개는) 전 세계 교육현황을 소개한다. 그것은 각 국가의 교육기관들이 만들어낸 결과, 국가 간 학습의 파급효과, 교육에 투입되는 인적·물적 투자 정도, 교육에 대한 접근성, 참여도, 변화상황, 학교를 둘러싼 학습환경과 학교 체제를 사료로 제공한다.*

IEA(국제교육성취도평가연합회)는 TIMSS(국제수학과학성취도연구)와 PIRLS(국제문해력조사연구)를 시행한다.** 물론 여러 프로젝트를 통합하려는 틀도 있다. NONIE(영향평가 네트워크의 네트워크)는 OECD의 개발원조위원회 평가 네트워크, 유엔의 평가 그룹, 평가협력 국제기구를 포함해 다양한 그룹들과 연계 협력하고 있다.

이처럼 국제기구에서 수행하고 있는 평가는, '무엇을 얼마만큼 성취했는가'를 논의하는 데 명확하고 분명하며 또 중요하다. 만약 이러한 조사자료들이 기초적이고 핵심적인 지식, 즉 알고 싶어 하는 바를 제대로 알려주지 않는다면 우리가 세계시민교육을 이해하는 데 아무런 도움이 되지 않는다. 앞서 이야기한 국제조사자료들은 전 지구적인 논쟁점과 다양한 시각을 강조하면서 새로운 면모를 보이고 있어 흥미롭게 지켜볼 만하다.

특별히 우리는 많은 수의 국가 간 시민덕목과 시민성을 평가하는 데 초

---

* http://www.oecd.org/edu/education-at-a-glance-19991487.htm
** http://timssandpirls.bc.edu/

점을 맞춰왔다는 점을 상기시키고 싶다. 1970년대 이후 IEA는 ICCS(국제 시민교육연구)가 2016년에 수집한 시민성과 시민교육의 정도를 측정하는 자료에 관심을 기울여왔다. 최근 ICCS는 국가 단위의 시민성과 함께 세계시민성에 관한 평가척도를 도입하고자 노력해왔다.[*] ICCS에서 작업해온 몇몇 맥락과 정보는 아래에서 간략히 정리하고 있다.

ICCS 2016은 두 번째로 수행하는 국제시민교육조사연구이고 IEA 시민교육 분야에서 수행해온 네 번째 프로젝트이다. 이 비교연구 프로그램은 청소년들이 시민으로서 자신의 역할을 수행할 준비가 되어 있는지를 조사, 검토하고 있다.

ICCS 2016은 시민덕목·시민성과 관련해 학생들이 지닌 지식과 개념·쟁점에 대한 이해, 이들의 신념·태도·행동이 어떤지 조사한 내용을 담을 것이다. ICCS 2009에 참여했던 국가들은 이 조사연구를 통해 지난 7년 동안 학생들의 시민덕목에 대한 지식과 시민성에 어떤 변화가 있었는지 추적, 검토해 볼 수 있을 것이다. 이전 조사와 마찬가지로 ICCS 2016은 시민교육을 수행하는 교육기관과 교과내용, 교사의 자격과 시민교육 경험, 교수-학습실천, 학교 환경과 풍토, 시민교육을 위한 가정과 지역사회의 지원 정도를 알기 위해 다양한 배경자료를 수집할 것이다. 부가적으로 각 지역에 해당하거나 특정 주제에 관한 쟁점을 파악하려는 문항도 합의에 따라 포함, 조사될 수 있다.[**]

* http://www.iea.nl/fileadmin/user_upload/Studies/ICCS_2019/ICCS_2019_Brochure.pdf 그리고 http://umc.minedu.gob.pe/wp-content/uploads/2016/04/IEA-ICCS-2016-Framework.pdf 참조.

** http://www.iea.nl/iccs_2016.html

ICCS 2009의 결과는 관련 웹사이트에 잘 요약되어 있으며,[*] 더 자세한 내용은 책으로 출간되었다(Ainley et al., 2013). ICCS 2009의 내용을 아주 간략하게 정리해보자면, 조사가 이루어진 거의 모든 국가에서 시민교육이 시행되고 있으며 조사 대상 국가 중 20개국에서는 특정한 독립 교과로 시민교육을 수행하고 있다. 시민교육에 관한 지식과 기술에 대해서는 모두 중요하다고 생각하고 있으면서도 교수-학습 실천에서는 실제 적극적인 참여가 잘 이루어지지 않았다. (많은 국가에서 시민교육의 지식 수준이 점점 낮아지는 경향을 보이긴 했지만) 여학생이 남학생보다 시민교육에 대한 지식 수준이 높았으며, 사회경제적 지위가 높을수록, 교실의 학습 분위기가 개방적일수록 시민교육의 지식 수준이 높았다. 이 조사연구에 응답한 학생들은 대체로 민주주의를 긍정하는 경향을 나타냈다.

위의 내용이 뜻하는 바는, 평가가 광범위하게 이루어지고 있으며 평가에 주의를 기울일 필요가 있다는 점이다. 평가 결과를 일반적으로 수용·적용하거나 세계시민성 문제에 특별히 관련이 있는 유명 단체의 평가 결과를 무시하는 것은 현명한 처사가 아니다. 그러나 (아주 잘 알듯이) 평가를 둘러싸고 참으로 많은 긴장과 문제가 발생하고 있다. 우리는 다음에서 세계시민교육을 묘사하는 데 특히 적절한 긴장과 문제제기를 검토하고자 한다.

우리가 보건대 몇몇 논쟁은 기술적인 문제와 관련되어 있다. 통계학자들은 서로 다른 방법을 사용하는 것이 중요한 장점이 될 수 있다고 주장한다. 아마도 이 사례가 쉽게 접할 수 있는 것이리라(예를 들면 Adams, 2003). 우리는 평가할 때 무엇을 평가하는지, 누가 평가하는지, 한 번에

---

[*] http://www.jea.nl/iccs_2009.html

여러 대상을 두고 평가하는 게 좋은지 아니면 한 명을 여러 번에 걸쳐 평가하는 게 좋은지 질문하게 된다. 그리고 일단 평가가 이루어지고 나면, 평가 결과가 가치있는지, 가치가 있다면 왜 그런지를 묻게 된다. 해당 분야 전문가들은 평가 결과를 어디서 어떻게 확인할 수 있는지 모를 수도 있다. 어쩌면 많은 전문가가 생산된 자료 자체에 압도당한다고 느낄 수도 있다. 평가 결과를 제시할 때는 자료(정보)와 지표(주장과 관련해 활용되는 증거)를 잘 구분해줘야 할 것이다. 이 모든 일은 기술적 지식과 어떤 자료가 가치 있는지 판단할 줄 아는 전문적 식견을 요구하지만 안타깝게도 모든 사람이 이런 능력을 갖추고 있지는 않다.

그런데 이 책의 핵심 목적에 어울리는 이슈로 더 중요한 것은 세계시민성의 유형에 따른 평가의 목적과 성격일 것이다. 애덤스(Adams, 2003)는 이렇게 주장한다.

PISA와 TIMSS 같은 조사연구는 교육 시스템에서 만들어지는 정책결정에 영향을 줄 수 있는 상대적 장점에 대해 논쟁을 촉진하는데 목적을 둔다. 국제 비교연구는 교육성과, 교육실천, 교육환경과의 관련성을 체계적으로 검토함으로써 시스템 단위의 심층적 분석을 위한 자연적 보완 역할을 담당한다 (Adams, 2003, p. 377).

어떤 이들은 논쟁을 촉진하려는 이런 의도가 적어도 상황을 오도한다고 느낀다. 몇몇 평가 전문가들은 올림픽 경기에서 취하는 접근법을 택하는 경우가 있는데, 이 방법을 통해 모든 이해관계에서 자신을 멀리 떨어뜨려 객관화하려고 한다. 평가의 특정한 목적이 명시적으로 인지되지 않더라도 (부당하거나 의도되지 않은 방식으로) 선택이 이루어질 수는 있다.

와이즈먼은 평가의 목적을 ① 질을 측정하는 것, ② 형평성을 만들어내는 것, ③ 학교교육의 통제를 구현하는 것 등 세 가지로 구분해서 제시하고 있다(Wiseman, 2010, p. 18). 물론 이것은 단지 객관적인 통찰력을 얻게 하거나 논쟁을 촉진한다는 평가의 목적보다 훨씬 더 많은 것을 말해준다. 쿠슈너(Kushner, 2009)는 칼손(Karlsson, 2003)의 연구를 언급한 탁월한 논문을 발표했다. 칼손은 평가와 관련해 유럽에서 작동하고 있는 두 가지 정치 이데올로기가 있다고 주장한다.

하나는 신공공관리주의로, 정부 예산 삭감을 합리화하고 공적부문 투입재원을 감축하기 위해 작동하는 이데올로기이다. 다른 하나는 민주주의적 평가로, 공공 협상에서 이해 당사자들의 역할과 의사결정력을 증대하기 위해 작동하는 이데올로기이다(p. 45).

만약 우리가 원하는 세계시민성의 유형이 어떤 것인지 고민한다면 목적에 관해 반드시 문제를 제기해야만 한다. 쿠슈너는 이렇게 다양하고 가능한 목적에 비추어 반드시 질문해야 할 문제들을 다음과 같이 개괄하여 제시한다.

왜 평가를 해야만 할까? 프로그램의 질을 향상하기 위해서? 의사결정에 영향을 주기 위해서? 공공의 이익을 보호하기 위해서? 사회문제를 해결하기 위해서? 사회적 다양성을 진작하기 위해서?

- 전문가로서 평가자의 적절한 사회적 역할은 무엇인가? 연구자? 교사? 옹호자? 촉진자? 결정자?
- 평가 결정을 하기 위해 수용할 만한 증거로 무엇을 고려해야 하는

가? 인과적 추론? 도덕적 결론? 전문가의 의견? 미학적 판단? 이해
관계자 사이의 합의?

- 우리는 양질에 관해 가장 타당한 이해에 어떻게 도달하는가? 통제
된 실험을 통해서? 도덕적 심사숙고를 통해서? 현상학적 정제를 통
해서?

- 이해관계자는 어떻게 평가연구에 관여할 수 있을까? 서비스를 제공
받는 고객으로? 연구 참여자로? 협력연구자로? 자기 목소리를 내는
시민으로?

- 양질의 평가가 이루어지게 하는 가장 효과적인 요인은 무엇인가? 고
급 훈련? 자격과 인증체계? 합의된 전문가 표준? 위임된 메타평가?

위에서 제기된 질문들은 특정한 연구영역에서 더 상세하게 논의되어
야 한다(Kushner, 2009, p. 49).

- 가족 또는 종족 계열을 따르는 권력관계, 정보전달 패턴, 자원 접근
성은 어떠한가? 예를 들어 이런 맥락에서 아프리카는 어떤 특징이
있는가?(Chapman, 1992)

- 개인의 권리보다 우선시되는 집단의 이해관계는? 예를 들어 한국에
서는 어떠한가? (Smith & Jang, 2002)

- 책임을 완수하는 것만큼 또는 그보다 더 중요하게 여겨지는 사회적
상호작용의 특질이라는 것이 있는가? 예를 들어 카메룬(Smith,
1991), 카리브해 지역(Cuthbert, 1985), 몰타(Chircop, 1987)에서는 어
떠한가?

- 문어적 소통이 권위와 연결되거나 구어적 소통이 지배적인 맥락에

서 제한적으로 사용되는가? 예를 들어 이집트에서는 어떠한가?(See feldt, 1985)

- 역사적으로 중요한 고대의 장소와 시간을 현재 진행되는 프로젝트와 연계하는 일은 어떤가? 예를 들어 폴리네시아의 맥락에서는 어떠한가?(Kawakami et al., 2008)

위의 관점에서 보면 민주적 평가운동은 효과적인지 또는 논쟁을 촉진하는 목표를 내세우고 있는지의 문제에서 그다지 정직한 것 같지 않다. 평가자는 평가된 것 중에서 선택할 수밖에 없기 때문이다. 이것은 아주 복잡한 문제로, 우리가 민주당원이고 싶은지 아닌지를 선택하는 것처럼 간단하지가 않다. 또는 우리가 식민주의자처럼 행동할지 아니면 반식민주의자처럼 행동할지의 갈림길에서 단순하게 선택하는 문제도 아니다. 오늘날 수행되고 있는 민주적 평가를 구성하는 대부분의 사고는 서구의 맥락에서 등장한 것으로, 이전보다는 고민의 폭이 넓어보이는 듯해도 결국 새로워진 식민주의의 위험을 모든 이에게 부과하고 있다. 평가를 둘러싼 전 지구적 대화를 전개하자는 생각은 상상할 수 없을 만큼 어려운 과제임에 틀림없다. 전 지구적 대화 채널에 모든 이들이 만족하지 않는다면, 주도하는 사람들의 관점과 권리가 모든 상황에서 좀 더 고려되어야 한다는 선심성 후원자 태도가 되고 말 것이다.

간단히 말해서 여기에는 근본적으로 세 가지 난점이 있다. 첫째, 후드(Hood, 2014)가 설명하듯이, 세계화는 특정한 집단의 관심사가 아니다. 민주적 평가는 바로 세계화 그리고 세계화의 일부로 등장했다. 지역화가 요구되는 상황이라면 평가와 관련하여 글로벌 언어를 말하기는 어려울 것이다. 둘째, 무엇을 이루어야 하는가 라는 문제에서 기술적이고 문화적인 차이가 존재한다. 예를 들어 새천년개발목표MDGs를 진지하게 고려하기는 어렵다. 도대체 등록률이 뜻하는 것이 무엇인가(과정의 질을 의미하는 것인지, 학습자들의 학습성과를 의미하는 것인지, 아니면 그저 학생들이 학교에 다닌 기간만 의미하는 것인지)? 형평성과 평등에 관한 논쟁을 염두에 둘 때, 남학생과 여학생은 같은 방식으로 공부해야 하는가 아니면 다른 방식으로 공부해야 하는가? 개인뿐만 아니라 전체 집단의 수준을 알아야 한다는 이유에서, 낙제 때문에 반복한 개인의 수학기간이 단지 1년의 학교교육으로 처리되는 것이 정당한가? 셋째, 평가자와 정책결정자는 어떤 관계여야 하는가? 평가자는 아마도 비교우위를 점하기 위해 경쟁의 강도를 높이는 데 일조함으로써 국제무대에서 존경받고 싶어 하는 정치인들에게 중요한 인물이 될 수 있다. 그러나 좀 더 근본적으로 말해 기존의 글로벌 다양성을 고려하여 무엇이 효과적인지 쉽게 그리고 기술적으로 밝혀줄 수 있는가?

위에서 제기한 세 가지 난점은 매우 큰 도전과제이다. 어떤 의미에서 이 난점은 세계시민성 그 자체의 특성을 둘러싼 논쟁을 재현하고 있다. 세계시민성을 적절하며 민주적 포용적인 방법으로 성취할 수 있을까? 아니면 특정한 집단 간의 갈등으로 영원히 얽히고설킨 채로 남게 될까? 보편적인 민주주의를 향한 싸움이 보편주의자의 싸움은 아닌가? 우리는 이 책에서 아주 낙관적인 관점을 취하고 있다. 물론 우리는 차이를 인정하기를 바라지만, 최종적으로 상대주의 논리에 천착하려는 것은 아니다. 세상 모든 이에게 가르쳐온 것이 무엇인지 밝힐 수 없다며 뒷전으로 물러서고 싶지도 않다. 문화적인 또는 다른 영역에서 지역적으로 적합한 것들을 찾아내 밝히고 싶다. 우리의 관점은 세계시민교육을 향한 이러한 본질적인 도전이 세계시민교육의 평가와 잘 부합되고, 최소한 부분적으

로라도 반영되기를 바라는 것이다. 이것은 민주주의와 권리 사이의 우호
적 균형이 무엇인지 탐색하고 또 명료하게 밝혀냄으로써 가능할 것이다.
똑같은 것을 모든 이에게 제시하는 것이 언제나 좋은 것은 아니다. 그렇
다고 권력자가 권력이 없는 사람들에게 특정한 길을 따라오라고 주장하
는 것도 수용할 수 없는 일이다. 국제적이고 전 지구적인 평가를 세심하
게 잘 갖추기란 정말 힘든 일이다.

Kushner, S. (2009). Own goals: democracy, evaluation, and rights in millennium projects. In K.E. Ryan & J. Bradley Cousins (Eds). *The SAGE international handbook of educational evaluation.* (pp. 413-29). London: Sage.

이 글은 핸드북의 한 부분으로 세계시민교육에서 평가의 특성을 이해하고자 하는 사람들에게 중요한 내용을 담고 있다. 평가를 다룬 많은 글들은 평가연구가 필요에 의해서뿐만 아니라 가능한 작업이기 때문에 수행된다고 단정하는 경향을 보인다. 연구자들에 의한 이런 평가는 일종의 과학적 접근에 따른 것이다. 기술적 전문성이 있는 연구자는 자신의 일을 적절히 완수해야만 한다. 쿠슈너의 글이 지닌 강점은 이러한 기술적 전문 식견이 필요하다는 점을 인정할 뿐만 아니라 사회·정치·문화적 관점이 강하게 드러나는 사회과학의 특성을 훌륭하게 설명한다는 점이다.

International Civic and Citizenship Education Study (ICCS) 2009.

ICCS 2009는 1971년과 1999년에 이어 IEA에서 시행한 세 번째 시민교육조사연구이다. 이것은 특정 의제에 관한 평가라기보다는 시민성과 시민교육과 관련해 전 세계에서 도대체 무슨 일이 일어나고 있는지 상세하게 검토하는 것이라고 볼 수 있다. 물론 전 세계적인 자료라고 할 수는 없다. 왜냐하면 국제조사연구에 참여하지 않은 나라들이 있기 때문이다. 그러나 이 자료를 통해 우리는 시민성/시민교육의 정책과 전문적 실천이 어떻게 이루어지고 있으며, 청소년들이 이 주제에 대해 무엇을 알고 또 무엇을 할 수 있는지 아주 흥미진진한 통찰을 얻을 수 있다.[*]

* http://www.iea.nl/iccs_2009.html

Shaw, I., Greene, J. C. & Mark, M. M. (2006). *The Sage Handbook of Evaluation*. London, Sage.

여러분은 이 책에서 평가의 의미에 관한 자세한 기술과 분석 그리고 다양한 맥락에서 평가가 어떻게 수행되는지에 관한 소중한 자료들을 접할 수 있을 것이다. 출간된 지 약간 오래된 감이 있기는 하나 이 책이 다루는 영역의 범위(교육을 훨씬 뛰어넘는 주제들을 다룬다)는 독자의 관점에 따라 이 책의 중요한 강점이자 어쩔 수 없는 한계로 읽힐 수 있다. 민주적 평가에 관한 내용은 특히 흥미롭고 유용하리라 생각한다.

활동

평가 프로젝트를 설계해보라. 이것은 사정^{assessment} 프로젝트가 아니라는 점에서 유념하기를 바란다. 이 프로젝트를 통해 네 학교에서 세계시민교육에 관련된 최근의 활동이 어떤 가치를 만들어냈는지 확인하고자 한다. 한 학교는 뉴욕시에 있고 다른 한 학교는 영국 시골에 있다. 또 다른 학교는 중국 상하이 중심가에, 마지막으로 한 학교는 나이지리아 시골 마을에 있다. 당신이 평가하려는 바는 (세계시민교육 활동이) '청소년들에게 세계시민성에 관한 핵심 이슈를 이해하게 했는지, 자기가 살고 있는 나라를 넘어 서로 연결되어 있다고 느끼게 했는지, 자기 지역사회에서 행동 프로젝트를 개발하게 했는지'를 확인하는 것이다.
다음은 당신이 결정해야 할 기준이다.

1. 당신이 던질 평가 질문은 정확히 무엇인가?

2. 당신은 어떤 유형의 평가를 따를 것인가?
   ① 당신의 평가는 문화적인 것과 함께 네 학교 사이의 차이를 어느 정도로 반영하려고 하는가?
   ② 당신의 평가 프로젝트는 일반적으로 적용 가능한 통찰을 어느 정도로 반

영하고자 설계되었는가?

③ 당신은 평가 프로젝트에서 응답자들의 통제 측정을 허용할 것인가? 허용한다면 어느 정도로, 어떤 방식으로 통제가 행사되게 할 것인가?

3. 누구에게서 데이터를 수집할 것인가?

4. 어떤 종류의 데이터를 수집할 것인가?

① 당신이 살펴보려는 개념에 대한 인식을 묻는 데이터인가? 이를테면 응답자들이 어떻게 느끼는지를 묻고 싶은가?

② 얻고자 하는 데이터가 제시한 개념에서 비롯된 성과에 관한 것인가? 예를 들어 세계시민교육 수업을 받기 전과 받은 후의 지식 수준과 유형에 차이가 있는가?

③ 데이터를 어떻게 수집할 것인가?

- 인터뷰? 질문지? 참여 관찰? 문헌 분석? 검사지? 아니면 다른 방법?
- 매번 사람을 직접 만나서 데이터를 수집할 것인가? 만나는 사람들에게 지역에 기반한 개념이 어떤 도움이 됐는지 질문할 것인가? 또는 스카이프 같은 온라인 소통방식을 통해 데이터를 수집할 것인가?

④ 데이터를 어떻게 분석할 것인가? 인터뷰 내용을 분석하기 위해 엔비보 NVivo 같은 소프트웨어를 사용할 것인가? 아니면 조금 덜 분명한 과학적 접근에 따라 분석틀을 세울 것인가?

5. 윤리적 절차에서 가장 핵심적인 사항은 무엇인가?

6. 누구에게 연구결과를 보고할 것인가?(당신은 연구에 자금을 지원한 기관에 공식적으로 세미나에서 보고할 의무가 있다. 보고하는 데 고려해야 할 별다른 제한사항은 없다.)

- 결과 보고서에서 권고 사항을 핵심 부분으로 삼고자 하는가? 아니면 후속 연구로 넘길 것인가?

옮긴이의 말

오래 전 창원 지역 교사공동체의 초청으로 창원에 다녀온 적이 있다. 나를 초청한 교사공동체는 '지속가능발전교육Education for Sustainable Development 지역교사협의체'로 교육과정과 창의적 체험활동에 지속가능발전교육을 어떻게 적용할지 고민하고 있었다. 내게 부탁한 강연 주제도 지속가능발전교육을 학교에서 어떻게 적용할지, 어떻게 접근하는 것이 '지속가능한 발전'의 의미와 취지를 살릴 수 있는지였다. 대학으로 자리를 옮기기 전 '지속가능한 발전'이라는 개념을 처음 접하고 또 이를 한 도시의 생태계에서 구현한다는 이야기를 듣고 한동안 '지속가능한 발전'이라는 주제에 집착하고 있던 터라, 교사공동체라는 초청 주체보다 주제에 이끌려 강연을 준비했다.

그런데 이 교사공동체가 '국제이해교육Education for International Understanding' 이라는 대주제 아래 '다문화교육Multicultural Education · 상호문화교육 Intercultural Education'과 '평화교육Peace Education', '포용적 통합교육Inclusive Education' 등의 주제로 꾸준히 배움을 이어온 것을 알게 되었다. 한국에서 보기 드문 국제교육 교사공동체라는 점에서 반갑고 감사하면서도, 다른 한편으로는 그 많은 개념의 홍수 속에서 적절한 이해의 과정을 거치고 있는지, 설령 개념 간의 차이를 이해했더라도 학교 교육과정에서 그 차이를 정확하게 구분해 학생 교육에 활용할 수 있는지 한동안 궁금했다.

지난 2015년, UN은 17개의 지속가능발전목표SDGs를 제시하며 네 번째 교육개발목표의 일곱 번째 하위 목표로 '세계시민교육Global Citizenship Education'을 포함했다. 흥미로운 것은 이 일곱 번째 하위 목표에 세계시민교육과 함께 지금까지 논의되어온 국제이해교육, 평화교육, 포용적 통합교육, 지속가능발전교육이 모두 포함됐다는 점이다. 어쩌면 나를 초청해 워크숍을 열고 학교 교육과정의 혁신적 변화를 꾀하려 한 교사공동체는 이를 계기로 '세계시민교육'에 관한 공부를 이어가고 있을지 모르겠다.

실제 UN의 지속가능발전목표가 발표되고 교육 관련 개발목표가 확정되면서 한국 교육부와 각 시도 교육청은 세계시민교육을 중요한 교육 정책 의제로 정해 학교교육 혁신의 주요 내용으로 삼고자 했다. 각 시도 교육청은 기존의 시민교육 또는 민주시민교육을 담당하던 부서의 명칭을 아예 세계시민교육으로 바꾸거나, 적어도 민주시민교육과 세계시민교육을 함께 운영할 수 있는 틀로 고쳤다. 이어서 세계시민교육 선도교사를 뽑고 세계시민교육 활동을 도울 교재와 지도서를 발간했다. 또한 다양한 비정부기구들이 나서서 세계시민교육 강사를 양성하고 일반인을 대상으로 하는 세계시민교육 프로그램을 운용했다. 그 어떤 나라보다 적극적으로 세계시민교육을 학교교육 정책으로 수용했으며, 이를 담당할 교사들에게 동기를 부여하는 정책이 이어졌다.

그러나 이러한 위로부터의 세계시민교육 의제는 학교교육에 제대로 안착하지 못하고 있다. 더욱이 세계시민교육이 무엇인지와 관련해 사람들마다 서로 다른 개념과 활동의 방향을 제시한다. UN이 지속가능발전목표를 제시한 지 벌써 6년이 지났지만, 세계시민교육이 무엇이고, 왜 필요하며, 어떤 방향과 어떤 활동으로 실천해야 하는지, 이를 통해 어떤 성과와 결과를 이뤄야 할지에 관한 논의는 오히려 불명확해진 듯하다. 세계시민교육이 위에서 아래로 전달되는 방식으로 등장하는 모습을 보면서 품었던 수많은 의구심은, 그것이 현장에 안착되지 못한 현실보다 더 어두운 전망을 품게 한다. 즉 정부는 세계시민교육을 기존 '인성교육'의 일환 또는 '인성교육'과 동일한 목표와 활동으로 이해하고 또 부추기려 한다. 인성교육을 단순히 학교교육을 통해 사회 규범에 잘 따르고 순응하는 순치된 공민을 길러내는 교육으로만 바라본다면, 세계시민교육을 인성교육의 일환 또는 인성교육과 같은 교육적 실천으로 바라본다면, 왜 굳이 세계시민교육이라는 거창한 개념을 써야 하나 싶다.

사회의 주류 정치 이념과 화법이 바뀌면서 거창하고 모호한 개념으로서의 세계시민교육은 교육 현장에서 점차 사라지고 있다. 지금 우리 사회에는 다시 '민주시민교육'이 자리 잡고, 시민교육의 목표를 좀 더 거시적으로 표현하는 '사회정의교육Social Justice Education'이 대중적 관심을 끌고 있다.

창원의 교사공동체 워크숍에서 나는 다음과 같은 질문을 받았다. "지속가능발전교육과 국제이해교육은 어떤 점이 같고 어떤 점이 다른가요?" "실제 초등학교에서 아이들과 활동하는 교사들이 서로 다른 지속가능발전교육과 국제이해교육을 구분할 필요가 있나요? 구분할 필요가 있다면 왜 그래야 하는지, 혹시 가능한 실천 사례가 있다면 알려주시겠어요?" 안타깝게도 나는 이 질문들에 적절하게 대답하지 못했다. 학교 교사들의 교육과정에 문외한이기도 했고, 국제교육에 관심 있는 초등학교 교사들의 지속가능발전교육과 국제이해교육의 구체적인 활동이 어떠해야 하는지에 대해 한 번도 제대로 고민해본 적이 없었기 때문이다.

과연 지속가능발전교육과 국제이해교육의 개념을 구분할 수 있을까?

만약 구분할 수 없다면 왜 이렇게 서로 다른 개념을 사용할까? 또한 만약 구분된다면 누구를 위한 개념 구분일까? 학교 현장의 교사들에게 이런 개념 구분과 활동의 구분이 꼭 필요할까? 왜 그럴까? 결국 아이들에게 배움의 기회가 되는 이런 개념 구분과 실천은 어떤 성과의 차이, 변화의 차이를 만들어내는 것일까? 만약 그곳의 교사들이 세계시민교육을 새로운 화두로 삼아 국제이해교육·평화교육·지속가능발전교육을 넘어 세계시민교육을 실천하기 위해 노력하고 있다면, 이전에 내게 던졌던 질문들과 똑같은 질문을 다시 던지는 것은 아닐까? 어렵기 그지없다.

국제사회에서 세계시민교육을 국제교육개발목표의 하나로 포함시키자는 주장이 제기되면서 아직까지 해결되지 않은 한 가지 질문, 그리고 가장 중요한 질문에 직면할 수밖에 없다. "도대체 세계시민교육이란 무엇인가?" 세계시민교육이라는 말을 듣고도 합의된 개념으로서의 세계시민교육을 알고 이해한 듯 행동할 수 없다. 정말 세계시민교육이 무엇인지 모르기 때문이다. 이는 세계시민교육만의 문제가 아니다. 지속가능발전목표 4.7에 함께 기술된 다른 개념인 국제이해교육, 평화교육, 포용적 통합교육, 지속가능발전교육에도 같은 의문과 문제제기가 가능하다. 그럼에도 세계시민교육은 전 지구적 차원에서 개념적·실천적으로 확산하고 있다. 학교와 더불어 비형식기관을 포함한 시민사회의 각 영역으로, 교사와 학생 중심의 활동에서 다양한 분야의 주체들에게로 세계시민교육은 조용히 확산해가고 있다.

이 책은 세계시민교육의 시대를 살아가야 하는 우리 모두에게 꼭 필요한 질문과 성찰해야 할 내용을 적절하고 간결하게 제시하고 있다. 저자들은 UN의 결의에 따른 국제교육목표 때문이 아니어도 꽤 오랫동안 '세계시민교육'을 연구 의제로 삼아 자료를 수집하고 논의를 이어왔다. 따라서 이 책의 세계시민교육이라는 고도로 추상적인 개념으로서의 교육이론과 행위로서의 교육실천을 이어 보여줌으로써 개념을 이해하고 적용하고 실천하는 데 도움을 준다. 또한 세계시민교육의 개념이 불명확하고 어렵다는 현장의 이야기를 비판하기보다는 세계시민교육의 다양한 의미와 현장에서 실천할 수 있는 활동 범주를 정리해 보여준다. 어떤 개념이 다른 개념보다 더 나은지, 그 이유는 무엇인지 등의 논쟁적인 태도를 취하지 않고, 세계시민교육을 이해하고 실천하려는 교육가들에게 중요한 지침서 역할을 하고자 하는 것이다.

전체 3부로 구성된 이 책은 최근까지 이루어진 세계시민교육을 위한, 세계시민교육에 관한, 세계시민교육이라는 이름의 다양한 논의를 한자리에 묶어 전달한다. 개념 차원의 문제로 시작하여 비슷한 개념 및 관련된 개념·실천과의 연관성 그리고 세계시민교육을 어떻게 실천하고 연구하고 평가할지를 총체적으로 다루고 있다.

각 장에 담긴 내용은 분량이 그리 길지 않기 때문에 학술적 논쟁을 기대한 독자들은 한편으로 실망할 수도 있다. 그러나 저자들이 이 책을 쓰면서 전달하고자 하는 세계시민교육은 논쟁을 통해 누구에게도 비판받지 않을 엄밀한 개념을 세우고 방법론을 전달하려는 것이 아니다. 오히려 저자들은 세계시민교육이라는 이름으로 아직도 모호하게 남아 있는 개념적 영역에서 그리고 다양한 가능성이 남아 있는 세계시민교육 실천에서 더욱 생산적이고 민주적인 논쟁을 이끌어내려 한다. 그래서 각 장의 마지막에는 본문에서 자세히 다루지 못하고 넘어간 내용을 깊게 살펴볼 수 있는 참고문헌을 간략한 설명과 함께 보여주고, 이어서 각 장의 주제에 대해 생각해볼 수 있는 논쟁적 질문을 나열하고 있다. 특히 이 질문들은 아주 간단한 문답식 질문부터 학술적 논쟁을 이끄는 질문까지 다양해서 세계시민교육 또는 세계시민교육과 관련된 여러 논쟁을 포괄적으로 접할 수 있게 한다.

우리 공동 번역자들은 이 책을 통해 한국의 독자들에게 세계시민교육을 둘러싼 지금까지의 논쟁을 정리하고 세계시민교육의 시대를 만들기 위한 새로운 논쟁의 장으로 나아갈 수 있기를 기대한다. 교육으로 세상을 변혁할 수 있다고 믿는 우리는 세계시민교육이 한국 사회의 민주적 시민을 길러내고, 문화적 폐쇄성을 벗어나 전 지구적 차원의 세계시민으로 나아가게 하리라 믿는다. 그런 까닭에 세계시민교육을 단순한 문화적 역량과 기술을 기르는 기술공학이나 순치된 공민을 만들어내려는 인성교육으로 이해하는 태도를 비판하고, 이를 뛰어넘어 사회정의를 위한 비판적이고 민주적인 시민교육이 되어야 한다고 믿는다. 지금까지의 모든 시민교육운동이 세계시민교육으로 간판을 바꾸어야 한다는 말이 아니다. 적어도 한 사회의 시민성 담론은 국경과 특정한 문화의 변경을 넘나들 수 있어야 하고, 문화적 경계와 사회계급적 경계 위에 서서 전 지구적 생태계의 공존과 공생 그리고 더불어 함께 잘 사는 삶을 논의할 수 있어야 한다. 이런 점에서 세계시민교육은 특정한 교수-학습의 대상이 아니라 한 사회/공동체가 다른 사회/공동체와 연결되고 더 큰 '우리' 공동체가 되게 하는 중요한 토대이자 수단이 된다. 이 작은 책을 통해 이러한 세계시민교육의 연결과 더 큰 공동체로의 변혁을 꿈꿀 수 있기를 기대해본다.

이 책을 번역, 출간하는 데에는 다봄출판사의 제안과 지원이 결정적이었다. 민주시민교육과 세계시민교육 영역에서 이론과 실천을 함께해온 대표 공역자 심성보 교수님의 리더십에 큰 빚을 지고 있다. 바쁘신 와중에도 세계시민교육에 가장 많은 관심을 기울이고 있는 유네스코 한국위원회 조우진 교육본부장의 참여는 이 책의 의미를 더 깊게 만들어주었다. 짧지 않은 시간, 세계시민교육을 화두로 이어갈 이 책의 출간에 애써 준 편집진에게 감사 인사를 드린다. 아직 채 수정되지 못하고 나열된 투박한 문체와 혹 있을지 모를 오역은 오로지 우리 공동 번역자들이 감내해야 할 몫이리라. 아무쪼록 이 책을 통해서 한국을 넘어 지구공동체의 건강한 성장과 발전을 위한 장이 확산하기를 바란다.

2021년 4월
공동 번역자를 대표하여
유성상

참고문헌

Abdi, A. A. (2008). De-subjecting subject populations. In A. Abdi & L. Shultz (Eds). *Educating for human rights and global citizenship* (pp. 65–80). Albany, NY: SUNY Press.

Abdi, A. A. (2013). Decolonizing educational and social development platforms in Africa. *African and Asian Studies*, 12, 64–82.

Abdi, A. A., Shultz, L., & Pillay, T. (2015). *Decolonizing Global Citizenship Education*. Rotterdam: Sense Publishers

Adams, R. J. (2003). Response to 'Cautions on OECD's Recent Educational Survey (PISA). Oxford *Review of Education*, 29(3), 377–89.

Adwan, S., Bar-On, D., & Naveh, E. J. (Eds). (2012). *Side by Side: Parallel Histories of Israel-Palestine*. New York: New Press.

Agenda 21: An action plan for the twenty-first century (1992). https:// sustainabledevelopment.un.org/ content/documents/Agenda21.pdf

Ahmed, F. (2012). Tarbiyah for shakhsiyah (educating for identity): seeking out culturally coherent pedagogy for Muslim children in Britain, *Compare*, 42(5), 725–49.

Ainley, J., Schulz, W., & Friedman, T. (Eds). (2013). ICCS 2009 *Encyclopedia: Approaches to Civic and Citizenship Education Around the World*. Amsterdam: IEA.

Althusser, L. (1972). Ideology and ideological state apparatuses. In B. Cosin (Ed.) *Education, structure and society* (pp. 242–80). Harmondsworth: Penguin.

Amin, S. (2011). Global History: *A View from the South*. Dakar: CODESRIA/ Pambazuka Press.

Amnesty International UK. (2014). *Amnesty International Resources*. Retrieved from https://www.amnesty. org.uk/resources/1635/1553/all/1580/0/ 1#.V9wLboWcEcS.

Anderson, B. (1983/2006). *Imagined Communities: Reflections on the Origin and Spread of Nationalism*. London: Verso.

Andreotti, V. (2006). Soft vs critical global citizenship. *Policy & Practice: A Development Education* Review, 3, 40–51.

Andreotti, V. (2011). *Actionable Postcolonial Theory in Education*. Basingstoke: Palgrave Macmillan.

Andreotti, V. (2014). Actionable curriculum theory: AAACS 2013 closing keynote. *Journal of the American Association for the Advancement of Curriculum Studies*, 10(1–10). Retrieved from http://www.uwstout. edu/soe/jaaacs/upload/ v10-Andreotti.pdf.

Andreotti, V., & de Souza, L. M. (2013). *Postcolonial Perspectives on Global Citizenship Education*. London: Routledge.

Andreotti, V., & de Souza, L. M. T. M. (2008). *Learning to Read the World: Through Other Eyes*. Derby: Global Education.

Andreotti, V., Stein, S., Ahenakew, C., & Hunt, D. (2015). Mapping interpretations of decolonization in the context of higher education. *Decolonization: Indigeneity, Education & Society*, 4(1), 21–40.

Appadurai, A. (1996). *Modernity at Large*. Minneapolis, MN: University of Minnesota Press.

Aragon, M. J., Bittencourt, T., & Johnson, K. A. (2011). *The Curriculum Companion for Immigration: The Ultimate Teen Guide by Tatyana Kleyn*. New York: Teachers College, Columbia University. Retrieved from https:// immigrationcurriculum.files.wordpress.com/2011/03/immigration-curriculum- final-draft.pdf.

Arthur, J. (2003). *Education with Character: the Moral Economy of Schooling*. London: RoutledgeFalmer.

Arthur, J. (2015). Extremism and neo-liberal education policy: a contextual critique of the trojan horse affair in Birmingham schools. *British Journal of Educational Studies*, 63(3), 311–28. http://doi.org/10.10 80/00071005.2015.1069258.

Arthur, J., Davies, I., Kerr, D., & Wrenn, A. (2003). *Citizenship through Secondary History*. London: Routledge.

Assié-Lumumba, N. T. (2017). The Ubuntu paradigm in comparative and international education: epistemological challenges and opportunities in our field. Comparative Education Review, 61 (1), 1–21.

Association for Citizenship Teaching. (n.d.). *Political literacy*. Retrieved from http:// www. teachingcitizenship.org.uk/democracy-government-politics economy/ political-literacy.

Australian Government. (n.d.). *Global education*. Retrieved from https://www. globaleducation.edu.au.

Bamber, P., & Hankin, L. (2011). Transformative learning through service- learning: no passport required. *Education + Training*, 53(2/3), 190–206.

Barca, I., Castro, J., & Amaral, C. (2010). Looking for conceptual frameworks in history: the accounts of Portuguese 12–13 year-old pupils. *Education 3–13*, 38(3), 275–88.

Barton, K. (2005). History and identity in pluralist democracies: reflections on research in the U.S. and Northern Ireland, *Canadian Social Studies*, 39(2), n2.

Battiste, M. (Ed). (2000). *Reclaiming Indigenous Voice and Vision*. Vancouver: University of British Columbia Press.

Benedito Vidagany, B., Morales Hernández, A. J., Parra Monserrat, D., & Santana Martin, D. (2016). *El concepto de ciudadanía global y su representación social en la educación primaria: proyectos escolares innovadores y educación para la ciudadanía planetaria*. In C. R. García Ruiz, A. Arroyo Doreste & B. Andreu Mediero (Coord.). *Deconstruir la alteridad desde la didáctica de las ciencias sociales: educar para una ciudadanía global* (pp. 615–24). Las Palmas de Gran Canaria (Spain): Universidad de la Palma y AUPDCS.

Berna, K. A. Y. A., & Aytaç, K. A. Y. A. (2012). Teacher candidates' perceptions of global citizenship in the age of technology. *Sakarya University Journal of Education*, 2(3), 81–95.

Biesta, G. (2009). Good education in an age of measurement: on the need to reconnect with the question of purpose in education. *Educational Assessment, Evaluation and Accountability*, 21(1), 33–46.

Biesta G. (2016). Say you want a revolution... Suggestions for the impossible future of critical pedagogy. In A. Darder, P. Mayo & J. Paraskeva (Eds). *International Critical Pedagogy Reader* (pp. 317–26). New York: Routledge.

Biesta, G., & Lawy, R. (2006). From teaching citizenship to learning democracy: overcoming individualism in research, policy and practice. *Cambridge Journal of Education*, 36(1), 63–79.

Bourn, D. (2014). What is meant by development education? *Diálogos educativos para a transformação social*, 1, 7–23.

Bourn, D. & Hunt, F. (2011). *Global Dimension In Secondary Schools*. London: Development Education Research Centre.

Bradbery, D. (2012). *Using Children's Literature to Build Concepts of Teaching about Global Citizenship*. Australian Association for Research in Education (NJ1).

Breit, R., Obijiofor, L., & Fitzgerald, R. (2013). Internationalization as de- westernization of the curriculum: the case of journalism at an Australian University. *Journal of Studies in International Education*, 17(2), 119–35.

British Council. (2015). *Why Partner with a School?* Retrieved from https:// schoolsonline.britishcouncil. org/partner-school/why-partner.

British Council (2016). *Emerging Infectious Diseases: How Do We Stop New Diseases Spreading?* Retrieved from https://schoolsonline.britishcouncil.org/classroom-resources/list/emerging-infectious-diseases-how-do-we-stop-new-diseases-spreading.

Brookes, M., & Becket, N. (2010). Developing global perspectives through international management degrees. *Journal of Studies in International Education*, 15(4), 374–94.

Brooks, D. (2015, January 8). I Am Not Charlie Hebdo. *The New York Times*. Retrieved from http://www.nytimes.com.

Brown, G. (2006). Speech to the Fabian society, January 2006. Retrived from http://news.bbc.co.uk/1/hi/

uk_politics/4611682.stm (accessed 14 August 2014).

Brown, T., & England, J. (2005). Identity, narrative and practitioner research: a Lacanian perspective. *Discourse: Studies in the Cultural Politics of education*, 26(4), 443–58.

Bryan, A. (2013). 'The impulse to help':(Post) humanitarianism in an era of the 'new' development advocacy. *International Journal of Development Education and Global Learning*, 5(2), 5–29.

Buckner, E., & Russell, S. G. (2013). Portraying the global: cross-national trends in textbooks' portrayal of globalization and global citizenship. *International Studies Quarterly*, 57(4), 738–50.

Butler, J. (1997). *The Psychic Life of Power: Theories in Subjection*. Berkeley: Stanford University Press.

Camicia, S. P., & Franklin, B. M. (2011). What type of global community and citizenship? Tangled discourses of neoliberalism and critical democracy in curriculum and its reform. *Globalisation, Societies and Education*, 9(3–4), 311–22.

Caruana, V. (2014). Re-thinking global citizenship in higher education: from cosmopolitanism and resilience and resilient. *Higher Education Quarterly*, 68(1), 85–104. doi:10.1111/hequ.12030.

Castro, C. J. (2004). Sustainable development: mainstream and critical perspectives. *Organization & Environment*, 17(2), 195–225.

Cho, Y. H., & Chi, E. (2015). A comparison of attitudes related to global citizenship between Korean-and US-educated Korean university students. *Asia Pacific Journal of Education*, 35(2), 213–25.

Chong, E. K. (2015). Global citizenship education and Hong Kong's secondary school curriculum guidelines: from learning about rights and understanding responsibility to challenging inequality. Asian *Education and Development Studies*, 4(2), 221–47.

Chui, W. H., & Leung, E. W. (2014). Youth in a global world: attitudes towards globalization and global citizenship among university students in Hong Kong. *Asia Pacific Journal of Education*, 34(1), 107–24.

Clifford, V., & Montgomery, C. (2014). Challenging conceptions of western higher education and promoting graduates as global citizens. *Higher Education Quarterly*, 68(1), 28–45. doi:10.1111/ hequ.12029.

Colley, L. (1992). *Britons: Forging the Nation 1707–1837*. London: Pimlico.

Coloma, R. S. (2013). Empire: an analytical category for educational research. *Educational Theory*, 63(6), 639–658.

Colomer Rubio, J. C., Campo Pais, B., & Santana Martin, D. (2016). Aportaciones al conocimiento de la ciudadanía global del alumnado del grado de magisterio en la universidad de valencia. In C. R. García Ruiz, A. Arroyo Doreste & B. Andreu Mediero (Coord). *Deconstruir la alteridad desde la didáctica de las ciencias sociales: educar para una ciudadanía global* (pp. 594–694). Las Palmas de Gran Canaria (Spain): Universidad de la Palma y AUPDCS.

Connell, R. (2007). The northern theory of globalization. *Sociological Theory*, 25(4), 368–85.

Connolly, W. (1991). *Identity/Difference*. Ithaca: Cornell University Press.

Cooper, D. (2004). *Challenging Diversity: Rethinking Equality and the Value of ifference*. Cambridge University Press.

Coryell, J. E., Spencer, B. J., & Sehin, O. (2013). Cosmopolitan adult education and global citizenship: perceptions from a european itinerant graduate professional study abroad program. *Adult Education Quarterly*, 64(2), 145–64.

Cox, C., & Scruton, R. (1984). *Peace Studies: A Critical Survey*. New York: Hyperion Press.

Credit Suisse. (October, 2015). *Global Wealth Report 2015*. Retrieved from https://publications.credit-suisse.com/tasks/render/file/?fileID=F2425415-DCA7-80B8-EAD989AF9341D47E.

Crick, B. (1962). *In Defence of Politics*. Harmondsworth: Penguin.

Crick, B. (2000). *Essays on Citizenship*. London: Continuum.

Crick, B., & Porter, A. (eEds.) (1978). Political Education and Political Literacy. London: Longman.

Crutzen, P., & Schwagerl, C. (2011). Living in the anthropocene: toward a new global ethic. *Environment 360*. Retrieved from http://e360.yale.edu/feature/ living_in_the_anthropocene_toward_a_new_global_ ethos/2363/ Accessed July, 10, 2016.

Daquila, T. C. (2013). Internationalizing higher education in singapore: government policies and the NUS experience. *Journal of Studies in International Education*, 17(5), 629–47.

Davies, I., & Fülöp, M. (2010). 'Citizenship': what does it mean to trainee teachers in England and Hungary? *Napredak, 8–32*.

Davies, I., Evans, M., & Reid, A. (2005). Globalising citizenship education? A critique of 'global education' and 'citizenship education'. *British Journal of Educational Studies*, 53(1), 66–89.

Davies, I., Gorard, S., & McGuinn, N. (2005). Citizenship education and character education: similarities and contrasts. *British Journal of Educational Studies*, 53(3), 341–58.

Davis, W. (2009). *The Wayfinders: Why Ancient Wisdom Matters in the Modern World*. Toronto: Anansi Press.

Dawkins, R. (1976). *The Selfish Gene*. Oxford: Oxford University Press.

Dean, H. (2014). A post-Marshallian conception of global social citizenship. In E. Isin & P. Nyers (Eds) *Routledge handbook of global citizenship studies* (PP.128–38). London: Routledge.

De Mol, Y. (2007). Radios Africaines Pour la Paix. Retrieved from https://www.sfcg.org/programmes/rfpa/pdf/RAPP_1-11.pdf

Department for Education. (2015). Character education: apply for 2015 grant funding. Retrieved from https://www.gov.uk/government/news/character-education-apply-for-2015-grant-funding (accessed 4 July 2016).

Department for International Development. (DfID). (2005). *Developing the global dimension in the school curriculum*. Retrieved from http://www.globaldimension.org.uk/docs/dev_global_dim.pdf

de Sousa Santos, B. (2014). *Epistemologies of the South: Justice Against Epistemicide*. London: Routledge.

DFE/QCA. (1998). *Education for Citizenship and the Teaching of Democracy in Schools*. London: QCA.

Dolby, N. (2007). Reflections on nation: American undergraduates and education abroad. *Journal of Studies in International Education*, 11(2), 141–56.

Dooly, M. (2015). Note of the editor. *Bellaterra Journal of Teaching & Learning Language & Literature*, 8(2), 1–12.

Dorling, D. (2014). *Inequality and the 1%*. London/New York: Verso Books.

Draxler, A. (2014). International investment in education for development: public good or economic tool? *International Development Policy/Revue internationale de politique de development* (Online), 5. Retrieved from http://poldev.revues. org/1772 (accessed 21 February 2017).

Duczek, S. (1980). *The Peace Studies Project: A Case Study*. York, University of York: unpublished MA thesis.

Duczek, S. (1984). Peace Education. Unpublished MA dissertation, University of York.

Dussel, E. (2013a). Agenda for a South-South philosophical dialogue. *Human Architecture: Journal of the Sociology of Self-Knowledge*, XI(1), 3018.

Dussel, E. (2013b). *Ethics of Liberation in the Age of Globalization and Exclusion*. Durham/London: Duke University Press.

Education Scotland. (n.d.). *Global citizenship*. Retrieved from http://www.educationscotland.gov.uk/learningandteaching/learningacrossthecurriculum/themesacrosslearning/globalcitizenship/

Ekman, J., & Amnå, E. (2012). Political participation and civic engagement: towards a new typology. *Human Affairs*, 22(3), 283–300.

Environmental Literacy and Inquiry Working Group at Lehigh University. (2015). *Environmental literacy and inquiry*. Retrieved from http://www.ei.lehigh.edu/eli/index.html

Equality and Human Rights Commission, (n.d.). *Lesson plan ideas*. Retrieved from https://www.equalityhumanrights.com/en/lesson-plan-ideas

Ermine, W. (2007). The ethical space of engagement. *Indigenous Law Journal*, 6(1), 193–203.

Escobar, A. (1995). *Encountering Development: The Making and Unmaking of the Third World*. Princeton: Princeton University Press.

Evans, M. (2015). Why South Korea is rewriting its history books. Retrieved from http://www.bbc.co.uk/news/world-asia-34960878 (accessed 30 June 2016).

Fonesca de Andrade, D. (2011). Challenging the focus of ESD a southern perspective of ESD guidelines. *Journal of Education for Sustainable Development*, 5(1),141–6.doi:10.1177/097340821000500116.

Foucault, M. (1982). The subject and power. *Critical Inquiry*, 8(4), 777–95.

Foucault, M. (2002). *The Order of Things: An Archaeology of the Human Sciences*. London: Routledge.

Frazer, N. (2009). *Scales of Justice: Reimagining Political Space in a Globalizing World*. New York: Columbia University Press.

Freire, P. (1970). *Pedagogy of the Oppressed*. New York: Continuum, 72.

Furco, A. (1994). A conceptual framework for the institutionalization for youth service programs in primary and secondary education. *Journal of Adolescence*, 17(4), 395–409.

Gaudelli, W. (2017). Geography and global citizenship. In I. Davies, L. C. Ho, D. Kiwan, A. Peterson, C.

Peck, E. Sant, & Y. Waghid (Eds). *The Palgrave handbook of global citizenship and education*. Basingstoke: Palgrave Macmillan.

Gay, R. (2015). If je ne suis pas Charlie, am I a bad person? Nuance gets lost in groupthink. *The Guardian*. Retrieved from http://www.theguardian.com.

Geelan, D. (2017). Science and global citizenship. In I. Davies, L. C. Ho, D. Kiwan, A. Peterson, C. Peck, E. Sant & Y. Waghid (Eds). *The Palgrave handbook of global citizenship and education*. Basingstoke: Palgrave Macmillan.

Gomaa, E. H. (2014). Video production as a tool to reinforce media literacy and citizenship in Egypt. In S. H. Culver & P. Kerr (Eds). *Global citizenship in a digital world* (pp. 33–43). Sweden: Nordicom.

González, N. (coord.). *Educación para la ciudadanía global desde el currículo*. Barcelona: Fundació Solidaritat UB, 2012. Retrieved from http://hdl.handle.net/ 2445/34623.

Gove, M. (2011). *National curriculum review launched*. London, Department for Education. Retrieved from https://www.gov.uk/government/news/national- curriculum-review-launched (accessed 14 December 2016).

Grosfoguel, R. (2013). The structure of knowledge in westernized universities. *Human Architecture: Journal of the Sociology of Self-Knowledge*, XI (1), 73–90.

GTP. (n.d.). *Global teenager project*. Retrieved from http://www.ict-edu.nl/gtp/wat-is-gtp/.

Guth, S., & Helm, F. (2010). *Telecollaboration 2.0: Language, Literacies and Intercultural Learning in the 21st Century* (Vol. 1). London: Peter Lang.

Haigh, M. J. (2002). Internationalisation of the curriculum: designing inclusive education for a small world. *Journal of Geography in Higher Education*, 26(1), 49–66.

Hall, S. (2000). Who needs 'identity'? In P. Du Gay, J. Evans & P. Redman (Eds) *Identity: a reader* (pp. 15–30). London: Sage.

Haraway, D. (2016). *Staying with the Trouble: Making Kin in the Chthulucene*. Durham: Duke University Press.

Hargreaves, D. (1996). *The Mosaic of Learning*. London: Demos.

Harris, I. M. (1999). Types of peace education. In A. Raviv, L. Oppenheimer & D. Bar-Tal (Eds) *Children understand war and peace: a call for international peace education* (pp. 299–317). San Francisco: Jossey Bass.

Harshman, J. R., & Augustine, T. A. (2013). Fostering global citizenship education for teachers through online research. *The Educational Forum*, 77(4), 450–63.

Harvey, D. (2005). *A Brief History of Neoliberalism*. New York, NY: Oxford University Press.

Harvey, D. (2008). The right to the city. *New Left Review*, 53, 23–40.

Hayward, B. (2012). *Children, Citizenship and Environment:* Nurturing a *Democratic Imagination in a Changing World*. Cornwall, UK: Routledge.

Heater, D. (1997). The reality of multiple citizenship. In I. Davies & A. Sobisch (Eds). *Developing European citizens* (pp. 21–48). Sheffield: Sheffield Hallam University Press.

Heater, D. (1999). *What Is Citizenship?* Cambridge: Polity Press.

Held, D. (1995). *Democracy and the global order: from the modern state to cosmopolitan governance*. Cambridge: Polity Press.

Held, D. (2003). Cosmopolitanism: taming globalization. In D. Held & A. McGrew (Eds). *The global transformations reader* (pp. 514–29). Cambridge: Polity Press.

Held, D., & McGrew, A. (Eds) (2005). *The Global Transformations Reader*. Cambridge: Polity Press.

Hicks, D. (Ed.) (1988). *Education for Peace: Issues, Principles and Practice in the Classroom*. London: Routledge.

Hobsbawn, E., & Ranger, T. (ed.) (1983). *The Invention of Tradition*. Cambridge: Cambridge University Press.

Holden, C., & Hicks, D. (2007). Making global connections: the knowledge, understanding and motivation of trainee teachers. *Teaching and Teacher Education*, 23(1), 13–23.

Holt, J. (1964/1977). *How Children Fail*. Harmondsworth: Penguin Books.

Honneth, A. (1995). The *Struggle for Recognition: The Moral Grammar of Social Conflicts*. Cambridge: Polity Press.

Hood, S. (2014). Evaluation for and by Navajos: a narrative case of the irrelevance of globalization. In E. Isin & P. Nyers (Eds) *Routledge handbook of global citizenship studies* (pp. 447–65). London: Routledge.

Hopkins, C. (2012). Reflections on 20+ years of ESD. *Journal of Education for Sustainable Development*, 6(1), 21–35.

Horn, A. S., & Fry, G. W. (2012). Promoting global citizenship through study abroad: the influence of program destination, type, and duration on the propensity for development volunteerism. *VOLUNTAS: International Journal of Voluntary and Nonprofit Organizations*, 24(4), 1159–79.

Huckle, J., & Wals, A. E. (2015). The UN decade of education for sustainable development: business as usual in the end. *Environmental Education Research*, 21(3), 491–505.

Huddleston, T. (2004). *Citizens and Society*. London: Hodder and Stoughton.

Ikeno, N. (2011). *Citizenship Education in Japan*. London: Continuum.

Isin, E., & Nyers, P. (2014). *Routledge Handbook of Global Citizenship Studies*. Abingdon: Routledge.

Jefferess, D. (2008). Global citizenship and the cultural politics of benevolence. *Critical Literacies*, 2(1), 27–36.

Jones, E., & Killick, D. (2013). Graduate attributes and the internationalized curriculum: embedding a global outlook in disciplinary learning outcomes. *Journal of Studies in International Education*, 17(2), 165–82. doi:10.1177/ 1028315312473655.

Joppke, C. (2007). Beyond national models: civic integration policies for immigrants in Western Europe. *West European Politics*, 30(1), 1–22.

Journell, W. (2010). Standardizing citizenship: the potential influence of state curriculum standards on the civic development of adolescents. *PS: Political Science and Politics*, 43, 351–8.

Kapoor, I. (2008). *The Postcolonial Politics of Development*. London: Routledge.

Kennedy, K. J. (2012). Global trends in civic and citizenship education: what are the lessons for nation states? *Education Sciences*, 2(3), 121–35.

Kahn, R. (2010). *Critical Pedagogy, Ecoliteracy, & Planetary Crisis: The Ecopedagogy Movement*. New York: Peter Lang.

King, M. L. (1992). I have a dream. In C. Ricks & W. L. Vance (Eds). *The faber book of America* (pp. 206–9). London: Faber and Faber.

Kirkwood-Tucker, T. F. (2004). Empowering teachers to create a more peaceful world through global education: simulating the United Nations. *Theory & Research in Social Education*, 32(1), 56–74.

Kiwan, D. (2008). *Education for Inclusive Citizenship*. London: Routledge.

Kohlberg, L. (1973). The claim to moral adequacy of a highest stage of moral judgment. *The Journal of Philosophy*, 70(18), 630–46.

Kohn, A. (1997). How not to teach values. a critical look at character education. *Phi Delta Kappan*, 78(6), 429–439.

Kushner, S. (2009). Own goals: democracy, evaluation, and rights in millennium projects. In K. E. Ryan & J. B. Cousins (Eds). *The SAGE international handbook of educational evaluation* (pp. 413–29). London: Sage.

Kwan-choi Tse, T. (2007). Whose citizenship education? Hong Kong from a spatial and cultural politics perspective. *Discourse: Studies in the Cultural Politics of Education*, 28(2), 159–77.

Kymlicka, W. (1998). *Finding Our Way: Rethinking Ethnocultural Relations in Canada*. Don Mills, ON: Oxford University Press.

Kymlicka, W. (2011). Multicultural citizenship within multination states. *Ethnicities*, 11(3), 281–302.

Kymlicka, W., & Norman, W. (1994). Return of the citizen: a survey of recent work on citizenship theory. *Ethics*, 104(2), 352–81.

Laclau, E. (2005). *On Populist Reason*. London: Verso.

Larsen, M., & Faden, L. (2008). Supporting the growth of global citizenship educators. *Brock education*, 17, 71–86.

Latour, B. (2004). *Politics of Nature: How to Bring the Sciences into Democracy*. Cambridge, MA: Harvard University Press.

Lee, W. & Leung, S. (2006). Global citizenship education in Hong Kong and Shanghai secondary schools: ideals, realities and expectations. *Citizenship Teaching and Learning*, 2(2), 68–84.

Levstik, L. (2014). What can history and the social sciences contribute to civic education? In J. Pagès & A. Santisteban (Eds). *Una mirada al pasado y un proyecto de futuro: investigación e innovación en didáctica de las ciencias sociales* (pp. 43–52). Bellaterra: Servei de Publicacions de la UAB. Retrieved from http:// didactica-ciencias-sociales.org/wp-content/uploads/2013/11/XXVSIMPO1_v2.pdf.

Lickona, T. (1994). Foreword. In H. A. Huffman. *Developing a character education program: one school district's experience* (pp. v–viii). Alexandria, VA: Association for Supervision and Curriculum Development and the Character Education Partnership.

Lim, C. P. (2008). Global citizenship education, school curriculum and games: learning Mathematics, English and Science as a global citizen. *Computers & Education*, 51(3), 1073–93.

Lunn, J. (2008). Global perspectives in higher education: taking the agenda forward in the United Kingdom. *Journal of Studies in International Education*, 12(3), 231–54.

Maclntyre, A. (1988). *Whose justice? Whose Rationality*. Notre Dame, Indiana: University of Notre Dame P.

Mance, H. (2016). Britain has had enough of experts, says Gove. *Politics and Policy*. Retrieved from http://www.ft.com/cms/s/0/3be49734-29cb-11e6-83e4- abc22d5d108c.html#axzz4DiUyedGJ (accessed 7 July 2016).

Manos Unidas. (n.d.). *Un juego peligroso*. Retrieved from http://www. unjuegopeligroso.org/.

Marshall, H. (2011). Instrumentalism, ideals and imaginaries: theorising the contested space of global citizenship education in schools. *Globalisation, Societies and Education*, 9(3–4), 411–26.

Marshall, T. H. (1963). *Sociology at the Crossroads*. London: Heinemann.

Mahon, R. (2010). After neo-liberalism?: The OECD, the World Bank and the child. *Global Social Policy*, 10(2), 172–92. doi:10.1177/1468018110366615.

Mannion, G., Biesta, G., Priestley, M., & Ross, H. (2011). The global dimension in education and education for global citizenship: genealogy and critique. *Globalisation, Societies and Education*, 9(3–4), 443–56.

Marcuse, H. (1992). Ecology and the critique of modern society. *Capitalism, Nature, Socialism*, 3(3), 38–40.

Marshall, H. (2009). Educating the European citizen in the global age: engaging with the post-national and identifying a research agenda. *Journal of Curriculum Studies*, 41(2), 247–67.

Matthews, J., & Sidhu, R. (2005). Desperately seeking the global subject: international education, citizenship and cosmopolitanism. *Globalisation, Societies and Education*, 3(1), 49–66.

Mbiti, J. S. (1969). *African Religions and Philosophy*. London: Heinemann.

McCormack, O., & O'Flaherty, J. (2010). An examination of pre-service teachers' attitudes towards the inclusion of development education into Irish post-primary schools. *Teaching and Teacher Education*, 26(6), 1332–39.

McCowan, T. (2015). Theories of development. In T. McCowan & E. Unterhalter (Eds), *Education and international development: an introduction* (pp. 31–48). London: Bloomsbury.

McLaughlin, T., & Halstead, M. (1999). Education in character and virtue. In T. McLaughlin & M. Halstead (Eds). *Education in morality* (pp. 131–62). London: Routledge.

Mignolo, W. (2000). *Local Histories/Global Designs: Coloniality, Subaltern Knowledges, and Border Thinking*. Princeton, NJ: Princeton University Press.

Mignolo, W. (2011). *Darker Side of Western Modernity: Global Future, Decolonial Options*. Durham, NC/London: Duke University Press.

Mill, J.S. (1861/2008). *Representative Government*. Norderstadt: Grin Verlag.

Miller, D. (2010). Against global democracy. In K. Breen & S. O'Neill (Eds). After the nation: critical reflections on post-nationalism (pp. 141–60). Basingstoke: Palgrave Macmillan.

Miller, G. (2013). Education for citizenship: community engagement between the global South and the global North. *Journal of Geography in Higher Education*, 37(1), 44–58.

Ministry of Education (2012). *Character and citizenship education syllabus primary*. (Ministry of Education, Singapore). Retrieved from https://www.moe. gov.sg/education/syllabuses/character-citizenship-education.

Mochizuki, Y., & Bryan, A. (2015). Climate change education in the context of education for sustainable development: rationale and principles. *Journal of Education for Sustainable Development*, 9(1), 4–26.

Mokuku, T. (2012). Lehae La Rona: epistemological interrogation to broaden our conception of environment and sustainability. *Canadian Journal of Environmental Education (CJEE)*, 17, 159–72. Retrieved from https://cjee. lakeheadu.ca/article/viewFile/1048/663.

Montgomery, C., & McDowell, L. (2009). Social networks and the international student experience an international community of practice? *Journal of Studies in International Education*, 13(4), 455–66.

Moore, J. (2013). *Capitalism in the Web of Life*. New York: Verso Books.

Mudimbe, V. Y. (1988). *Liberty in African and Western Thought*. Washington, DC: Institute for Independent Education.

Myers, J., & Zaman, H. (2009). Negotiating the global and national: immigrant and dominant-culture adolescents' vocabularies of citizenship in a transnational world. *The Teachers College Record*, 111(11), 2589–625.

Myers, J. P. (2010). 'To benefit the world by whatever means possible': adolescents' constructed meanings for global citizenship. *British Educational Research Journal*, 36(3), 483–502.

Mylius, B. (2013). Towards the unthinkable: Earth jurisprudence and an ecocentric episteme. *Australian Journal of Legal Philosophy*, 38, 102–38.

Naciones Unidas. (n.d.). *Simulaciones naciones unidas*. Retrieved from http://nacionesunidas.org.co/modelos/.

Nambiar, P., & Sarabhai, K. V. (2015). Challenges that lie ahead for ESD. *Journal of Education for Sustainable Development*, 9(1), 1–3.

Nancy, J. L. (2007). *The Creation of the World or Globalization*. New York: State University of New York Press.

Naqvi, R., Thorne, K., Pfitscher, C., Nordstokke, D., & McKeough, A. (2012). Reading dual language books: improving early literacy skills in linguistically diverse classrooms. *Journal of Early Childhood Research*, 11(1), 3–15. doi: 0.1177/1476718X12449453.

National Youth White Paper on Global Citizenship (2015). *National Youth White Paper on Global Citizenship*. Retrieved from http://unesco.ca/~/media/unesco/ jeunesse/national_youth_white_paper_gc_2015%20-mtm.pdf.

Neill, A. S. (1966). *Summerhill. A Radical Approach to Education* (5th impression). London: Victor Gollancz.

Nelson, J., & Kerr, D. (2006). *Active citizenship in INCA countries: definitions, policies, practices and outcomes*. National Foundation for Educational. Retrieved from http://nzcurriculum.tki.org.nz/index.php/content/download/654/ 4291/file/Active_Citizenship_Report.pdf.

Nick, L., & Smith, N. L. (2009). Fundamental evaluation issues in a global society. In K. E. Ryan & J. B. Cousins. *The SAGE international handbook of educational evaluation* (pp. 37–52). London: Sage.

Ní Mhurchú, A. (2014). Citizenship beyond state sovereignty. In E. Isin & Nyers, P. (Eds) *Routledge handbook of global citizenship studies* (pp. 119–27). London: Routledge.

Norris, P. (2005). Global governance and cosmopolitan citizens. In D. Held & A. McGrew (Eds). *The global transformations reader* (pp. 287–98). Cambridge: Polity Press.

Nussbaum, M. (2002). Education for citizenship in an era of global connection. *Studies in Philosophy and Education*, 21, 289–303.

O'Donoghue, R., & Russo, V. (2004). Emerging patterns of abstraction in environmental education: a review of materials, methods and professional development perspectives. *Environmental Education Research*, 10(3), 331–51.

Odora Hoppers, C. (2009). From bandit colonialism to the modern triage society: towards a moral and cognitive reconstruction of knowledge and citizenship. *International Journal of African Renaissance Studies*, 4 (2), 168–80.

OECD (2016). *Global competency for an inclusive world*. Retrieved from http:// www.oecd.org/pisa/aboutpisa/Global-competency-for-an-inclusive-world.pdf.

Olssen, M. (2004). From the Crick Report to the Parekh Report: multiculturalism, cultural difference, and democracy – the re-visioning of citizenship education. *British Journal of Sociology of Education*, 25(2), 179–92.

Ortloff, D. H. (2011). Moving the borders: multiculturalism and global citizenship in the German social studies classroom. *Educational Research*, 53(2), 137–49.

Osler, A. (2011). Teacher interpretations of citizenship education: national identity, cosmopolitan ideals, and political realities. *Journal of curriculum studies*, 43(1), 1–24.

Oxfam Australia. (n.d.). *Term two featured resource: fair trade*. Retrieved from https://www.oxfam.org.au/get-involved/how-schools-can-get-involved/resources-for-teachers/term-two-features-resource-fairtrade/.

Oxfam Hong Kong. (2016). *Global citizenship education*. Retrieved from http://www.oxfam.org.hk/en/globalcitizenshipeducation.aspx.

Oxfam UK. (n.d.). *The world cup: a fair game?* Retrieved from http://www.oxfam.org.uk/education/

resources/the-world-cup-a-fair-game.

Oxley, L., & Morris, P. (2013). Global citizenship: a typology for distinguishing its multiple conceptions. *British Journal of Educational Studies*, 61, 3, 301–25.

Parker, W. C. (2011). 'International education' in US public schools. *Globalisation, Societies and Education*, 9(3–4), 487–501.

Parmenter, L. (2011). Power and place in the discourse of global citizenship education. *Globalisation, Societies and Education*, 9(3–4), 367–80.

Patterson, L. M., Carrillo, P. B., & Salinas, R. S. (2011). Lessons from a global learning virtual classroom. *Journal of Studies in International Education*, 16(2), 182–97.

Peacock, N., & Harrison, N. (2009). "It's so much easier to go with what's easy" "mindfulness" and the discourse between United Kingdom. *Domestic Student Attitudes : A Brief*, 487–508.

Perkin, D., & Pearson, A. (2016). Presenting the world: country poster presentations. *The Language Teacher*, 40(4), Retrieved from http://jalt-publications.org/node/23/articles/ 5248-presenting-world-country-poster-presentations.

Philippou, S., Keating, A., & Ortloff, D. H. (2009). Citizenship education curricula: comparing the multiple meanings of supra-national citizenship in Europe and beyond. *Journal of Curriculum Studies*, 41(2), 291–9.

Phillips, D., & Schweisfurth, M. (2014). *Comparative and international education: an introduction to theory, method, and practice*. London: Bloomsbury.

Pike, G. (2008). Global education. In J. Arthur, I. Davies & C. Hahn (Eds). *The Sage handbook of education for citizenship and democracy* (pp. 468–80). Los Angeles: Sage Publications.

Pike, G. & Selby, D. (1986). Scrutinising Scruton: an analysis of Roger Scruton's attack on World Studies. *Westminster Studies in Education*, 9(1), 3–8.

Piketty, T. (2015). *The Economics of Inequality*. Translated by Arthur Goldhammer. Cambridge, MA/ London: Belknap Press of Harvard University Press.

Porto, M. (2017). Language and global citizenship. In I. Davies, L.C. Ho, D. Kiwan, A. Peterson, C. Peck, E. Sant & Y. Waghid, (2017). *The Palgrave handbook of global citizenship and education*. Palgrave Macmillan.

Practical action (n.d.). *STEM challenges and awards*. Retrieved from http:// practicalaction.org/stem.

Prahalad, C. K., & Hammond, A. (2002). Serving the World's poor profitably, *Harvard Business Review*, September 2002, 48–57.

Proposed Universal Declaration of the Rights of Mother Earth. (2010). https:// pwccc.wordpress. com/2010/04/24/ proposal-universal-declaration-of-the-rightsof-mother-earth/.

Rainbow village. (2015). *The "Rainbow village" project*. Retrieved from http:// therainbowvillageproject. blogspot.co.uk/.

Rapoport, A. (2010). We cannot teach what we don't know: Indiana teachers talk about global citizenship education. *Education, Citizenship and Social Justice*, 5(3), 179–90.

Rathzel, N. & Uzzell, D. (2009). Transformative environmental education: a collective rehearsal for reality. *Environmental Education Research*, 15(3), 263–77.

Ravitch, D. (2006). Should we teach Patriotism? *Phi Delta Kappan*, 87(8), 579–81.

Rawls, J. (1985). Justice as fairness: political not metaphysical. *Philosophy and Public Affairs*, 14(3), 223–51.

Reid, A., Teamey, K., & Dillon, J. (2002). Traditional ecological knowledge for learning with sustainability in mind. *The trumpeter*, 18(1), 113–36.

Reilly, J., & Niens, U. (2014). Global citizenship as education for peacebuilding in a divided society: structural and contextual constraints on the development of critical dialogic discourse in schools. *Compare: A Journal of Comparative and International Education*, 44(1), 53–76.

Rico, M., Ferreira, P., Dominguez, E.M., & Coppens, J. (2012). Get networked and spy your languages. EuroCALL 2012 Proceedings, Gothenburg. Retrieved from https://research-publishing.net/ publication/978-1-908416-07-0.pdf.

Robbins, M., Francis, L., & Elliott, E. (2003). Attitudes toward education for global citizenship among trainee teachers. *Research in Education*, 69, 93–8.

Robertson, R. (1995). Glocalization: time-space and homogeneity-heterogeneity. In M. Featherstone, S. Lash & R. Robertson (Eds). *Global modernities* (pp. 25–44). London: Sage.

Rodney, W. (1972). *How Europe Underdeveloped Africa*. London: Bogle- L'Ouverture Publications.

Rodney, W. (1981). *How Europe Underdeveloped Africa*. Washington, DC: Howard University Press.

Root, E., & Ngampornchai, A. (2012). 'I came back as a new human being': student descriptions of intercultural competence acquired through education abroad experiences. *Journal of Studies in International Education*, 17(5), 513–32.

Ross, A. (2015). *Understanding the Construction of Identities by Young New Europeans: Kaleidoscopic Identities*. Abingdon: Routledge.

Ross, E. W., & Vinson, K. D. (2012). La educación para una ciudadanía peligrosa. *Enseñanza de las ciencias sociales*, 11, 73–86. Available in English at https:// www.academia.edu/8137088/Dangerous_Citizenship.

Ruitenberg, C. (2009). Educating political adversaries: Chantal Mouffe and radical democratic citizenship education. *Studies in Philosophy and Education*, 28(3), 269–81.

Rutkowski, D. J. (2007). Converging us softly: how intergovernmental organizations promote neoliberal educational policy. *Critical Studies in Education*, 48(2), 229–47.

Sant, E. (2015). 'That would give us power ...' Proposals for teaching radical participation from a society in transition. *Critical Education*, 6(6). Retrieved from http://ojs.library.ubc.ca/index.php/criticaled/article/view/184842.

Sant, E., & Gonzalez, G. (2017). Latin America and global citizenship. In I. Davies, L. C. Ho, D. Kiwan, A. Peterson, C. Peck, E. Sant & Y. Waghid. (2017). *The Palgrave handbook of global citizenship and education*. Basingstoke: Palgrave Macmillan.

Sant, E., & Pérez, S. (2011). La participación en democracia. In J. Pagès & A. Santisteban. (Coords.). *Educación para la ciudadanía y los derechos humanos. Educación. Guías para la enseñanza secundaria obligatoria*. España: Wolters Kluwer. Retrieved from http://www.guiasensenanzasmedias. es/materiaESO. asp?materia=ciuda.

Sant, E., Davies, I., & Santisteban, A. (2016). Citizenship and identity: the self- image of secondary school students in England and Catalonia. *British Journal of Educational Studies*. Retrieved from http://www. tandfonline.com/doi/abs/ 10.1080/00071005.2015.1070789.

Sant, E., Gonzales-Monfort, N., Santisteban Fernandez, A., Pages Blanch, A., & Oller Freixa, M. (2015). How do Catalan students narrate the history of Catalonia when they finish Primary Education?. *McGill Journal of Education*, 50(3), pp.341–62.

Santisteban, A., Pages, J., & Bravo, L. (2017). History and global citizenship. In I. Davies, L. C. Ho, D. Kiwan, A. Peterson, C. Peck, E. Sant & Y. Waghid, (2017). *The Palgrave handbook of global citizenship and education*. *Basingstoke:* Palgrave Macmillan.

Santos, B. de Sousa. (2014). *Epistemologies of the South: Justice Against Epistemicide*. London: Routledge.

Sarangapani, P. M. (2003). Indigenising curriculum: questions posed by Baiga vidya. *Comparative Education*, 39(2), 199–209.

Sawir, E. (2011). Academic staff response to international students and internationalising the curriculum: the impact of disciplinary differences. *International Journal for Academic Development*, 16(1), 45–57.

Schulz, W., Ainley, J., Fraillon, J., Kerr, D., & Losito, B. (2010). ICCS 2009 international report: civic knowledge, attitudes, and engagement among lower-secondary school students in 38 countries. Retrieved from http://eric. ed.gov/?id=ED520018.

Schumacher, E. F. (1973). *Small is Beautiful. A Study of Economics as If People Really Mattered*. London: Harper Collins.

Schwägerl, C. (2014). The Anthropocene: *The Human Era and How It Shapes Our Planet*. London: Synergetic Press.

Schweisfurth, M. (2006). Education for global citizenship: teacher agency and curricular structure in Ontario schools. *Educational Review*, 58(1), 41–50.

SCIC (2016). *Global Citizenship Education (GCE) in Saskatchewan*. Retrieved from http://earthbeat.sk.ca/wp-content/blogs.dir/10/files/2015/06/GCE-in-SK-Schools-Ph-1-Results-Mar-2016-FINAL.pdf.

Sears, A., Davies, I., & Reid, A. (2011). From Britishness to Nothingness and Back Again. In A. Mycock & C. McGlynn (Eds), *Britishness, Identity and Citizenship:* The View From Abroad. (pp. 291–312). Bern: Peter Lang.

Secretariat of the Convention on Biological Diversity (2010). Global Biodiversity Outlook 3. Montréal

Segall, A. (2003). Maps as stories about the world. *Social Studies and the Young Learner*, 16(1), 21-21.

Seixas, P. (2014). History and Heritage: What's the Difference. *Canadian Issues Thèmes Canadiens*, (Fall),

12–16.

Sen, A. (1989). Development as Capability Expansion, *Journal of Development Planning* 19, pp.41–58. http://morgana.unimore.it/Picchio_Antonella/ Sviluppo%20umano/svilupp%20umano/Sen%20 development.pdf (accessed 14 December 2016).

Shelat, M. (2017). Social Media and Global Citizenship. In I. Davies, L.C. Ho, D. Kiwan, A. Peterson, C. Peck, E. Sant & Y. Waghid, (2017). *The Palgrave Handbook of Global Citizenship and Education.* Palgrave Macmillan

Shields, R. (2013). *Globalization and International Education.* London: Bloomsbury.

Shultz, L. (2007). Educating for global citizenship: conflicting agendas and understandings. *Alberta Journal of Educational Research,* 53(3), 248–58.

Shultz, L., Pashby, K. & Godwaldt, T. (2016) .Youth voices on global citizenship: deliberating across Canada in an on-line invited space. *International Journal of Development Education and Global Learning. IOE University of London.* 8(2), 5–17.

Simpson, L. (2008). *Lighting the eighth fire: The liberation, resurgence, and protection of indigenous nations.* Winnipeg, CAN: Arbeiter Ring Publisher.

Singer, P. (2002). *One World: the Ethics of Globalization.* New Haven: Yale University Press.

Smith, A. D. (1991). *National identity.* Reno: University of Nevada Press.

Smith, A. D. (1996). Culture, community and territory: the politics of ethnicity and nationalism. *International Affairs* (Royal Institute of International Affairs 1944–), 72(3), Ethnicity and International Relations, 445–58 http://www.portmir.org. uk/assets/pdfs/culture–community-and-territory–the-politics-of-ethnicity-and- nationalism.pdf (accessed 12 December 2016).

Spiro, J. (2014). Learning interconnectedness: internationalisation through engagement with one another. *Higher Education* Quarterly, 68(1), 65–84.

Standish, P. (2003). The nature and purposes of education. In R. R. Curren (Ed.). *A companion to the philosophy of education* (pp. 221–31). London: Blackwell.

Steffen, W., Crutzen, P. J., & McNeill, J. R. (2007). The anthropocene: are humans now overwhelming the great forces of nature? Ambio, 36(8), 614–21.

Stein, S., & de Andreotti, V. O. (2015). Cash, competition, or charity: international students and the global imaginary. *Higher Education,* 72(2), 225–39. doi:10.1007/s10734-015-9949-8.

Stockholm Resilience Centre. http://www.stockholmresilience.org/ (accessed 30 August 2016).

Stoecker, R., & Tryon, E. (2009). *The Unheard Voices: Community Organizations and Service-Learning.* Philadelphia: Temple University Press.

Tarrant, M., Rubin, D., & Stoner, L. (2014). The added value of study abroad fostering a global citizenry. *Journal of Studies in International Education,* 18(2), 141–61.

Tarrant, M. A. (2010). A conceptual framework for exploring the role of studies abroad in nurturing global citizenship. *Journal of Studies in International Education,* 14(5), 433–51.

Taylor, Y. (2012). *Educational diversity: the subject of difference and different subjects.* Basingstoke: Palgrave Macmillan.

Think Global (n.d.). The global dimension: the world in your classroom. Retrieved from https:// globaldimension.org.uk/resources/browse/.

Thiong'o, N. (2011). *Re-membering Africa.* Nairobi/Kampala: East African Publishers Ltd.

Tint, B. S., & Koteswara Prasad, G. (2007). Peace education in India: academics, politics, and peace. *The Canadian Journal of Peace and Conflict Studies,* 39(1–2), 23–37.

Tlostanova, M. V., & Mignolo, W. (2014). *Learning to Unlearn: Decolonial Reflections from Eurasia and the Americas.* Columbus: Ohio State University Press.

Torres, C. A. (2015). Global citizenship and global universities. *The Age of Global Interdependence and Cosmopolitanism,* 50(3), 262–79.

Trahar, S. (2010). Changing landscapes, shifting identities in higher education: narratives of academics in the UK. *Research in Education,* 86, 46–60.

Tuck, E., McKenzie, M., & McCoy, K. (2014). Land education: indigenous, post- colonial, and decolonizing perspectives on place and environmental education research. *Environmental Educational Research,* http://dx.doi.org/10.1080/ 13504622.2013.877708.

Tully, J. (2014). *On Global Citizenship. Green Teacher.* London: Bloomsbury.

UNESCO. (2005). The UN decade of education for sustainable development at a glance. Paris: UNESCO.

Retrieved from http://unesdoc.unesco.org/images/0014/001416/141629e.pdf (accessed 23 February 2017).

UNESCO. (2015). *Global citizenship education. Topics and Learning objectives.* Paris: UNESCO. Retrieved from http://unesdoc.unesco.org/images/0023/002329/232993e.pdf.

UNICEF United States Fund (2015). *Global citizenship.* Retrieved from http://www.teachunicef.org/teaching-materials/topic/global-citizenship.

UNICEF. (n.d.). Fact sheet: a summary of the rights under the convention on the rights of the C.HILD http://www.unicef.org/crc/files/Rights_overview.pdf.

United Nations. (2007). Declaration on the rights of indigenous people. http://www.un.org/esa/socdev/unpfii/documents/DRIPS_en.pdf.

United Nations. (2016). General dialogue on harmony with nature. http://www.un.org/en/ga/search/view_doc.asp?symbol=A/RES/70/208 (accessed 16 November 2016).

Urry, J. (1995). *Consuming Places.* London: Routledge.

Vare, P., & Scott, W. (2007). Learning for a change: exploring the relationship between education and sustainable development. *Journal of Education for Sustainable Development,* 1(2), 191–8.

Veugelers, W. (2011). The moral and the political in global citizenship: appreciating differences in education. *Globalisation, Societies and Education,* 9(3–4), 473–85.

Wade, R. C. (2008). Service-learning. In L. S. Levstik & C. A. Tyson (2008). *Handbook of research in social studies education* (pp. 109–23). New York: London: Routledge.

Wagler, R. (2012). The sixth great mass extinction. *Science Scope.* National Science Teachers Association. March 1, 48–55.

Watson, A. L. (2015). How 'global' are global history teachers? Secondary social studies teachers' understandings of global awareness and global education" (2015). *Dissertations* – ALL. Paper.

Weidman, J. C. (2016). Framing international development education in the post-2015 era: suggestions for scholars and policymakers. *Asia Pacific Education Review,* 17(3), 403–12.

Wermke, W., Pettersson, D., & Forsberg, E. (2015). Approaching the space issue in Nordic curriculum theory: national reflections of globalisation in social studies/citizenship textbook pictures in Sweden. *Nordic Journal of Studies in Educational Policy,* 57, 57–69.

Westheimer, J., & Kahne, J. (2004). What kind of citizen? The politics of educating for democracy. *American Educational Research Journal,* 41(2), 237–69.

Whitaker, P. (1988). Curriculum considerations. In D. Hicks (Ed.) *Education for peace: issues, principles and practice in the classroom* (pp. 20–35). London: Routledge.

Whiteley, P. (2014). Does citizenship education work? Evidence from a decade of citizenship education in secondary schools in England. *Parliamentary Affairs,* 67(3), 513–35.

Wiseman, A.W. (2010). The uses of evidence for educational policymaking: global contexts and international trends. *Review of Research in Education,* 34(1), 1–24.

Woolley, R. (2008). Spirituality and education for global citizenship: developing student teachers' perceptions and practice. *International Journal of Children's Spirituality,* 13(2), 145–56.

Yamashita, H. (2006). Global citizenship education and war: the needs of teachers and learners. *Educational Review,* 58(1), 27–39.

Young, I. M. (2011). *Justice and the Politics of Difference.* Princeton: Princeton University Press.

색인

옮긴이

심성보 부산교육대학교 명예교수. 서울시교육청 민주시민교육자문위원장, 경기도교육청 인성
교육부자문위원장, 한국교육연구네트워크 이사장, 한국교육개혁전략포럼 대표, 마을교육공동체
포럼 상임대표, 흥사단교육운동본부 상임대표, 함께배움 상임이사 등 민관학 영역에서 다양한 활
동을 통해 교육과 사회의 동시적 변혁을 위한 교육이론운동과 교육실천운동을 하고 있다. 저서로
는《코로나 시대, 마을교육공동체운동과 생태적 교육학》이 있다.

조우진 고려대학교에서 논문 〈지속가능발전교육의 윤리적 성격과 교육〉으로 교육철학박사 학
위를 받았다. 1995년부터 유네스코한국위원회에서 교육, 청소년, 문화교류, 과학, 개발협력 분야
업무를 담당했으며, 2021년 현재 교육본부장으로 재직 중이다.

유성상 서울대학교 교육학과 교수. 국제·비교교육학과 교육사회학을 주요한 학문 탐구 영역으
로 삼아 연구와 교육에 임하고 있다. 세계시민교육을 교육의 다양한 이론적·실천적 논쟁의 핵심
이 잘 녹아 있는 주제라고 생각하고, 이를 이해하고 설명할 수 있는 이론을 탐색하는 데 노력을 기
울이고 있다. 특히 세계시민교육이 다양한 국가에서 교육기회 확대를 위한 국제의제와 어떻게 연
결되고 영향을 줄 수 있을지 고민하고 있다.《배움의 조건》《국제교육개발협력》《교육과 국제개발
협력》《교사전쟁》《교사교육의 딜레마》《교사가 되려 합니다》등의 저서와 역서가 있다.

세계시민교육
주요 개념과 논쟁에 대한 비판적 접근

초판 1쇄 발행 2021년 5월 11일
초판 2쇄 발행 2023년 4월 25일

지은이 에다 샌트·이언 데이비스·캐런 패시비·리넷 슐츠
옮긴이 심성보·조우진·유성상
펴낸이 김명희 편집 이은희 책임편집 이명희 디자인 신병근

펴낸곳 다봄교육 등록 2011년 6월 15일 제395-2011-000104호
주소 서울시 마포구 토정로 222 한국출판콘텐츠센터 305호
전화 02-446-0120
팩스 0303-0948-0120
전자우편 dabombook@hanmail.net
인스타그램 instagram.com/dabom_books

ISBN 979-11-85018-84-3 93370

• 다봄교육은 출판사 다봄의 교육 도서 브랜드입니다.
• 책값은 뒤표지에 있습니다.
• 잘못 만든 책은 구입하신 곳에서 교환해 드립니다.